김상경의
일독삼행 영감노트

● 독서기간

1독	년	월	일
2독	년	월	일
3독	년	월	일

● 감동문구

page	감동 단어 · 감동 문장

● 1독3행(1讀3行)

분류	실행계획
1행	
2행	
3행	

나는 내가
원하는 삶을 살고 싶다

후천적 천재지능 절대영감 이야기

김상경 지음

이코노믹북스

나는 내가 원하는 삶을 살고 싶다

후천적 천재지능 절대영감 이야기

초판 1쇄 인쇄 ㅣ 2019년 05월 25일
초판 1쇄 발행 ㅣ 2019년 05월 30일

지은이 ㅣ 김상경
펴낸이 ㅣ 최화숙
편집인 ㅣ 유창언
펴낸곳 ㅣ 이코노믹북스

등록번호 ㅣ 제1994-000059호
출판등록 ㅣ 1994. 06. 09

주소 ㅣ 서울시 마포구 월드컵로8길 72, 3층-301호(서교동)
전화 ㅣ 02)335-7353~4
팩스 ㅣ 02)325-4305
이메일 ㅣ pub95@hanmail.net ㅣ pub95@naver.com

남의 꿈이 아니라
나의 꿈에
몰입하라

'꿈'은 참 설레는 단어다. 우리나라 사람들만큼 꿈이라는 단어에 흥분하는 사람들도 많지 않다. 4년마다 '꿈★'이 온 나라를 들었다 놨다 한다. 수많은 책과 강의, 영화와 드라마에서도 '꿈'이 범람한다. 정동진에 떠오르는 새해 첫 태양을 바라보며 해마다 온 나라가 꿈속에 빠져들고는 한다. 이 정도면 온 나라가 꿈나라다. 그런데 아이러니하게도 꿈이 없다고 아우성이다. 한쪽에서는 꿈은 이루어진다고 아우성이고, 다른 한쪽에서는 꿈이 없다고 아우성이다. 도대체 '꿈'이 어디로 사라진 것일까?

가만히 살펴보니 '남 꿈'은 있는데 '내 꿈'이 사라진 것이다. 화려하고 부럽고 질투 나는 남의 꿈만 있고 소박한 내 꿈은 사라진 것이다. 남의 꿈이 이루어진 것을 보며 박수치고 환호하고 눈물까지 흘리는 사람 중에 자기 꿈은 없는 사람이 많다. 페이스북, 인스타그램은 온 세상을 부러움과 질투로 물들이고 있다. '부러우면 지는 것'이라는데 '헬조선'은 '부러워서 불행한 것'이 아닐까? 이 정도 상황이니 '꿈★은 이루어진다'가 아니라 '남의 꿈★은 이루어진다'가 맞는 표현 같다.

꿈을 찾는 길에서 얻은 절대영감의 능력

20년 가까이 나는 내가 원하는 삶을 살고 싶어 안달해 왔다. 나 역시 부러워하기도 하고 질투할 때도 있었다. 하지만 남의 꿈에 박수만 보내며 살 수는 없었다. 아무리 좋아하는 스타라 하더라도 그의 꿈보다 나의 꿈이 훨씬 귀하고 소중하기 때문이다. 나는 연금술사처럼 내 꿈을 찾아 헤맸다. 박지성이, 박세리가, 박찬호가, 김연아가 자신의 꿈을 이뤄가는 모습을 보며 박수하고 환호하고 눈물짓고 있는 스스로를 바라보며 내 내면 아이에게 묻곤 했다.

'김상경, 지금 남의 꿈 때문에 울고 있네? 그런데 네 꿈 때문에 울어본 적은 있나?'

감동이나 자극, 부러움이나 질투를 느끼는 순간만큼 자신을 성찰하고 독려하기 좋은 타이밍은 없다. 세상의 에너지를 내면화할 수 있는 절호의 찬스다.

하지만 꿈을 찾겠다고 회사를 떠날 용기는 없었다. 그래서 회사 안의 다양한 업무를 직접 경험하면서 내 꿈 찾기 여행Dream Tour을 지속했다. 현자들의 지혜와 열정을 내 꿈에 끌어들이기 위해 끊임없이 책과 강의, 세미나와 커뮤니티 활동을 통해 간접경험도 더해갔다. 그리고 이와 같은 직접경험과 간접경험을 내 꿈과 버무리기 위해 '꿈 연금술 시스템'도 직접 만들었다. 그 안에서 내 꿈과 경험, 현자들의 지혜와 열정이 끊임없이 버무려졌다.

그랬더니 어느 날 정말 내가 원하는 삶이 내게로 다가왔다. 거기에다 전혀 예상하지 못했던 놀라운 능력이 덤으로 생겼다. 바로 '절대영감'이다. 절대영감은 일상의 경험과 자극에서 창조적 영감을 직감적, 반복적으로 떠올리는 무한창조 영감이다. 절대음감을 가진 사람이 음을 듣고 직감적으로 높낮이를 느끼는 것처럼 절대영감을 가진 사람은 경험과 자극에서 직감적으로 창조적 아이디어를 떠올린다. 절대영감은 지능과는 무관하다. 절실한 꿈이 있고, 그 꿈에 진실로 몰입하면 누구에게나 생기는 자연스런 현상이다.

나의 어깨에 올라 더 큰 '거인'이 되기를

이 책에는 절대영감을 얻는 방법과 과정, 절대영감을 통해 꿈을 찾고 이루어가는 실제 사례들을 담았다. 자기계발 초보자라도 곧바로 복제할 수 있도록 내 꿈을 찾고, 이루는 실용적인 이론과 방법, 도구와 사례들이다. 물론 이러한 지혜와 노하우들은 내가 창조한 것이 아니다. '거인의 어깨에 올라타'라는 이야기를 많이 들었다. 그래서 수많은 책을 읽고 강의를 찾아다니면서 끊임없이 현자들(거인들)의 지혜와 열정을 구했다. 감동이 느껴지는 것들은 내 몸으로 직접 실천해 보고, 내 실천을 통해 얻은 성찰의 살을 덧붙인 다음 대화와 강의와 집필을 통해 다시 다른 사람들에게 되돌려 주었다. 무려 20여 년이라는 긴 세월 동안 말이다. 이 책은 그 지난한 세월 동안 현자들의 지혜와 열정을 찾고 실천하고 나누고 검증하는 과정을 반복하고 반복해서 묵히고 삭힌 결정체다. 분명 장담하건데 자기는 실천하지 않으면서 여러 사람의 이야기를 짜깁기해서 앵무새처럼 이론과 주장만 펼치는 기존의 강의나 책과는 분명 다른 울림과 소득이 있을 것이다.

아시아나항공을 퇴직하기 바로 전의 1년 동안 총 31회 사내 강의를 했다. 그중 3회는 모두 수강생평가에서 전원 만점을 받았다. 영업하러 찾아온 외부 강사들이 수강생평가에서 전원 만점을 받은 경험이 있다고 자랑하면 믿지 않았다. 수십 명의 수강생 전원이 만점을 주는 것은 골프의 홀인원처럼 일어나기 힘든 일이라는 것을 경험상 잘 알고 있었기 때문이다. 그런데 '전원 만점 불가'를 주장했던 사람이 1년간 3번이나 전원 만점을 받은 것이다. 승무원 교관 양성과정에서 '비전의 향기'라는 제목으로 자신의 꿈을 어떻게 찾고 보살피고 성취할 것인가에 대한 강의를 했었는데 강의를 듣던 승무원이 어느 순간 울음을 터트리더니 쉬는 시간이 될 때까지 눈물을 멈추지 못했다. 그래서 "그렇게 울고 있으면 강의를 계속할 수 없다"고 달랜 적도 있다. 글을 쓰고 있는 지금도 그때 그 장면을 떠올리면 울컥하고 올라온다.

자기계발에 '식은 죽 먹기'는 없다

삶과 꿈을 이야기하는 책과 강의에서는 재미가 주가 되어서는 안 된다. 재미는 의미를 위한 포장재일 뿐이다. 진심으로 내 삶의 변화와 성장, 성공과 행복을 바란다면 말이다. 만일 삶과 꿈을 이야기하는 책과 강의에서 의미는 있는 듯 없는 듯한데 재미는 넘친다면 그 작가와 강사는 십중팔구 독자와 시청자의 간절한 꿈을 이용해서 돈을 벌고 있을 확률이 높다. 십중팔구 힘들고 외롭고 불안한 시대를 살아가는 사람들을 희망고문해서 자기 배를 불리고 있는 셈이다.

삶과 꿈을 이야기하는 책과 강의라면 강사와 작가가 누군가로부터 얻은 지혜와 열정을 스스로의 실천을 통해 보다 성장시키고 발전시킨 지혜와 열정이 오고 가야 한다. 거인의 어깨를 빌렸으면 본인은 좀 더 큰 거인이 되어 자신의 어깨를 또 다른 사람에게 빌려주는 것이 강사와 작가의 책임이고 역할이고 마음이어야 한다. 내 강의에 전원 만점을 주었던 사람들, 내 강의를 듣고 펑펑 울던 승무원은 그런 내 마음이 전해졌기에 그와 같은 화답을 해주었으리라 확신한다. 이 책도 그런 마음으로 썼다.

나 역시 잘 알고 있다. 더 간단하고, 더 재미있고, 더 자극적으로 책을 쓰고 꿈 '그까짓 거 식은 죽 먹기'라고 장담해줘야 베스트셀러가 되고 큰 인기를 얻을 확률이 훨씬 높다는 것을 말이다. 하지만 20여 년간 수많은 선후배, 동료들에게 말과 행동으로 보이고 주장했던 것들을 돈과 인기에 영합해서 배신할 수가 없었다. 가뜩이나 힘든 사람들을 대상으로 희망고문을 하거나 꿈 사기를 칠 수가 없었다.

그러니 좀 진지한 글이더라도 이와 같은 제 마음을 이해하고 읽어 주셨으면 고맙겠다. 몇 사람의 독자가 되었든 공감하고 공명해서 그의 삶에 변화와 성장, 성공과 행복의 땔감이 될 수만 있다면 말이다.

통합적으로 관리해야 할 '핵심 자기자원'

20년 가까이 자기계발에 몰입하고 10년 넘게 직원교육을 담당하면서 참 많은 책과 강의를 접했다. 그러다 문득 이상한 점을 발견했다. 많은 강사와 작가가 한 가지 자원만 잘 관리해도 성공할 수 있다고 장담하고 있었다. 이를테면 비전관리만 잘하면 성공할 수 있다, 메모만 잘하면 성공할 수 있다, 독서만 잘하면, 인맥관리만 잘하면 된다고 말하고 있었다. 이들의 주장이 맞는 것일까? 독자 여러분은 어떻게 생각하시는가? 자기자원 한 가지만 잘 관리해도 성공과 행복이 가능할까? 인생을 살아보니 성공과 행복이 그리 녹록하지 않다. 모든 자원을 잘 관리해도 나보다 힘이 센 세상의 변수들에 의해 성공과 행복이 침해당하기 일쑤다.

성공 기업의 예를 들어 보자면, 한 가지 자원만 잘 관리해서 성공한 기업은 없다. 수없이 많은 자원이 있고, 그중에서도 핵심자원은 그 존재를 명확히 인식하고 치밀한 계획과 시스템에 의해 철저히 관리해도 성공할까 말까다. 기업에서는 이를 두고 '한 방향 정렬'이라는 용어를 쓰고는 한다. 우리 인생도 마찬가지다. 자기자원, 특히 핵심 자기자원에 대해서는 먼저 그 존재를 명확히 인식해야 하고, 그것들이 개별적으로 따로 놀지 않도록 내 삶의 목적과 목표를 향해

한 방향으로 정렬될 수 있도록 반드시 통합적·융합적으로 관리해야 한다. 이것을 명심하는 것이 자기계발의 시작점이다.

자기계발에서 도구와 시스템이 절대적인 이유

자기계발에 있어 도구와 시스템이 얼마나 중요하고 절대적인지 이야기해 보자. 돌도끼를 들고 짐승의 뒤꽁무니를 쫓아다니던 인간이 4차 산업혁명을 논할 만큼 발전할 수 있었던 것은 도구와 시스템이 있었기 때문에 가능했다. 인간의 물리적인 힘과 속도는 짐승의 상대가 될 수 없다. 물리적인 힘과 속도가 세상을 지배한다면 인간은 이미 고대 시대에 멸종되었을지도 모른다. 인간은 창조적 지능을 가지고 있었고 그 창조적 지능에 의해 자신들의 추상적 생각을 구체적 현실에 적용하고 반영할 수 있는 도구와 시스템을 만들어 냈다. 그 도구와 시스템의 효과성과 효율성이 짐승들의 물리적인 힘과 속도를 초월했기 때문에 자신보다 강한 힘과 빠른 속도를 가진 짐승을 지배하면서 만물의 영장이라 운운할 수 있게 되었다.

기업도 마찬가지다. 도구와 시스템이 없는 조직은 상상할 수도, 생존할 수도 없다. 예를 들어 하루에 수백만 명이 이용하는 공항에 시스템이 없다고 가정해 보자. 탑승객 한 명 한 명의 입출국기록과 여행 일정을 수기로 작성하고 종이로 프린트해서 항공기에 전하고, 도착 공항에 팩스 수백 장을 보내야 할 것이고, 한 사람 한 사람 탑승 위치로 안내해야 할 것이다. 예상할 수 있는 일만 생각해도 아찔하다. 아마 승객 수만큼의 직원이 있어야 공항이 돌아갈 수 있을지도 모른다. 시스템이 그 역할을 대행하고 있는 셈이다. 만일 시스템이 없다면 하루가 아니라 단 한 시간도 운영되지 못하고 온 공항이 마비될 것이다. 작게는 한 직원의 업무에서부터, 크게는 전사적인 업무까지 도구와 시스템에 의한 효율성이 없다면 어느 조직도 성공과 생존이 불가능하다. 기업도, 사회도, 국가도 마찬가지다.

개인의 성공과 행복 역시 마찬가지다. 속된 말로 '삽질 인생'을 살고 싶지 않다면, 쉽고 빠르고 안전하게 자신의 꿈과 목표에 다다르고 싶다면 반드시 도구와 시스템을 활용해야 한다. 목표와 계획을 수립하기 위해, 목표와 계획을 잊지 않기 위해, 자기자원을 효율적으로 관리하기 위해 등등. 제아무리 뛰어난 천재도 이와 같은 일들을 머리만 가지고 관리하는 것은 불가능하다.

나에게 맞는 도구와 시스템을 개발하자

안타까운 것은 대부분의 사람들이 시스템에 질려 있는 현실이다. 하루 종일 시스템을 가지고 일을 하며 살다보니 '시스템'이라고 하면 먼저 지겹고 힘든 직장 업무가 떠오른다. 그러다 보니 자신에게 결정권이 있는 자기계발에 있어서는 좀처럼 시스템을 도입하려고 하지 않는다.

사람이 시스템에 맞추는 것이 맞을까? 시스템이 사람에 맞추는 것이 맞을까? 아시아나항공에서 5년간 인터넷 마케팅을 담당하던 시절 아시아나항공과 전 세계 여행사가 사용하는 시스템을 여럿 개발했었다. 그런데 사용자 의견을 받지 않고 만든 시스템은 몇 달도 못가서 천덕꾸러기가 되곤 했다. 즉, 사람이 시스템에 맞추는 것이 아니라 시스템이 사람에 맞춰야 했던 것이다. 편하게 사용할 수 있는 시스템을 만들어주면 사람들이 알아서 사용하게 되고, 사용빈도가 많아지면 자연스럽게 발전하게 된다. 그것이 순리다.

더구나 공통 업무용 시스템이 아니라 개인의 자기계발을 위해 만들어진 도구와 시스템이라면 반드시 사용자가 자기에게 맞게 수정, 추가, 삭제할 수 있도록 융통성과 유연성을 최대한 허용해야 한다. 사람마다 추구하는 가치, 처한 환경, 생각과 행동의 방식 등이 모두 다른데 오로지 한 가지 규격으로 만들어놓고 성공하고 싶으면 무조건 '나를 따르라!'라고 하는 것은 폭력이나 다름없다. 주도성과 창조성도 방해한다. 그래서 사용자가 주인의식을 가지고 자신의 인생에 맞게 개선, 발달시킬 확률이 높지 않다. 일부 추종자 또는 유달리 수용성과 의지력이 강한 소수의 사람들만이 기성복에 맞춰 살아갈 뿐이다.

그래서 개인의 자기계발을 위한 도구와 시스템은 심플함이 생명이다. 핵심기능에 대한 규격만 정의해 주고 나머지는 사용자가 임의로 수정, 추가, 삭제, 보완해서 자기에게 맞는 시스템으로 성장시킬 수 있도록 사용자 주권을 보장해야 한다. 그래야 그 개인이 어떤 꿈을 가졌든, 어떤 분야에 종사하든, 어떤 생각과 행동을 기준으로 살아가든, 자기에게 맞게 변용해서 자신만의 시스템으로 발전시켜 갈 수 있기 때문이다.

고속으로 꿈에 다다르게 해준 '시스템 효과'

20여 년간 자기계발 시스템에 대해 읽은 책, 들은 강의만 해도 수십, 수백 회이다. 그리고 그중에 좋은 것은 대부분은 직접 실천해 본 다음 나에게 맞는지 여부에 따라 취사선택했다. 이를테면 벤자민 프랭클린이 평생 실천했다는 '자기덕목 체크리스트', 류비세프가 36년간 실천했다는 '일일 시간 사용명세서' 같은 것들 말이다. 회사 업무 관리에도 적용해 보았고, 개인 자기관리에도 적용해 보았다. 그와 같은 경험이 반복되면서 자기계발 도구와 시스템에 대해 나만의 철학과 개념이 정립되었고 급기야는 나만의 자기계발 시스템을 구축하기에 이르렀다. 이를 나는 '꿈 연금술 시스템'이라 부르기도 하고, '꿈 몰입 시스템'이라 부르기도 한다.

치열하게 내 꿈을 찾아 헤맸고 꿈 연금술 시스템에 의해 통합적, 체계적으로 관리했더니 내 과거 경험과 현재의 성찰과 미래의 희망이 서로 충돌하고 연결되고 융합되면서, 내가 원하는 삶으로 나를 인도하는 절대영감과 그 길을 지치지 않고 달려가게 해주는 절대열정(마르지 않는 열정)을 끊임없이 우려내 주었다.

30대 중반까지는 메모도 하지 않았고 독서도 하지 않았고 자기계발이 뭔지도 모르고 살았던 사람이 이와 같이 시스템적이고 체계적인 자기계발을 시작한 지 불과 3~4년 만에 스펙 찬란한 대기업 직원들을 대상으로 자기계발과 인생경영을 강의하고 있었다. 너무나 단기간에 이루어진 일이라 나 자신도 깜짝 놀랐었다. 자기계발을 시작한 지 3~4년 만에 인재개발팀으로 옮겨 강의를 하고 칼럼을 쓰면서 '이 짧은 기간에 어떻게 가능하지?' 수없이 자문해 보았다. 결론은 '시스템 효과'였다. 부족한 지능, 부족한 시간, 부족한 노력을 보충해 주고 보완해 주는 것이 바로 시스템이었다. 인간을 만물의 영장으로 만들어 준 시스템이 '김상경'이라는 인간을 초 단기간에 남을 가르칠 수 있는 인간으로 만들어 주었던 셈이다.

보통 사람들을 위한, 평범한 이들에게 필요한 자기계발

아시아나항공 인재개발팀에 근무하던 시절 매년 방학이 되면 직원 자녀들을 용인에 있는 그룹 연수원으로 초대해서 비전 캠프, 리더십 캠프 등을 진행했다. 보통은 한 반 30명, 많으면 60명을 모집했는데 할 때마다 인원이 부족할까 봐 노심초사했다. 모집단이 직원 자녀로 한정된 데다가 방학이면 해외로 여행을 떠나는 가족이 많았기 때문이다. 그런데 장대비가 내리던 어느 해 여름 60명 모집에 무려 137명의 자녀들이 모집된 적이 있었다. 해마다 인원 모집 때문에 노심초사했는데 그때는 사내 행사임에도 불구하고 연줄을 동원해서 자기 자녀를 추가시켜 달라는 압력까지 들어왔다. 이유는 딱 한 가지였다. 그때 캠프의 제목이 '서울대생 멘토와 함께하는' 비전 캠프였기 때문이다.

평소 친하게 지내는 출판기획사 사장님이 계시다. 업계에서 베스트셀러 제조기로 통하는 20년 경력자인 그가 책쓰기 강의에서 이런 이야기를 했다. "우리나라에서 기본 판매량이 보장되는 주제를 알려 드릴까요? 한국에서는 제목에 '하버드'와 '유태인 교육'이 들어가면 기본 수량은 판매됩니다."

안타깝기도 하지만 마음은 충분히 이해되는 이야기다. 그런데 서울대 법대생이나 하버드 법대생에게 공부법을 배운다고 해도 과연 몇 명이나 서울대나 하버드대에 갈 수 있겠는가? 대부분의 아이들에겐 허황된 무지개일 뿐이고 모든 학생들이 서울대나 하버드를 갈 필요도 없지 않은가. 앞에서도 이야기했지만 나 역시 좋아하고 존경하는 스타가 있다. 하지만 그들의 화려한 성공 스토리가 항상 내게 도움이 되는 것만은 아니었다. 허탈하고 자괴감이 들 때도 많았다. 내게는 나에게 맞는 나만의 꿈, 나만의 도전, 나만의 방식이 필요하다. 그렇다면 나에게 피가 되고 살이 되는 사례는 따로 있다고 생각한다. 타고난 천재들의 이야기가 아니라 '나도 열심히 노력하면 저 정도는 할 수 있겠구나!'라고 느껴지는 평범한 사람의 비범한 도전기 같은 이야기 말이다.

상위 1퍼센트(학교에서 1등, 기업에서 임원)를 꿈꾸는 사람은 이 책을 볼 필요가 없다. 어차피 나 역시 아시아나에서 임원이 되지 못하고 스스로 조기 졸업했으니 말이다. 하지만 나는 내가 원하는 삶을 살고 싶어서 내 발로 걸어 나왔다. 그것도 모든 사람이 끝까지 버텨야 한다고 뜯어 말리는 40대 말에 말이다.

상위 1퍼센트만이 성공자이니 그를 따르라고 나머지 99퍼센트를 다그치는 사회는 악한 사회다. 나머지 99퍼센트가 꿈을 가지고, 열심히 몰입할 수 있게 하면 상위 1퍼센트는 그 안에서 자연스럽게 나오게 되어 있다. 그것이 선한 사회고 바람직한 사회다. 나는 99퍼센트의 대변자가 되고 싶었다. 상위 1퍼센트가 되지 않아도 충분히 의미와 가치가 있고, 충분히 행복하게 살아갈 수 있다는 전형을 보여주고 싶었다. 그 삶이야말로 내가 원하는 나의 삶이기 때문이다. 그리고 지금 바로 그 삶을 살아가고 있다. 내가 선택한 나의 삶을 말이다.

꿈은 학습이 필요하고 실천을 통해 이루어진다

부디 많은 사람들에게 삶과 꿈에 대한 나의 이야기가 가감 없이, 곡해 없이 전해지면 좋겠다. 독자분들과 다른 생각도 있을 수 있고 부족한 구석도 있겠지만, 가슴을 열고 읽으면 20여 년간의 독서와 만남, 실천과 성찰, 나눔과 공유를 끊임없이 반복하면서 묵히고 삭힌 꿈을 위한 지혜와 도구들을 본인과 주변의 삶에 복제하고 활용할 수 있을 것으로 확신한다.

꿈은 학습이 필요하고 실천을 통해 유전된다. 나 자신뿐만 아니라 사랑하는 내 자녀와 조카, 제자와 후배, 고객과 부하들을 위해 그중에 한두 개라도 꼭 먼저 적용해 보길 간절히 바라본다. 그러고 나면 내 어깨를 그들에게 빌려 줄 수 있을 만큼 조금은 성장해 있을 것이다. 내 어깨를 딛고 더 높은 세상을 보고 더 강렬한 열정을 갖는 자녀, 조카, 제자, 후배, 고객, 부하를 보는 그 살 떨리는 희열과 보람을 꼭 느껴 보시기를 바란다.

2019년 3월의 어느날
드림 마에스트로 김상경

차 례

Part 1

과속도의 시대, 삶을 어떻게 이끌 것인가?

01

자기계발 3.0시대, 어떻게 살아가고 계십니까?

시대가 바뀌었다. 공부의 시대가 열렸지만, 공부만으로는 성공할 수 없는 시대다. 자기계발의 시대가 도래했지만 나 홀로 계발하는 시대도 아니다. 세상은 갈수록 복잡해지고 알아야 할 지식은 폭포수처럼 쏟아지니 말이다. 삶의 속도가 느리고, 눈앞의 사람들과만 사귀었던 시대에는 약간의 지식과 몇 사람과의 관계만으로도 충분히 성공하고, 충분히 행복할 수 있었다. 하지만 지금 우리는 세상의 변화속도와 지식의 증가속도가 인간의 한계를 넘어선 세상에 살고 있다. 온·오프라인을 통해 수많은 정보가 쏟아지고, 수많은 사람이 복잡하게 연결되고 있다. 그러니 혼자서 대적하기에는 이 세상이 갈수록 버거운 상대가 되어가고 있다.

○ 자기계발 1.0
- 지식소비자들의 세상

그런데도 여전히 자기계발 1.0 세상에 사는 사람들이 많다. 시장과는 담을 쌓고, 수많은 도구 가운데 하나일 뿐인 영어에 매달리며 "나는 열심히 자기계발하고 있어!"라며 기특해한다. 또는 "나 혼자 열심히 공부하면 성공할 수 있을 거야!"라며 자기 분야만 파고드는 사람도 있다. 이러한 지식소비자Knowledge Consumer들의 세상이 자기계발 1.0 세상이다.

들어가기만 하고 나오는 것이 없다. 자기 일에는 충실하지만 집단 전체의 발전에는 그다지 도움이 되지 않는다. 그런데도 생존할 수 있는 세상이 자기계발 1.0 시대의 세상이었다. 하지만 지금은 세상이 바뀌었다. 자기계발 3.0 시대가 되었다. 나를 둘러싼 슈퍼갑(세상)은 3.0으로 엔진을 바꾸었는데, 슈퍼을(개인)은 여전히 1.0의 동력에 머무른다. 그러다 보니 열심히 자기계발을 해도 맥을 못 추게 된다.

내가 체험하고 학습해서 얻은 지식을 내 안에 꽁꽁 싸매고 나 홀로 성공과 행복을 구가하던 시대가 자기계발 1.0 시대다. 세상의 지식과 정보도 단순했고, 우리 삶의 경계도 회사와 직장을 넘어서지 않았다. 정년이 보장되었기에 오로지 '내 회사'만 생각하고 열심히 살면 처자식 먹여 살리며 별 탈 없이 살 수 있는 시대였다. 어쩌면 가장 인간다운 시대였는지도 모른다. 아버지는 돈을 벌고 어머니는 자녀들을 보살피는, 가장 자연적이고 바람직한 삶이 가능했던 마지막 시대였다. 문명시대 대부분의 시간은 자기계발 1.0시대였다. 하지만 그 수천 년의 역사가 정보통신기술과 인터넷·SNS의 영향으로 순식간에 자기계발 2.0시대, 3.0시대로 넘어가 버렸다.

○ 자기계발 2.0
-지식생산자들의 세상

자기계발 2.0시대는 우물 안에서 지식을 나누던 시대다. 각자의 학습과 체험에 의해 쌓은 내면의 지식을 서로 나누고 공유해서 집단 지성을 만들어 세상과 대적하던 시대다. 지식경영이니 독서경영이니 하는 단어가 한참 인기를 구가하던 시대다. 조직 측면에서 보면 이른바 지식생산자Knowledge Producer들이 활동하던 시대다. '집단지능은 개인지능을 앞선다!'는 명제로 각자의 지식과 경험을 나누면 큰 세상과 그나마 어느 정도는 대적할 수 있는 시대였다.

영국의 철학자 마이클 폴라니가 구분한 지식의 '암묵지'와 '형식지'라는 단어가 대학 강단에서, 기업 세미나에서 마르고 닳도록 회자되던 시대였다. 개인의 내면에 체화되어 겉으로 잘 드러나지 않는 암묵지를 말이나 글로 표현된 형식지로 만들어 서로 공유해야 생존할 수 있다는 주장이 난무했다.

의미 있고 가치 있는 진전이었다. 사실 암묵지니 형식지니 하는 단어를 동원하지 않아도 우리는 이미 그것을 실천하고 있었다. 학창시절, 시험 범위가 너무 넓어서 혼자 감당하기 어렵다 싶으면 친구들과 범위를 쪼개 개별 학습 후 결과를 공유한다. 회사에 들어와서도 마찬가지다. 혼자 감당하기 어려운 과제가 생기면 태스크 포스 팀TFT, Task Force Team에 의해 여러 사람이 개별 탐색한 암묵지를 목적하는 과제에 함께 쏟아부어 과제를 해결하곤 했다.

일본의 지식경영 대가 노나카 이쿠지로 교수가 난제에 봉착했을 때에야 간혹 적용하던 '암묵지 형식지 이론'을 기업경영에 적용한 것은 이를 체계적으로 일반화시켜야 치열한 경쟁에서 생존할 수 있다는 취지였으리라. 대단한 천재가 없는 대부분의 조직에서는 평범한 지성이라도 끌어모으지 않으면 '지속가능경영'이 불가능하다 여겼을 것이다.

하지만 이 또한 우물 안 개구리의 울음소리였다. 물론 이기적 자기계발 시대인 자기계발 1.0 패러다임보다는 이타적 자기계발 시대인 자기계발 2.0 패러다임이 큰 진전이었고, 문명의 성장과 발전에 크게 기여한 것은 분명하다. 하지만 공유와 나눔의 범위가 지엽적이고 한정적이다. 기업이 속해 있는 시장, 그리고 그 시장이 속해 있는 세상과는 다소 동떨어진 채 자기들끼리 지지고 볶으면서 작은 성취감에 도취했던 시대라 할 수 있다. 하지만 상자 속에 있으면 상자 밖 세상이 아련하기 마련이다.

○ 자기계발 3.0
-지식소통자들의 세상

인터넷과 SNS가 세상을 급속하게 연결하면서 자기계발 패러다임도 변해야 했다. 지식의 반감기 운운하면서 '매일 도움닫기하듯 전력질주하지 않으면 성공과 행복은 없다!'고 협박하는 시대가 되었다. 사실 우리는 협박의 실체가 누구인지도 모르면서 매일매일 긴장과 두려움 속에 살고 있다. 스님은 '멈추면 비로소 보인다'고 하지만 시장에 머리 박고 사는 우리에게는 실천하기 어려운 이상향이다. 힐링 책과 강의가 그 순간의 힐링으로만 끝나는 이유다. 우리 대다수는 두려움과 긴장감이 준 어리석음과 다급함 때문에 자신이 그렇게 살고 있다는 사실조차 느낄 겨를이 없다. 재갈 물리고 안대 끼워진 경주마처럼 아무런 생각도 못 하고 앞만 보고 달리고, 달리고 또 달린다. 그래야 살아남을 수 있을 것 같기 때문이다. 심지어 그렇게 열심히 살아도 일할 직장 하나 구하지 못해 흉흉한 밤거리를 방황하는 똑똑한 젊은이들이 지천이지 않은가.

인터넷과 SNS로 지식의 증가 속도가 인간 능력의 한계를 훌쩍 넘어섰다. 하지만 다행히 인간과 인간 사이의 시공의 벽도 허물어졌다. 마치 하늘이 무너지자 그 사이로 솟아날 구멍이 생겨난 듯하다. 그것이 바로 지식 간의 융합을 주도하는 지식소통자Knowledge Communicator들이 만들어 가는 자기계발 3.0의 세상이다. 이 또한 '준토Junto (비밀결사대)'라는 지식 커뮤니티를 만들었던 벤자민 프랭클린이나

'키맨 네트워크$^{Keyman Network}$'를 만들었던 나카지마 다카시처럼 원래부터 있었던 성공의 진리이자 원칙이다.

하지만 그들처럼 아주 뛰어난 절대영감을 가진 몇몇 천재들이나 시도할 수 있었던 것을 이제는 평범한 우리도 시도할 수 있는 인프라와 시스템이 갖추어진 시대가 되었다. 이는 선천적 천재성의 유무와 관련 없이 누구나 첨단 시스템과 인프라를 이용해 후천적 천재성을 발휘할 수 있는 세상이 되었다는 것을 의미한다.

○ 융합창조의
시대

스티븐 호킹, 찰스 다윈, 아이작 뉴턴, 제임스 왓슨, 리콴유. 이들의 공통점이 무엇일까? 모두 케임브리지대학 출신이다. 800년의 전통을 지닌 케임브리지대학은 90명 이상의 노벨상 수상자를 배출했다. 우리나라 대학들이 단과대학별 건물을 사용하는 것과 달리 케임브리지대학에서는 여러 단과대학이 한 건물을 사용한다고 한다. 이를테면 경제학과, 생물학과, 심리학과 학생들이 같은 건물에서 함께 공부하고 토론하는 식이다.

노벨상도 공동 수상자들이 늘어나고 있다. 지식의 폭발적 증가는 인간사회가 훨씬 복잡해졌다는 것을 의미한다. 이는 곧 이전처럼 한 사람만의 지식으로는 이 세상을 설명하기 어려워졌다는 의미다. 분야 간 소통과 융합에 의한 창조적 영감이 필요한 시대인 셈이다.

자기계발 3.0시대의 인재는 자기가 속한 내부 세계와 그 바깥인 외부 세계의 중간 궤도Orbit를 도는 '스페이스 셔틀Space Shuttle'이 되어야 한다. 자기계발 3.0시대의 인재는 지식소통자이다. 이들은 융합적 자기계발과 융합지의 내외중개자 역할이 자기계발의 주요 활동이라고 할 수 있다.

독서와 만남을 통해 얻은 내·외부 지식과 정보를 음미와 실천에 의해 보다 발전시킨 다음 그것을 다시 내외부로 부지런히 실어 나르는 '내·외부 융합 자기계발'만이 나와 내가 속한 장(회사 및 사회)의 지속적인 성공과 행복을 담보할 수 있다. 이것만이 일과 삶의 균형 속에서도 세상의 과속도를 따라잡을 수 있는 유일한 대안이다.

02

내가 원하는
삶의 길을 열어 준
절대영감

자기계발 3.0시대는 사람과의 소통이 핵심이다. 꿈은 사람과 사람의 사이에서 이루어진다. 꿈을 이루는 데 필요한 지혜와 열정, 영감과 자극이 사람 관계에서 만들어진다는 뜻이다. 꿈의 해법이 사람과 사람의 사이에 있다는 점이 자기계발 3.0시대의 중요한 특징이다. 그래서 필자는 사람을 중심으로 만들어지는 기발한 생각을 '절대영감'이라 한다.

절대영감은 평범한 일상으로부터 꿈과 목표를 이루는
창조적 영감을 직감적, 반복적으로 떠올리는
무한 창조 능력이다.

절대영감에는 우리가 알고 있는 영감Inspiration이라는 단어에 절대 Perfect라는 수식어가 붙어 있다. 필자가 꿈에 몰입하는 과정에서 문득 떠오른 단어다. 꿈이 없었던 시절에는 평범하기 그지없었던 일상, 경험, 만남, 사물에서 무수한 영감이 문득문득 떠오르는 경험을 반복하면서 어느 날 '절대영감'이라는 단어가 문득 떠올랐다. 한글로는 '절대영감', 영어로는 'Perfecspiration'으로 정의했다.

이 중 절대라는 단어의 사전적 의미는 '비교되거나 맞설 만한 것이 없다'는 뜻이다. 한 사람의 인생에서 다른 무엇과 비교되거나 맞설 수 없는 그것은 무엇일까? 바로 자신이 가진 꿈이고 그 사람의 인생 비전이다. 갑작스럽게 떠오르는 좋은 아이디어가 아니라 오로지 자신의 꿈과 관련하여 떠오르는, 나만의 시크릿 아이디어가 바로 절대영감이다. 자신의 꿈과 관련하여 자기 앞에 불현듯, 무시로 나타나 가슴을 설레게 하는 기발한 생각이나 자극을 절대영감이라 한다.

○ 일하는 현장이
절대영감의 발원지

금호아시아나그룹에는 매월 2회 전 그룹사 임원과 팀장이 한자리에 모여 새로운 지식과 지혜를 얻는 '금요경영특강'이 열린다. 이 행사에 카이스트 정재승 교수가 초빙 강사로 온 적이 있었다. 강의 후 질의응답 시간에 누군가 그가 시작한 과학자들의 재능기부 강연회 '10월의 하늘'에 대해 질문했다. 필자는 정 교수의 답변에서 큰 영감과 자극을 받았다.

정 교수의 답변에 따르면, 인구 20만 이하의 소도시 아이들은 과학자를 직접 만날 기회가 없어서 과학자가 무엇을 하는지, 어떻게 될 수 있는지 모른다는 얘기였다. 그래서 현직 과학자들이 직접 그들을 찾아가 과학자의 꿈을 심어 주기 위해 '10월의 하늘'이라는 행사를 시작하게 되었다고 한다. 시골에서 로켓 실험을 하던 아이가 실제 미국항공우주국(NASA)의 과학자가 된 실화를 다룬 영화 〈옥토버 스카이^{October Sky}〉에서 이름을 따온 이 행사는 매년 10월 마지막 주 토요일 오후에 전국의 40여 개 도서관에서 열린다. 매년 80여 명의 과학자가 산간벽지로 내려가 '오늘의 과학자가 내일의 과학자를 만나다'라는 캐치프레이즈를 실천하고 있었다.

내 꿈 때문이었을까? 워낙 강한 영감과 자극을 받은 터라 사무실로 복귀하자마자 곧바로 인터넷을 검색해 보았다. 정재승 박사가 첫 행사를 시작할 때 트위터에 행사의 취지와 함께 참여할 과학자를 모집하는 트윗을 올렸는데 순식간에 수십 명의 과학자가 흔쾌히 나섰다고 한다. 그중에는 "박사님, 저는 공대 교수입니다. 저도 동참합니다. 바이오융합 분야 강연 가능합니다." 혹은 "생물물리학을 전공하고 프랑스 제약사 연구소에서 한국의 혁신 신약을 찾고 있습니다. 신약 발굴이라는 어려운 주제를 쉽게 풀어 청소년에 다가가고 싶습니다"라는 트윗이 있었는가 하면 '남편은 대한민국 CSI(과학수사대) 현장 감식반!~'으로 시작하는 트윗도 있었다고 한다. 추측하건대 아마도 이 부인은 자기가 설렌 나머지 남편 생각은 물어보지도 않고 트윗을 올리신 것 같다.

그랬다. 대기업에서는 몇 백만 원을 드려야 초빙할 수 있는 분들인데 돈 한 푼 받지 않고 자신이 평생 몰입해서 가꾸어 온 전문지식을, 머나먼 시골까지 스스로 찾아가서 아낌없이 나눠 주고 싶다는 분들이 흘러넘치고 있었다. 지금처럼 이기적인 세상에서 말이다.

소명은 가슴을 진동시킨다. 정 박사님이 주신 영감과 자극이 내 꿈과 충돌하면서 어느 날 문득 절대영감이 찾아왔다. '10월의 하늘'에서 얻은 영감을 내가 다니고 있는 회사에서도 살려보고 싶었다. 그렇게 해서 나온 아이디어가 '의미와 재미를 융합한 재능기부'라는 취지의 '아시아나 드림 앙상블Asiana Dream Ensemble' 기획서다. 생각해 보니 필자는 강연으로 재능기부를 하고 있었고, 승무원밴드와 조종사밴드는 공연으로 재능기부를 하고 있었다. 전자는 강연으로 의미를 기부하고, 후자는 공연으로 재미를 기부하는 거라는 생각이 들었다. 융합과 통섭의 시대 아닌가? 이처럼 따로 하고 있는 사회공헌 활동을 하나로 융합시켜 보자는 영감이 그야말로 문득 떠올랐다. 의미 위주의 딱딱함도 해소하고, 재미 위주의 가벼움도 해소할 수 있는 묘안이라는 생각이 들었다. 그것도 한 회사에서 가지고 있는 자원만을 활용해서 말이다.

○ 절대영감은
마음을 울린다

    필자의 업무가 아니었기 때문에 10여 페이지의 아시아나 드림 앙상블 기획서를 작성해서 사회공헌팀 팀장을 찾아갔다. 행사 취지와 방법을 듣고 있던 팀장이 갑자기 벌떡 일어나더니 하이파이브를 했다. 너무 기발한 아이디어라는 것이다. 과분하게도 우수제안으로 채택되어 사내포상까지 받았다. 이후 서울과 지방을 오가며 수백 명의 청소년에게 강연과 공연을 통한 회사 차원의 재능기부 활동으로 실현되었고 지금은 100여 명의 조종사, 승무원, 정비사, 일반직 직원들이 자신의 휴가와 휴일을 기부해서 연간 수만 명의 청소년들에게 항공사 직업특강 활동을 벌이고 있는 '아시아나 교육기부단'으로 발전했다. 기발한 아이디어로 인정을 받은 것도 행복이었지만 내가 기획한 행사의 무대에 올라 청소년들에게 꿈을 심어줄 때의 기쁨과 보람이란 이루 말로 표현할 수 없는 행복이었다.

    '플라잉 위드 유Flying with You'라는 이름으로 준비한 첫 번째 행사가 광화문에 있는 문호아트홀에서 개최되었다. 필자가 오프닝으로 인생비전의 가치와 방법에 대한 강의를 하고, 이어서 승무원밴드의 축하공연과 승무원 직업특강이 이어졌다. 두 번째 행사는 광주광역시 광천동 터미널 내에 있는 동산아트홀에서 개최되었다. 이때 역시 필자가 오프닝 강의를 하고 공연은 조종사밴드가, 이후의 직업특강은 조종사밴드 중 한 명이 조종사 직업에 대한 특강을 해주었다. 광주

행사 때는 필자가 왼쪽 무릎인대 파열로 수술을 받은 직후라 다리에 깁스를 한 채 무대에 올라설 수밖에 없었다. 강의 후 휴식 시간에 엉거주춤 서 있는 필자에게 학생과 학부모들이 몰려왔다.

제1회 아시아나 재능나눔 페스티벌 Flying with you(서울)

제2회 아시아나 재능나눔 페스티벌 Flying with you(광주)

"차장님, 손 한번 잡아 봐도 될까요?", "차장님, 함께 사진 좀 찍고 싶습니다" 하시는데 이런 생각이 들었다. '아! 이래서 연예인을 하는구나!' 10월의 하늘 무대에 섰던 과학자들이나 깁스를 한 채 광주까지 내려가 무대에 섰던 필자나 혹은 그와 같은 나눔을 실천하고 있는 많은 분들이 자신의 노력보다 훨씬 값어치 있는 보람과 행복을 얻을 수 있기에 기쁘게 그 활동을 하고 있는 것이 아닐까 싶다.

이후 아시아나항공 신입사원 과정에서 강의할 때 종종 반갑게 인사하는 신입승무원을 만날 때가 있었다. "차장님, 저 재능기부 강연회에서 차장님 강의를 들었던 학생입니다. 차장님 말씀대로 이렇게 진짜 후배가 되어서 너무 행복합니다"라며 인사를 건네 오는 후배가 생긴 것이다. 자신의 꿈에 대한 열망에 나의 작은 노력이 기름을 부어 주었던 셈이다. 그때의 그 기쁨과 보람이란 이루 말로 표현할 수가 없다. 후배가 꿈에 도전해서 성공한 그 희열과 성취감을 마치 내가 그런 것처럼 나도 함께 맛보게 되는 순간이다. 당장의 해결법, 잔기술을 가르치는 것으로는 얻을 수 없는 행복이고 보람이다.

정재승 박사와의 우연한 만남, 그것도 일대일 만남이 아니라 무대에 오른 그를 무대 아래 일개 청중으로 만난 일 대 다수의 만남에서 비롯된 나비효과가 끊임없이 크고 작은 절대영감을 일으켜 여기까지 오게 된 셈이다. 이전 같으면 '오! 대단한 사람이네!' 하며 박수치고 돌아서면 잊어버렸을 일상적인 경험이 펄떡이는 내 꿈을 만나자 절대영감을 잉태한 것이다. 펄떡이는 꿈은 내 영혼의 심장이다. 펄떡이는 꿈은 내 평범한 일상, 경험, 만남을 끊임없이 노크하고 자극해서 그 꿈으로 향하는 지름길을 알려 주는 절대영감을 우려낸다.

○ 차장님,
오늘 너무 행복해요!

아시아나 드림 앙상블 무대 경험은 더욱 큰 절대영감을 잉태하기 시작했다. 그래서 나온 기획서가 대한민국 84군 최초 1사1군[社][郡] 교육기부 결연을 구상한 '아시아나 – 땅끝마을 교육기부 결연' 기획서다.

📝 아시아나 – 땅끝마을 교육기부 결연 기획서 표지

해남군청 주무관 김철욱은 당시 해남군청에 근무 중이던 필자의 친형이다. 기획서를 형에게 보내면서 필자 이름은 지우고 형 이름으로 군수님께 제출해 달라 하고, 필자는 필자 이름으로 사회공헌팀에 제출했다. 이 기획서가 아래와 같은 행사로 성사되었다.

제1회 땅끝마을 아름다운 교실은 해남 교육지원청과의 협력으로 해남읍에서 성대하게 이루어졌다. 큰 강당이 가득 찼으니 마치 해남읍 중고생은 다 온 것 같았다. 문제는 두 번째 행사였다. 두 번째 행사를 위해 담당 주무관에게 연락해 보니 해남읍 학생은 거의 다 참가했었고, 면 소재지 학교의 학생은 시간문제, 비용문제 때문에 올 수 없다고 했다. 그 시골에서도 기회의 사각지대가 있었던 셈이다.

그래서 이번에는 면 소재지 학교를 직접 찾아가겠다고 부탁해서 해남군 화원면에 있는 화원고등학교라는 곳을 소개받았다. 막상 가 보니 중학교와 고등학교가 작은 건물 하나를 함께 사용하고 있는 아주 작은 학교였다. 필자가 바로 옆 면소재지에 있는 우수영중학교에 다닐 때만 해도 시골에 아이들이 꽤 많아서 중학교, 고등학교가 이렇게까지 작지는 않았는데 농촌의 현실을 여실히 느낄 수 있었다. 강의를 시작하면서 아이들에게 한 가지 부탁을 했다.

"애들아, 나는 너희 옆마을 우수영중학교 출신이야. 나이 든 선배이긴 하지만 '선배님!'이라고 한 번만 외쳐 줄래?"

아이들이 환하게 웃으며 우렁차게 "선배님~!" 하며 외쳐 주었다. 아침 일찍 내려온 피로가 한꺼번에 날아간 순간이었다.

📝 **제1회 땅끝마을 아름다운 교실**

　　− 내용 : 조종사, 승무원, 정비사 직업특강

　　− 장소 : 전남 해남군 해남문화예술회관 대강당

　　− 대상 : 해남군 해남읍 소재 중고등학생 약 500명

✍️ 제2회 땅끝마을 아름다운 교실

　　– 내용 : 항공사 전체 직업 및 승무원, 정비사 직업특강

　　– 장소 : 해남군 화원면 화원고등학교 교실

　　– 대상 : 화원고등학교 학생

✍️ 필자의 항공사 전체 직업 소개 특강

강의가 끝난 후 학교를 나서는데 교장선생님이 차 트렁크를 열라고 하시더니, "이건 해남 물감자, 이건 해남 단감, 이건 해남 묵은지 김치" 하시면서 선물 상자를 트렁크가 넘치도록 실어 주셨다. 극구 사양해도 소용이 없었다. 필자의 옆 교실에서 승무원 직업특강을 한 김 모 승무원은 새벽에 홍콩 비행에서 돌아오자마자 김포공항에서 픽업해 데리고 내려왔는데, 그녀는 잠을 한숨도 못 잤다며 부스스한 몰골을 걱정했었다. 그녀가 올라오는 차 안에서 눈시울을 붉히며 "차장님, 오늘 너무 행복해요!"라고 울먹였다. 그녀의 마음이 곧 내 마음이었다.

○ 꿈이 있으면
더 크게 나눌 수 있다

필자는 4년 동안 40차례 이상 50여 명의 직원들을 데리고 몸으로 하는 봉사활동을 진행했었다. 음성 꽃동네를 포함해, 경기도 광주의 한사랑마을 등 사회에서 버림받았거나 심지어 중증 장애를 가졌다고 부모에게 버림받은 아이들을 보살피는 봉사활동 체험을 해보았다. 가치 있고 아름다운 일이었다. 하지만 청소년들에게, 그것도 교육의 사각지대에 있는 산간벽지의 아이들에게 실체적인 꿈을 체험하게 해주는 교육기부는 또 다른 가치와 보람을 느끼게 해주는 활동이었다.

첫째, 우선 그 나눔을 실천하는 자신에게 뿌듯한 보람을 느끼게 해준다.

뿌듯한 보람은 유혹이 넘치는 이 사회에서 쉬 흔들리거나 물들지 않고 내 꿈길을 꿋꿋하게 달려가게 해주는 에너지원이다. 몸으로 하는 봉사가 아닌 꿈과 열정을 전하는 교육기부 봉사는 내가 제대로, 열심히 살아왔다는 증거이기 때문이다. 교육기부는 내가 꿈을 가졌다는 것, 그 꿈에 몰입해왔다는 것, 그리고 그 경험이 누군가에게 피가 되고 살이 된다는 것을 구체적으로 체감할 수 있는 좋은 기회다.

둘째, 지혜와 열정은 소비할 때보다 나눌 때 더 크게 증폭된다.

누군가가 나눠준 지혜와 열정을 자기를 끝으로 단절시키는 것이 아니라 내 몸과 마음으로 실천, 음미해 본 후 더욱 큰 가치로 만들어 다른 사람과 나눠 보자. 그 과정을 통해 우리는 자신의 선택과 실천이 올바른 것이었는지, 그것들이 다른 사람들에게도 적용되는 보편타당한 가치인지를 검증할 수 있다. 무엇보다도 지혜와 열정에 의해 다른 사람을 이해시키고, 감동시키는 과정을 반복하다 보면 나는 그것들을 부처님 손바닥 위 손오공처럼 마음대로 쥐락펴락할 수 있게 된다. 완전한 체화, 완전한 습관화는 사람과 사람 간에 지혜와 열정을 나누는 과정에서 이루어진다. 그야말로 교학상장敎學相長의 진리가 실현되는 순간이 교육기부인 셈이다.

셋째, 전체 장의 발전이다.

우리나라 방송 프로그램처럼 '먹방'과 '놀방'이 많은 나라도 없을 듯싶다. 힘들고 바쁜 만큼 힐링이 필요하다는 것에는 동의한다. 하지만 정도의 문제다. 개개인의 삶에서 재미가 의미를 초월해서는 안 된다. 심지어 개그맨조차 재미로 개그맨을 하는 것은 아닐 것이다. 다른 사람들에게 웃음을 선사하고 싶다는 숭고한 의미를 가지고 개그맨을 하고 있을 것이다. 하지만 우리 사회에서는 의미가 재미에 밀려 맥을 못 추고 있다. 무심결에 쳐다보게 할 정도로 예쁘게 치장한 여학생이 아무렇지도 않게 쌍욕을 해서 깜짝 놀라 다시 뒤돌아본 경험이 있다. 그렇게 예쁘게 보이고 싶으면서 그렇게 밉게 행동할 수 있을까? 도대체 '예쁘다'는 것이 어떤 의미인지 아는 것일까? '죽은 의미의 사회'다. 지혜롭게, 열심히 살아온 삶을 통해 후손에게 지혜와 열정을 선사하는 교육기부는 죽은 의미를 되살리는 숭고한 몸부림이다.

지혜와 열정을 나누는 것이야말로 너, 나, 사회가 공존 공생하는 지름길이 아닐까? 그래서 필자는 1사1군을 사회운동으로 전개해 보고 싶었다. 필자는 정부에서 자유학기제에 의한 직업체험제도를 실시하기 이전인 2013년에 이미 기업 주도의 1사1군 교육기부 결연에 의해 직업체험 행사를 기획하고 실행했다. 그 경험과 노하우를 통해 현실성 없이 시행된 동 제도를 보완할 수 있다고 생각한다. 이와 같은 절대영감 역시 내 꿈과 자유학기제도의 경험, 몸으로 했던 1사1촌 봉사활동의 경험 등이 부딪히면서 문득 떠오른 생각이었다.

인재개발팀에 근무하다 보니 지인과 직원들로부터 자녀들의 직업체험 부탁을 많이 받아 보았다. 그러면서 준비가 안 된 상태에서 시작된 제도의 허실을 설감하게 되었다. 전체 중학교 1학년생을 4~5명의 소집단으로 나누어, 무려 5~6시간을 해야지만 직업체험으로 인정한다는데 현실적으로 불가능한 조건이다. 그 많은 수요와 시간을 어떤 기업이 감당하겠는가. 게다가 우리나라 정서상 직업체험 희망자들이 유명한 대기업으로 몰리기 마련인데 해당 기업 입장에서는 모두 받아들이다간 업무가 마비될 지경이다.

그 대안 중 하나가 기업 주도의 1사1군 교육기부 결연이라 생각한다. 기존의 육체봉사 위주의 1사1촌을 교육기부 위주의 1사1군으로 돌리기만 하면 된다. 그래서 회사원이라는 미력한 힘이지만 1사1군을 사회적 캠페인으로 전개해 보고 싶어 다양한 무대에서 '절대영감' 특강을 할 때마다 1사1군 운동에 동참해 줄 것을 설파해 보았지만 역시 한계가 있었다.

그러던 중 〈조선일보〉에 이런 기사가 실린 적이 있다.

시골 학교는 진로체험할 곳이 없다.

농협, 경찰서, 우체국밖에.

체험할 만한 곳은 모두 도시에. 올해 시행하겠다며 예산은 미정.

"우리 시골에선 애들 데리고 갈 데가 농협이나 경찰서, 우체국밖에 없어요. 서울 한번 가려고 해도 버스만 왕복 7~8시간을 타야 하고 버스 대절료만 100만 원 넘게 나오니……."

기회는 이때라는 생각이 들었다. 그래서 해당 기사를 올린 조선일보 기자의 이메일 주소를 수소문해서 1사1군이 그 대안이고, 이미 아시아나항공에서 실행해 본 사례가 있으니 조선일보에서 사회운동으로 전개한다면 그간의 사례와 노하우를 모두 드리겠다는 제안을 했다. 하지만 친절하게 보내온 해당 기자의 이메일을 읽어보니 언론사에서도 나서기가 힘든 것 같았다.

그럼에도 필자는 아직 포기하지 않았다. 절대영감은 절대영감을 낳는다는 확신과 교육기부 봉사가 너, 나, 사회에 미치는 의미와 효과를 확신하기에 기회가 닿는 데로 1사1군 운동을 전개해 나갈 생각이다. 독자 중에서도 본인이 기업의 사회공헌 또는 교육관련 업무를 하고 계시다면 한번 검토해 보시길 권한다. 기획서 및 노하우, 진행 사례를 모두 공유드릴 테니 말이다.

○ 절대영감은
절대영감을 낳는다

퇴직 전 마지막으로 실행한 절대영감은 '아시아나 독서스쿨'이다. 원래는 고려대학교 평생교육원에서 15주, 2학점 과정으로 독서과정을 개설해 달라 해서 기획했던 과정이다. 하지만 수강 신청자가 많지 않았다. 평생교육원 특성상 배워서 당장 돈이 되는 과정이나 사전에 검증된 과정이 아니면 수강생 모집이 쉽지 않다고 했다. 힘들게 준비한 과정이 빛도 보지 못하고 폐강되고 말았다. 하지만 그냥 없애기에는 너무 아쉬웠다. 그래서 동 과정을 7주로 압축해서 회사 동료들을 대상으로 한 '아시아나 독서스쿨'을 개설하게 되었다.

독서법을 배우겠다고 근무시간에 빠져나오는 것은 쉽지 않은 것이 현실이다. 그래서 사내 재능기부를 한다는 마음으로 가르치는 사람, 배우는 사람 모두 개인시간을 할애하기로 했다. 독서 이론학습(독서목표론, 독서정보론, 독서방법론)은 매주 목요일 저녁에 5회, 독서 체험학습^{Book Hunting, Dream Tour}은 토요일 오전 2회, 총 7회로 구성해서 독서 애호가들을 끌어모았다.

이후 관련 절대영감이 쑥쑥 성장하기 시작했다. 독서스쿨을 수료한, 60세가 넘은 정비사 선배님이 '책·꿈·삶'을 이야기하는 독서스쿨을 자녀들과 함께 하고 싶어 하셔서 '아시아나 가족 독서스쿨'을 기획하게 되었고, 또다시 절대영감이 성장해서 같은 아시아나항공 내에서도 교육과 복지의 사각지대에 있는 지방 지점의 직원과 가족들을 찾아가는 '아시아나 지점순회 가족 독서스쿨'을 기획하게 되었다.

이후에도 머릿속에서는 절대영감이 무럭무럭 자라났다. 공항에는 항공사 운영에 매우 중요한 관계 부처인 법무부, 국토교통부, 관세청 직원들이 상주하고 있다. 항공사의 공항지점장은 이들 부처와의 관계관리가 매우 중요한 임무 중 하나다. 하지만 식사와 술 이외에는 마땅한 방법이 없는 것이 현실이다. 그런 현실에 착안하여 관계부처 직원 및 가족을 초대해서 항공사 직원 및 가족과 함께 '책·꿈·삶'을 이야기하는 '아시아나 지점순회 갑을가족 독서스쿨'을 기획하게 되었다. 그야말로 교육기부에 의해 내가 속한 집단과 그 주변을 정제하고 계몽해 보고 싶었다. 술과 밥으로 맺는 관계보다 가족과 가족이 '책 · 꿈 · 삶'으로 맺는 관계가 훨씬 따뜻하고 바람직하다고 생각하기 때문이다. 사회적으로도 말이다.

책에는 모두 실을 수 없으나 수많은 핵심영감을 떠올리고, 그 핵심영감에 생명을 불어넣은 보조영감을 끊임없이 떠올릴 수 있었던 것은 오로지 절실한 내 꿈이 선물해 준 절대영감 덕분이었다.

03

경유지와 목적지가 표시된
인생 지도를 그린다

약속을 지키려면 약속을 되새겨야 한다. 자꾸 되새기면 약속할 때의 마음, 즉 초심을 잃지 않으려고 노력하기 마련이다. 꿈을 이루는 방법도 마찬가지다. 꿈을 이루려면 반복해서 되새겨야 한다. 우리가 꿈을 잃어버리는 것은 꿈을 가질 때의 초심을 잊어버리기 때문이다. 그러니 늘 가까이 두고 바라보고 음미하며 되새겨야 한다. 꿈을 잃지 않으려면 약속을 기록하듯 꿈도 기록해야 한다. 기록으로 남기고 이를 자주 바라봐야 한다. 보이지 않는 꿈을 보이도록 시각화해야 한다는 뜻이다. 그러면 꿈을 이루어 주는 절대영감이 시도 때도 없이 출몰하게 된다.

절대영감은 책, 사람, 세미나, 커뮤니티로부터 얻어지는 꿈의 자

원을 기록을 통하여 영감의 자료Raw data로 활용할 때 나타나는 현상
이다. 꿈의 자원을 관리하는 PRP(Personal Resource Planning, 자기자원
관리) 시스템은 파트 2와 파트 3에서 상세히 다루기로 하고, 이번 장
에서는 절대영감의 핵심인 '비전노트'에 대해 살펴보도록 하겠다.

평범한 일상에서 절대영감이 우러나오게 하는 가장 중요한 기록
중 하나가 비전노트다. 비전노트는 자신의 꿈을 한 장에 정리한 문
서다. 이 한 장짜리 비전노트는 필자가 살아온 과거뿐만 아니라 현
재와 미래까지 담고 있는 내 인생의 발자취이자 청사진이다. 그래서
이 한 장만 들여다봐도 지금 인생의 어느 단계에 있으며, 앞으로 무
엇을 어떻게 해야 할지 가늠할 수 있다. 그래서 필자는 비전노트를
집과 회사에 비치하고, 몸에도 지니고 다니며 언제 어디서나 꿈으로
인도하는 절대영감을 끄집어내려고 노력한다.

기록하여 시각화할 때는 간단명료하게 하는 것이 좋다. 이것이
꿈을 '한 장의 종이'에 담은 이유다. 그러나 비전노트가 한쪽짜리라
고 해서 그 내용도 간단한 것은 아니다. 그 안에는 자기 삶의 정수
가 담기기 때문에 오랜 시간을 우려낸 사유의 흔적을 고스란히 간직
하고 있다. 살면서 겪은 여러 가지 시행착오와 성취의 결과물, 앞으
로의 계획 등을 되새기고 또 되새겨 자기만의 적절한 단어로 기록한
문서다. 자기 삶에 대한 애정이 가득하기에 언제 어디서나 눈길을
끌고, 마음이 간다. 어떻게 만들고, 기록할지는 잠시 뒤에 설명하겠
다. 자신이 갈망하는 인생을 한 장 안에 담아야 되는 이유부터 알아
보자.

● 인생비전

김상경의 인생기획서 Ver 2005.09.14

다른 사람에게 변화와 혁신의 씨앗을 뿌리는 사람 (열정 바이러스)

● 인생성공 공식

LC = LC x 3R x 3H x 2A x 1C x Op
인생 환경 자원 건강 행동 기회 운용
자원=지식+인맥+자금 건강=머리+마음+신체 행동=실행력+시뮬레이션 습관

● 지금까지의 인생

年	歲	사건	상세 또는 심경
67	1	전남해남 출생	3남3녀 중 6섯째
74	8	해남 문내초등 입학	오만했던 시기
80	14	해남 우수영중학 입학	오만했던 시기
83	17	광주광역시 광덕고 입학	자신에 대한 1차 자각,방황
86	20	중앙대 경영학과 입학	서울생활에 부적응
88	22	입대(철원 6사단)	자신에 대한 2차 자각,반성
91	25	3학년 복학	처음으로 치열한 공부
92	26	동경 일본어학연수 10개월	인생에서 가장 행복한 때
93	27	4학년 복학	취업과 유학 심한 방황
		12월 아시아나항공 입사	자신 경제상태자각,두려움
94	28	조종사 심사부서 배치	영어 심한 고민과 공부 시작
			목표 없는 단순한 생활
99	33	결혼(5.16)	현실감이 가슴으로
		주식투자 실패	재테크 실패의 시작
00	34	인터넷판매파트 배치	기회에 적극 반응,대전환
		왕성한 외부활동/독서	인맥/지식의 중요함 절감
01	35	지은이 탄생(8.23/7.5)	더한 현실감이 가슴으로
		사내업무개선 대회 대상	항공/여행업계 Extranet
02	02	그룹업무개선 대회 금상	항공/여행업계 메신저
03	37	고려대 경영대학원 입학	엄청 무리지만 미래 위해
		한경마케팅대회금상수상	B2B 인터넷 마케팅
04	38	인연/지식공유모임 조직	Free Marketing Agency Korea (FMAK)
05	39	자기계발 주제로 집필 중	회사의 외부강의 규정확인
		첫 강의	유상강의/대학강의 추진
		고려대 마케팅석사 졸업	큰 일 한 가지 해냄
			동경대/와세다대 박사는 ?
		처녀작 집필(인생기획)	이 설레임~

● 현재의 나

● 현재의 자원(100%목표)

<지식 60>
기획, 마케팅, 인생기획, 자기계발
독서/만남/세미나 적극 활용중
나만의 System화 필요

<인맥 70>
학연, 지식커뮤니티 등 3500명의
인연노트 보유
하이레벨/글로벌 인맥 부족
그에 맞는 자기레벨업 필요

<자산 00>
다른 자원 대비 극심한 자산 불균형
전략적인 자산확보 대책 시급

● 과거의 반성
1 선택과 집중에 실패, 뚜렷한 목표가 없었음
2 지나친 간섭병, 타인의 평판에 컨트롤 당하는 인생
3 돈 되는 일과 안 되는 일을 구분하지 못함
4 건강관리, 아침시간관리 실패
● 미래의 개선책
1 내 지배가치에 의한 목표관리, 사건관리, 시간관리
2 선택과 집중 생활화
3 인연도 선택과 집중 (시간도둑 인연은 불필요)
4 상시 운동, 아침형 인간 생활화

● 성공포인트
1 전략적 자산 축적
2 욕구>지배가치>장기목표>중기목표>
  우선순위 일일업무 처리>결과>피드백
3 욕구>믿음의 창>규칙>행동>결과>피드백
4 Global Keyman Network 구축
5 기획>시뮬레이션>행동>피드백의 생활화
6 지식/경험의 반복과 숙성, 시뮬레이션
7 지식,인맥,자산관리의 시스템화
8 실제 체험 (성공사업, 성공멘토링)

●인생목적
1 초중고대학생 및 직장인의 인생기획 멘토
2 벤처기업의 구세주 Creative Marketing
  Planner
3 산학 연계 및 발전의 가교

●인생목표
1 인생기획/자기계발/사업기획/마케팅 박사
2 2석1박 (마케팅석박사,심리학석사) 취득
3 명저자, 명강사, VIP마케팅전문가
4 김상경브랜드의 자기계발 System 출시
5 5개국어(영/일/중국/불/스페인어)

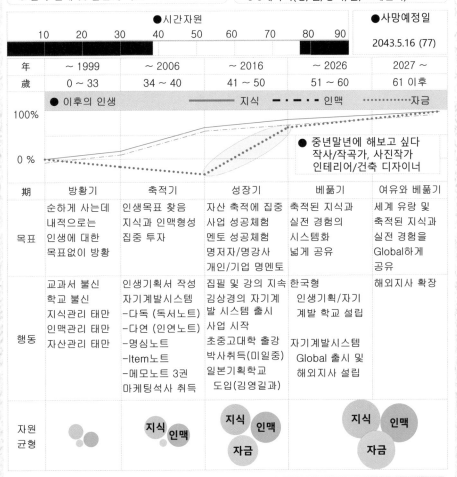

●시간자원					●사망예정일
10 20 30 40 50 60 70 80 90					2043.5.16 (77)

年	~ 1999	~ 2006	~ 2016	~ 2026	2027 ~
歲	0 ~ 33	34 ~ 40	41 ~ 50	51 ~ 60	61 이후

● 이후의 인생 ——— 지식 ─ · ─ · ─ 인맥 ·········· 자금

100%

0 %

● 중년말년에 해보고 싶다
작사/작곡가, 사진작가
인테리어/건축 디자이너

期	방황기	축적기	성장기	베풂기	여유와 베풂기
목표	순하게 사는데 내적으로는 인생에 대한 목표없이 방황	인생목표 찾음 지식과 인맥형성 집중 투자	자산 축적에 집중 사업 성공체험 멘토 성공체험 명저자/명강사 개인/기업 명멘토	축적된 지식과 실전 경험의 시스템화 넓게 공유	세계 유랑 및 축적된 지식과 실전 경험을 Global하게 공유
행동	교과서 불신 학교 불신 지식관리 태만 인맥관리 태만 자산관리 태만	인생기획서 작성 자기계발시스템 －다독 (독서노트) －다연 (인연노트) －명심노트 －Item노트 －메모노트 3권 마케팅석사 취득	집필 및 강의 지속 김상경의 자기계발 시스템 출시 사업 시작 초중고대학 출강 박사취득(미일중) 일본기획학교 도입(김영길과)	한국형 인생기획/자기계발 학교 설립 자기계발시스템 Global 출시 및 해외지사 설립	해외지사 확장
자원 균형		지식 인맥	지식 인맥 자금		지식 인맥 자금

●1년간의 목표
1 대학원 졸업(8월) 전 자기계발 책 출판
2 주간 가족토론시간 정착 (지은이 인생기획, 재테크 플랜 기획/행동/피드백)
3 가족 Daily Morning Planning Time (DMPT) 정착 (할 일 노트 공유)
4 6월말까지 인생기획서 작성
5 영어공부 (상시청취, 상시독서, 힛포클럽 및 프로마이크 활동)
6 매월 3권 독서
7 아침형 인간 (12 ~ 5)
8 2005년내 다카하시/히스츠네/나카지마/창의력 선생 컨택 (책번역 출판 추진)
9 10년단위 새인생 Plan 구축 (1생, 2생, 3생, 4생)   <미니인쇄 210 x 175>

○ 한 장의 비전노트는
돋보기의 초점이다

정신없이 바쁜 현대인의 관심과 시간은 늘 여기저기 분산된다. 그래서 하루 일과가 끝나갈 무렵이면 왠지 가슴이 허전할 때가 많다. 내가 가진 에너지와 잠재력이 속절없이 소모되고 있다는 것을 내 마음이 느끼고 있는 셈이다. 흩어지는 내 에너지를 한 점으로 모아야 한다. 흔들리며 난사되는 내 에너지를 오로지 한 표적을 위해 불사를 때만이 꿈과 목표를 이룰 수 있다. 바로 그 꿈을 한 장의 종이에 그리면 그 꿈을 위해 나를 불사를 수 있는 초점이 구체화된다. 무턱대고 자기계발하는 불상사를 막을 수 있는 첩경이 한 장에 그려진 내 인생이다.

○ 한 장의 비전노트는
인생의 나침반이다

동서남북을 알려주는 나침반은 바늘 하나로 방향을 알려준다. 나침반이 가리키는 방향은 직감적이어서 연구와 분석이 필요 없다. 가야 할 길이 멀고도 험한데 방향을 알려주는 나침반 자체가 연구대상이어서야 되겠는가? 그러다가는 여행을 시작하기도 전에 지친다. 나침반이 내가 가야 할 방향을 단번에 가리켜주듯이 한 장의 비전노트는 내 꿈길을 늘 직시하게 해준다. 아기 예수가 태어난 곳을 동방

박사에게 알려주던 별처럼 말이다.

아무런 고민과 의심 없이 내 삶이 나의 진북^{True North}을 향할 수 있도록 하루 24시간, 1년 365일 내 꿈과 목표를 가리키고 있는 것이 한 장의 비전노트다. 한 장으로 그려놓으면 고민할 필요도, 연구할 필요도 없다. 한 장의 비전노트는 바쁜 일상의 사이사이에 단 몇 초간 바라보는 것만으로도 내가 나에게 한 약속, 내가 가야 할 길을 되새김시켜 준다.

◯ 한 장의 비전노트는
절대영감의 우물이다

내가 경험하는 수많은 일상, 내가 만나는 수많은 사람, 내가 읽는 수많은 텍스트가 내 비전노트 위에서 뛰고 넘고, 울고 웃고, 밀고 끌며 재주를 넘는다. 절대영감은 내 과거와 내 미래의 꿈이 현재를 만나서 버무려진 천재적 직감이다. 한 장에 내 삶과 꿈을 그려 놓고 자주 바라보며 염원하다 보면 과거를 통해 얻은 지혜와 현재의 경험과 미래의 꿈이 시도 때도 없이 충돌하고 융합해서 절대영감을 버무린다. 그 절대영감이 알려주는 지름길을 내 삶에 하나둘 적용하고 실행하는 과정이, 끌어당김의 법칙이 실현되는 과정이다. 기회와 행운이 알아서 끌어당겨지는 것이 아니라 내가 끌어당기는 것이다.

없는 꿈, 있긴 하지만 머릿속에 희미하게 존재하는 막연한 꿈은 절대영감을 제대로 만들어 내지 못한다. 한 장의 비전노트를 작성해서 내가 깨어있을 때 존재하는 모든 공간에 비치해 두자. 그 위에서 널뛰기하는 절대영감을 만끽할 수 있는 날이 반드시 올 것이라고 생각한다.

○ 한 장의 비전노트는
자극의 잽 펀치다

누구나 자신의 삶에 대한 희망과 염원을 품고 있다. 하지만 바삐 살다 보면 혹은 재미와 편안의 유혹에 빠져 살다 보면 목표와 계획을 잊어버리기 십상이다. 그래서 늘 작심삼일에 머물고 만다. 수많은 성공 영화와 드라마에서 웅장한 목표와 도전적인 다짐을 한 단어, 한 문장으로 책상 앞에 붙여 놓는 장면을 많이 보았을 것이다.

바쁜 생활 때문에 혹은 재미와 편안의 유혹 때문에 자기 다짐을 잊어버리는 실수와 나태를 방지하려는 노력이다. 자기 자신과의 약속인 꿈과 목표, 실천계획을 한 장에 담고 있는 비전노트는 잽 펀치와 같다. 깜박할 때마다 툭 치고, 흔들릴 때마다 콕 찌른다. 오로지 내면의 의지만으로 이 세상과 싸우는 것보다는 비록 작은 에너지이지만 매일 툭 치고, 콕 찔러 내 꿈과 목표를 자극해 주고 되새겨 주는 도구가 필요하다. 그러다 보면 가랑비에 속옷 젖듯 내 꿈과 목표에 젖어 사는 삶이 이루어지게 된다. 성공과 행복은 그러한 삶의 자연스러운 결과다.

○ 한 장의 비전노트는
'나 브랜드'의 킬러 콘텐츠다

기업인들과 3년 정도 독서모임을 한 적이 있다. 한번은 자기계발 도서가 선정되어 비전노트를 프린트해서 모임에 참석했다. 필자의 자기계발 방법론을 공유하기 위해서였다.

그런데 비전노트를 본 회원들의 반응이 놀라웠다. '이렇게 치밀하고 계획적인 사람이었느냐?'는 표정으로 필자의 얼굴과 비전노트를 연신 번갈아 쳐다보는 것이었다. 모두 필자보다 나이도 많고, 사회적 지위도 높은 분들이었는데도 모두 감탄과 탄성을 자아냈다. 현대그룹 사장으로 퇴임하신 모 회장님은 사위들에게 보여 주고 싶다고 몇 장 복사해 가셨다. 그 회장님은 십수 년이 지난 지금도 연락을 주고받는 소중한 인연이 되었다. 한 장의 비전노트가 열 번 이상 만나서 쌓아야만 얻을 수 있는 강한 인상과 신뢰를 선물해 준 셈이다.

인간관계의 범위가 너무 넓어져 한 사람을 자주 만나 깊은 신뢰를 쌓을 여유가 없는 세상이다. 그래서 단 한 번에 자신이 어떤 사람인지 확실하게 각인시켜 주는 나만의 킬러 콘텐츠가 필요하다. 필자에게는 한 장의 비전노트가 강력한 킬러 콘텐츠다.

○ 한 장의 비전노트는
지혜의 오작교다

사람들이 감탄과 탄성을 자아낸다는 것은 그들이 자극을 받았다는 방증이다. 더러는 어떻게 이렇게까지 살 수 있느냐며 남의 일로 감탄만 하는 사람도 있지만, 목표와 계획 없이 사는 자신의 인생을 반성하는 표정이 역력한 사람들도 있다. 아주 짧은 찰나의 순간에 한 장의 비전노트가 KO 펀치처럼 그에게 큰 영감을 준 셈이다. '삶을 대하는 자세와 방법'에 대한 지혜가 공명을 일으키는 순간이다. 그 순간 감동을 한 상대도 영감의 선물을 받은 것이지만 나로 인해 누군가가 감동하고 다짐하는 모습을 보면서 필자 역시 새로운 영감을 선물받는다. 내가 선택한 삶에 대한 피드백이기 때문이다. 인간의 역사와 문명을 만든 지혜의 증폭은 이와 같은 공유와 나눔이 반복된 결과다. 내 삶 역시 조금이나마 그 역사에 이바지하고 있다는 사실을 한 장의 비전노트가 실감시켜 주고는 한다.

○ 한 장의 비전노트는
열정의 공유기다

종이 한 장에 깨알같이 적혀 있는 꿈과 희망, 전략과 계획은 그 자체로 삶을 대하는 에너지를 느끼게 해준다. 그래서 사람들이 감동하고 감탄하는 것이다. 한 사람을 몇 번씩 만나도 그 사람의 내면에 있는 혹은 그 사람의 역사가 머금고 있는 감동을 느낀다는 것은 쉽지 않은 일이다. 그렇다고 내 주변의 모든 사람에게 자서전을 쓰게 하거나 다큐멘터리를 제작하게 할 수도 없다. 그럴 만큼 대단한 삶이 많은 것도 아니다. 그럼에도 불구하고 평범한 사람에게도 영감과 자극이 될 만한 삶의 굴곡과 스토리 몇 개쯤은 있기 마련이다.

바람직한 인간관계란 서로 지혜와 자극을 나누는 관계다. 한 장의 비전노트는 자서전이고 다큐멘터리다. 좀처럼 드러내 보여 주기 힘든 내 삶의 핵심가치와 자기와의 약속을 위해 분투하는 내 모습을 보여 줄 수 있는 최고의 도구다. 필자는 인연을 맺고 싶은 사람을 만났을 때 혹은 선배로서 자극을 주고 싶은 후배를 만났을 때는 비전노트를 보여 주곤 한다. 그때마다 그 위를 타고 오가는 강렬한 에너지를 느낄 때가 한두 번이 아니었다. 오랜 시간 읽거나 시청해야 하는 자서전이나 다큐멘터리보다 오히려 더 큰 효과를 발휘한다. 한 장의 비전노트는 주는 자, 받는 자에게 삶에 대한 에너지를 증폭시켜 주는 열정의 공유다.

필자가 한 장의 종이에 대해 이처럼 거창하게 '비전노트의 7가지 가치'를 나열하는 것은 이 한 장 쓰기가 쉽지 않다는 것을 알기 때문이고, 반면에 조금 힘들더라도 이 한 장의 비전노트를 제대로 활용하면 내 삶에 주는 가치가 대단하다는 것을 독자 여러분에게도 알리고 싶기 때문이다. 무엇보다도 '자기만의 비전노트 갖기'에 도전하는 사람이 꼭 나오기를 바라는 마음이다. 내 꿈을 향한 절대영감 능력을 갖게 해주는 출발점이기 때문이다.

Part 2

위대한 성공도
작은 실행에서
시작된다

01

질주와 난사를
두려워하지 마라

필자의 꿈은 사람들이 자신의 진정한 꿈을 찾고, 그 꿈을 성취하는 데 필요한 지혜와 열정을 나누는 드림 마에스트로Dream Maestro가 되는 것이었다. 그리고 그 일에 전력을 다해 몰입하고 있다. 필자는 이 천직을 찾는 데 9년이 걸렸다. 그리고 아시아나항공에서 10년 넘게 그 경험과 생각을 나누고 공유했다.

필자는 인생비전을 찾기 위해 고민하고 방황하는 시기를 자기계발의 '질주와 난사기'라 부른다. 뚜렷한 방향과 목표 없이 그저 열심히 동분서주하는 분투의 시기다. 말 그대로 폭주하는 기관차처럼 정신없이 달려 나아가지만 정차해야 할 역도, 최종 기착지도 없이 무작정 앞만 보며 달리는 시기다. 많은 사람이 이 과정을 거쳤거나 거치는 중이다. 그러나 염려하지 마시라. 자기계발에도 굴곡이 있기 마련이다. 누구에게나 자기를 깨우는 과정에서 아무런 목표나 방향 없이 그저 매일매일을 정처 없이 흘러가는 때가 있기 마련이다.

중요한 것은 이 질주와 난사의 과정이 자신의 꿈과 목표를 만드는 중요한 재료라는 사실을 인식하는 일이다. 그래서 필자의 질주와 난사를 독자 여러분의 그것을 돌아보는 계기로 활용했으면 좋겠다. 거듭 강조하지만, 여러분 각자의 질주와 난사의 시절은 매우 중요하다. 그러한 삶에는 반드시 '왜'라는 물음이 따르기 때문이다. '나는 왜 이러고 살지?' 그리고 어느 날 문득 깨닫는다. '나는 지금 어디로 가고 있는가?', '내가 이르고자 하는 것은 무엇인가?'

필자의 고향은 땅끝마을 해남이다. 그곳에서 중학교까지 마치고 광주에 있는 고등학교를 거쳐 서울로 올라온 유학생이었다. 부모의 기대와 다르게 필자의 대학생활은 위험했다. 80년대 중반을 넘긴 캠퍼스는 최루탄과 돌멩이가 난무했다. 그곳에서 필자는 낯선 서울에서의 대학 생활에 몹시 당황해했다. 지금 생각하면 그 당시의 필자는 어느 하나 특별하지도 남다르지도 않았다. 필자가 대학생활을 하면서 느낀 건 나 자신이 그야말로 평범하다는 거였다. 주변에서 만나는 돋보이게 명석한 친구들, 뛰어난 예술적 소양이나 멀티미디어적인 감성을 가진 독특한 이들에 비하면 내게 어떤 장점이 있는지 알 수 없었다. 심각한 열등의식까지는 아니었지만 그저 열심히 살고, 티 나게 사고 치지 않으면서 분주히 살았다. 이때의 필자는 마치 어떤 영화 속 한 주인공의 모습과 비슷했다. 영화 속 스승은 가르침을 구하는 주인공에게 물었다.

"너는 뭐가 뛰어나느냐?"

주인공은 이렇게 답했다.

"저는 노력을 잘합니다."

필자 역시 그저 노력을 잘할 뿐이었다.

대학을 졸업하며 아시아나항공에 입사했다. 적성이나 비전을 생각할 겨를도 없이 취업문이 열리는 곳으로 뛰어들었다. 경영학과를 졸업한 새내기 사원이 특별한 전문성이 있을 리도 없고, 사내 부서에 대한 지식도 전무했다. 어려운 경쟁을 뚫고 입사했기에 그저 주어진 업무를 열심히 하겠다는 열의만 가득했다. 그런데 신입사원들에게 배치 부서를 알려주던 인사팀 담당자가 필자에게 부서 이름을 통보하며 이렇게 말했다.

"어, 이런 부서도 있었나?"

인사팀 담당자조차 모르는 낯선 부서였다. 그런 곳으로 배치될 만큼 필자가 박한 평가를 받았구나 하는 충격을 받았다. 그렇게 배치된 부서에 걱정 반 기대 반의 심정으로 출근했다. 조종사의 자격 심사를 담당하는 부서였다. 세분화된 업무로 나뉜 팀의 이름을 그 선배 사원이 몰랐을 뿐이었다. 팀 이름을 숙지하지 못한 그 선배의 말에 상처를 받았지만, 지금 와선 그 짧은 한순간이 내게 준 자극의 강도를 생각하면 감사한 마음이 들 정도다. 자신의 사회적 경쟁력이 뭘까, 직장 생활은 이러한 사소한 평가들의 연속일 수 있다는 강렬한 깨달음을, 그것도 사회생활 첫날에 안겨 줬으니 행운이라면 행운이라 할 수 있었다.

그렇게 첫 번째 부서에서 신입사원의 오기와 패기로 버티며 시간이 흘렀다. 업무에 익숙해지며 안주할 무렵, 변화의 기회가 생겼다. 그것은 매우 우연이었고, 이 일을 계기로 필자는 자기계발의 방법을 지독히도 고민하는 사람이 되었다. 필자는 '노력을 잘하는 사람'이었기 때문이다.

○ 앞만 보고 달리며
마구 쏘아대기

2000년 무렵 회사에서는 IT 전문직에 대한 사내공모가 있었다. 인터넷과 정보기술에 대한 사회적 관심이 폭발하던 시기였다. 회사 차원의 정보기술능력을 높이자는 취지에서 전격적으로 이루어진 일이었지만, 때마침 업무가 몰아치던 시기였으므로 마감 전날에서야 사내공채 소식을 들을 수 있었다. 그마저도 한 동료가 밑도 끝도 없이 "응모하셨죠?"라고 물어서였다. 그날 밤에 부랴부랴 응모 서류를 작성해서 제출했고, 다행히 1위로 선발되었다. 재미있는 것은 사내공채 소식을 알려준 동료는 2명을 뽑는 심사에서 3위를 했다는 사실이다. 그런 인연으로 지금도 만나면 "괜히 알려줘서 내 인생이 꼬였다"는 농담을 허물없이 주고받는다.

필자는 전혀 새로운 업무를 맡으면서 이른바 자기계발의 난사를 시작했다. 하지만 자기가 가진 자원을 여기저기에 마구 쏘아대는 이러한 일은 필자만의 상황이 아니다. 대다수 직장인이 마주하는 자기계발의 현실도 크게 다르지 않다. 누구나 '폭주와 난사' 시기를 거치는 시행착오의 상처 하나쯤은 있는 법이다. 중요한 것은 이 상처와 아쉬움으로부터 무엇을 깨닫느냐이다.

상경계 출신의 필자가 무척 생소한 인터넷 기술을 업무에 적용한다는 것은 그야말로 '맨땅에 헤딩하기'와 다를 바 없었다. 체계적으로 가르치는 곳도, 더군다나 이를 오프라인 기업의 상황에 맞게 적용한 사례도 찾기 힘들었던 시기였다. 그래서 필자는 주로 인터넷 관련 지식과 IT 전략을 다루는 커뮤니티 활동부터 시작했다. 회사 업무 때문에 시작했지만 개인적인 관심도 컸기 때문에 열심히 관련된 시장과 사람들을 접하며 공부할 수 있었다. 그러다 보니 관련 전문가뿐 아니라 이른바 '꾼'이라는 사람들도 만날 기회가 많아졌다. 그동안 온실 같은 회사에서만 활동했던 필자는 정신없이 돌아가는 바깥 세상의 모습에 넋을 잃을 지경이었다. 그래서 필자는 이를 기업 바깥의 시장이라는 의미에서 '야시장'이라 부른다.

필자가 보기에 야시장은 정연한 논리, 빼어난 언변, 엄청난 활동력으로 움직이는 고수들의 세상이었다. 필자는 이들을 바라보면서 '나도 저렇게 되어야 하는데'라는 부러움과 조바심이 들었다. 누구 못지않게 노력하고 열심히 공부하고 있다는 자긍심과 자신감이 있었지만, 야시장의 고수들에 비하면 필자는 그저 평범한 회사원일 뿐이었다. 무엇보다 '이미 경쟁에서 뒤처진 게 아닐까, 나는 그동안 뭘 이뤘지?'라는 생각이 필자를 괴롭혔다. 생각이 여기에 미치자 필자의 마음은 자연스럽게 '할 줄 안다', '알고 있다', '해 보았다'가 가장 중요하다는 결론에 이르렀다. 그러면서 필자는 말 그대로 또다시 질주하기 시작했다.

책은 거들떠보지도 않았던 운항 부문에서의 사원, 대리 시절과 달리 새로운 분야의 경쟁에서 뒤처지지 않으려는 생각에 어렵고 무거운 경영전략서, 마케팅서적, IT기술서 등을 들춰보기 시작했다. 세미나와 커뮤니티를 쫓아다니느라 평일 밤에는 물론 휴일에도 정신없이 돌아다녔다. 돌이켜 보면 이런 질주의 과정이 지금의 필자를 만들었지만, 어쨌거나 당시는 자원과 시간을 이곳저곳에 마구 쏟아대는 질주와 난사의 시기였다.

O 질주와 난사를
음미하라

이와 같은 질주와 난사를 추스르게 된 계기는 당시 꽤 유명한 자기계발 강사와 교류했던 경험 덕분이었다. 내가 본 그의 모습은 특유의 논리와 열정만이 아니라 자기 일에 대한 엄청난 집중력으로 존경심이 들 정도였다. 종종 회사 일을 마치고 그의 사무실에 들러 일하는 상황을 둘러보곤 했다. 능력에 비해 척박한 환경에서 고생하는 게 안쓰럽다는 생각이 들었다.

그래서 사업을 위해 도움이 필요하다는 그의 제안에 빠듯한 상황임에도 불구하고 고민 끝에 응했다. 그런데 시간이 가도 사업에는 변화가 없고 도움을 감사하게 여긴다거나 되돌려 주려는 노력이나 낌새도 없었다. 강렬한 첫인상과 설득력 있는 이야기들이 식을 무렵, 냉정해지고 보니 실상이 보이기 시작했다.

깨어나 보니 그의 곁에는 같은 '희생양'들이 즐비했다. A는 꽤 좋은 직장을 관두고 그 강사의 조교 혹은 보조 역할을 자청했다. 별도의 월급도 없는 상황에서 단지 그의 역량에 반해서, 그리고 함께하면서 배우면 자기도 그와 같은 위치에 다다를 수 있을 거라는 설렘으로 결정한 일이었다.

듣자 하니 처음엔 자료 조사와 강의 준비를 돕는 역할에서 시작했던 일이 어느새 사업비용을 조달하는 역할까지 맡게 되었다. 그 과정이 부지불식간에 자연스럽게 이뤄져서 아차 싶었을 땐 이미 너무 많이 진행된 상태였다. 경제적 부담이 심해지자 조심스럽게 상황을 해결할 방안을 물었을 때 돌아온 대답은 '수업료' 혹은 '진입 비용'이라는 논리였다. 결국 여력이 다하자 A는 '팽'을 당했다.

알고 보니 그 강사가 지나온 길에 그런 피해자들이 널려 있었다. 나는 다행히 심각한 피해를 보진 않았지만, 결과적으로 느낀 배신감과 자괴감은 충분히 나를 괴롭혔다. 그 일을 시작으로 이후에도 그런 유형의 사람들을 심심치 않게 발견한다. 필자는 그들에게 '악한 천재'들이라고 이름 붙였다.

그들은 대체로 멘토 혹은 롤모델이라는 입지를 확보한 후 상대를 일방적으로 이용하거나 경제적으로 착취하는 일련의 일들을 서슴없이 벌인다. 그들은 자기 자신과 자기의 성취를 보여 주는 데는 가히

천재적이지만, 인간관계 안에서 상대에 대한 배려나 역지사지는 전혀 없다.

무엇보다 내 안의 조급함과 미숙함이 그런 관계를 만든 근본적 이유라는 생각이 들었다. 아울러 반성에만 그칠 게 아니라 자기가 하는 말을 일상에서 실천하고 공유할 수 있어야 '진짜' 전문가라는 생각을 가지게 되었다. 흔히 말하는 '진정성'에 관한 것이다. 무언가에 몰입해 있는 모습은 그 자체로 보는 이에게 진정성을 느끼게 한다. 내가 '악한 천재'들에게 매료된 이유는 그 성취나 메시지가 아니라 자기 일에 몰입하는 사람이 내는 특유의 광채였다. 희생자들이 즐비한 길을 걸어온 그 강사의 사례처럼 자기 분야에 대한 몰입과 실천은 의심할 수 없었다. 그러나 '진짜'를 가르는 기준은 겉으로 드러난 것만으로는 충분하지 않았다. 타인과의 관계나 사회적 건강을 고민하지 않는 이기적 몰입은 결과적으로 위험할 수 있다는 생각이 들었다. 종종 '저 놈은 절대 서울대 가면 안 되는데!'라고 되뇌일 때가 있다는 어느 대입학원 강사의 이야기처럼 말이다.

필자는 질주와 난사의 자기계발 시기 자체가 그 사람의 날것의 자료라 생각한다. 질주하고 난사하며 겪는 방황이 새로운 생각과 결과를 만들어 내는 밑거름이라 여긴다. 이는 전혀 꾸미거나 가공되지 않은 그 사람의 '민낯'이기 때문에 있는 그대로의 자기 자신과 만나는 순간이다. 우리는 이 과정을 거치며 장차 새로운 것을 만드는 '날것 그대로의 삶'을 사는 것이다.

그러니 누구에게나 주어지는 자기계발의 질주와 난사를 음미하기 바란다. 이 질주와 난사의 시기를 숙성시키면 자기 스스로 만들고 갖춰야 할 '민낯$^{\text{Raw data}}$'이 무엇인지 깨달을 수 있다. 장차 무엇에 집중해야 할지 알 수 있다. 자기계발의 질주와 난사는 삶의 돌파구를 제공하는 성찰의 기회라 믿는다.

02

2개의
핵심 자기자원을
장악하라

'사람'과 '지식'은 자기계발의 핵심자원이다. 모두가 바라는 꿈의 성취는 사람과 지식이라는 이 두 가지 자원의 상호 작용으로 이뤄진다. 사람 속에서 지식이 만들어지고, 지식의 확장 속에서 또 다른 인연과 기회를 만날 수 있다. 그러니 홀로 열심히 수련하여 내공을 키우는 방식은 이제 옛날이야기가 되었다. 우리는 사람과 지식이라는 자원을 보다 체계적으로 사용해야 한다.

자기계발의 핵심자원이 사람과 지식이라고 말하는 데는 분명한 이유가 있다. 앞서 말했듯이 필자는 대학생활과 새내기 사원 시절 질주와 난사의 자기계발 시기를 거치고, 인터넷 전담 조직에 배치되어서는 경쟁에 뒤처지지 않기 위해 동분서주했던 일련의 '탐색기'를 거치며 이를 충분히 깨닫게 되었다. 그리고 필자처럼 질주와 난사의 자기계발 여정을, 홍역을 치르듯 앓아 본 사람이라면 사람과 지식의 소중함을 쉽게 이해할 것이라 생각한다.

필자가 새로운 환경에 적응하기 위해 나 홀로 전전긍긍하며 관련 책만 줄기차게 읽었다면? 그리고 회사에 들어 앉아 관련 업계 사람들이 제공하는 정보만 끌어모았다면 지금쯤 어떤 일이 벌어졌을까? 아마 그 업무에 적합하지 못한 사람으로 평가받아 다른 팀으로 옮겼거나 지금과는 전혀 다른 일을 하고 있을지도 모른다. 하지만 필자는 새로운 업무를 위해 회사 안이 아니라 회사 밖 야시장으로 나갔다. 그 속에서 필자는 다양한 분야의 전문가와 장사꾼, 사업가 등을 만나면서 새로운 지식을 만났고 사람 보는 눈을 키울 수 있었다. 이러한 고민과 노력의 과정을 거치며 자기계발의 핵심자원으로 '사람과 지식'을 선택하기에 이르렀다. 절대영감은 사람과 지식으로부터 나오기 때문이다.

○ 인맥관리는
인적자원 관리다

'인맥관리'라는 말에서는 비즈니스적인 냄새가 물씬 풍긴다. 사람과의 유대관계를 바탕으로 목적한 바를 이루려는 의도가 분명하기 때문이다. 더군다나 인맥을 동원해서 청탁, 알선, 뒷거래가 이뤄졌다는 뉴스를 자주 들으니 인맥관리의 부정적인 느낌을 지울 수 없다.

수단 방법을 가리지 않고 돈과 명예, 이권을 취하려 드는(마음은 나쁘지만, 머리는 비상한) 악한 천재들의 거래에는 늘 인맥이 등장한다.

비즈니스적인 관계가 아니어도 사람 때문에 곤혹스러운 일을 당한 경험이 있을 것이다. 친하지 않은 동창으로부터 어느 날 갑자기 '돈 좀 빌려 달라'는 전화를 받거나, 술주정이 심한 직장 동료가 걸핏하면 저녁 먹자고 하거나, '뒷담화'를 잘 하기로 소문난 지인이 살갑게 다가오는 등 뜻하지 않은 일들로 곤혹스러웠던 적이 있다. 이러한 상황과 마주치면 우리는 어떻게 해야 할까?

이들을 자신의 소중한 인연으로 받아들이는 사람은 없다. 자신이 그와 비슷한 사람이거나 그를 이용하려는 목적을 가지고 있지 않은 이상, 이들보다는 자신에게 좋은 영향을 주고 좋은 기회를 줄 수 있는 사람을 선호하게 된다. 이처럼 우리는 구체적으로 인맥관리를 하지 않을 뿐이지 본능적으로 자신에게 해가 될 사람은 피하고, 득이 될 사람은 선호한다. 이것이야말로 자신의 안전과 생명을 지켜 주는 본능이고, 사람을 통해서 받게 되는 고통과 아픔과 손해를 줄여 주는 본능이라 할 수 있다. 인맥관리는 사람을 통해서 기쁨과 행복과 이득을 얻으려는 우리의 중요한 본능 가운데 하나이다. 우리 유전자에는 분명 인맥관리 본능이 있다.

선한 목적으로 인맥을 관리해야 한다. 인맥관리 본능을 바탕으로 사람과의 관계를 제대로 관리해야 한다. 기업이 경영 활동의 중심에 사람을 두듯이, 개인들의 자기경영에서도 사람을 중심에 둬야 한다. 하지만 우리는 기업의 체계적이고 전략적인 인적자원 관리를 당연하다고 인정하면서도 정작 자신의 성공에 커다란 영향을 미치는 자신의 인적자원 관리는 소홀히 한다. 우리는 자신의 인맥관리 본능을 깨우지 못한다. 필자는 인맥관리 본능을 강화해, 삶의 긍정적 변화에 활용해야 한다고 생각한다. 이러한 생각의 계기 역시 필자가 만난 사람, 인맥으로부터 왔다.

○ 인연
만들기

2006년 1월 14일 토요일, 가까운 지인으로부터 '일본에서 대단한 분이 오시니까 같이 만나자'는 연락이 왔다. 그 지인과 필자는 좋은 사람이 있으면 서로에게 적극적으로 추천하고 공유하는 사이였다. 당시에도 그 지인은 필자가 알아두면 많은 것을 배울 수 있고, 어떤 면에서는 추구하는 방향도 비슷하다며 둘만의 자리에 필자를 초대했다.

토요일 저녁 홍대 근처 삼겹살집에 세 남자가 모였다. 그 일본인은 누마자와 다쿠야라는 분으로 일본에서 인맥관리 강의와 컨설팅으로 연 20억에 가까운 수입을 올리는 유명인사였다. 그의 회사 직원은 그를 포함해 4명(그와 그의 부인, 그의 전 직장 후배와 공채 사원)이 전부였다. 이렇게 작은 회사가 인맥관리라는 다소 생소한 '교육상품'을 불티나게 팔고 있다니, 처음에는 필자도 잘 믿어지지 않았다.

그는 필자의 이런 느낌을 감지했는지 한국에 오기 전 강의한 회사들이 발행한 개당 100만 엔이 넘는 몇 장의 계산서와 그가 가르치고 있는 일본 최대 보험회사인 제일생명의 상위 200명 보험설계사 사진을 보여 주었다. 순간 망치로 머리를 얻어맞은 느낌이 들었다. 자기경영에 사람이 중요하다는 확신을 가지고는 있었지만 정작 이를 현실로 마주하니 얼떨떨했다. 인맥관리의 필요성을 이론에만 그치지 않고 하나의 교육상품으로 만들어 낸 그가 대단하다고 느꼈다.

토요일 밤의 짧은 만남으로는 아쉬웠다. 인품도 좋고 거기에 실력까지 갖춘 사람은 1년에 한 명 만날까 말까 한 아주 중요한 사람, 즉 내 인생의 귀인이었다. 더군다나 그는 필자와 나이도 같았다. 이런 사람을 직접 만나 이야기 나눌 기회도 드물뿐더러 만났다고 해서 그 사람이 나에게 관심과 신뢰를 갖게 하는 것은 또 다른 노력과 행운이 필요하다. 첫 만남을 인연으로 만들고 싶었다. 그를 다시 만나고 싶었다. 그는 다음 날 내 지인과 함께 부산에 있는 모 신발업체를 방문할 계획이었다. 좋은 기회라 생각했다. 비록 월요일 출근을 위해 내려가자마자 혼자 다시 올라와야 했지만, 그와 이야기할 유일한 기회가 고속철도에 탑승하고 있는 시간일 듯해서 부산행 열차에 함께 올랐다. 덕분에 필자의 뇌리에 영상으로 녹화된 듯 또렷이 남은 '고속철도 특강'을 듣게 되었다. 그리고 이 유별난 노력 덕분에 필자는 두 개의 선물을 받았다.

첫째는, 그에게 김상경이라는 사람에 대한 인상을 뚜렷하게 심어주었다. 그는 일본에 돌아가자마자 자신의 저서에 서툰 한글로 인사말을 적어서 보내왔다. 둘째, 첫 만남에서는 듣기 어려웠던 그의 깊은 생각을 들을 수 있었다. 그는 종이에 그림까지 그려가며 2시간여 동안 인맥에 대한 자신의 지식과 경험을 들려주었다. 필자 역시 그와 놀랄 만큼 유사한 생각을 가지고 있었기에 시간 가는 줄 모르고 이야기를 나누었다. 그도 놀라고 필자도 놀라는 시간이었다. 필자는 하루를 투자하여 중요한 사람으로부터 새로운 지식을 얻었고, 인맥관리에 대한 생각과 방법론에 자신감과 확신을 얻을 수 있었다. 인맥관리는 자기 삶을 긍정적으로 바꾸는 매우 중요한 본능임을 확인하는 순간이었다.

O 인재가
인재를 알아본다

인적자원 관리의 핵심은 인재의 영입이다. 인재는 성품과 역량을 겸비한 사람이다. 회사와 마찬가지로 개인들의 관계에서도 사람의 됨됨이와 능력이 사귐의 으뜸 기준이다. 그래서 우리는 인재라고 생각하는 사람을 놓치고 싶어 하지 않으며, 늘 가까이 두고 싶어 한다. 인재가 자기 생각과 성장을 돕는 촉매제라 여기기 때문이다. 이러한 인재를 가까이 두는 확실한 방법은 무엇일까?

자기 스스로 인재가 되는 것이다. 자신이 인재가 되면, 새로운 인재를 찾아 나서지 않아도 된다. 인재를 찾는 시간과 노력을 쏟지 않아도 인재 주변에는 인재들이 모여들기 때문이다. 인재는 인재를 알아본다. 그래서 자신에게 찾아온 인재와 인연을 만들면 된다. 그가 나를 알아보고 내가 그를 알아보며 인연으로 발전시키는 방법이다. 그러니 인재사냥보다 자신이 인재사냥의 사냥감이 되는 것이 더 낫다. 이것이 가장 경제적이고 효율적인 인재사냥이다.

○ 책은 새로운 기회의 선물상자다

사람들은 익숙한 환경을 선호한다. 그래서 가족, 직장 동료, 학교 친구처럼 주변 사람들과 어울려 여가를 즐기며 편하게 지내려 한다. 하지만 익숙한 환경은 마음에 평화를 주는 반면 정보와 지식, 지혜와 체험의 측면에서 보면 지극히 협소한 우물 안의 삶이다. 이러한 삶의 방식은 드넓은 세상의 수많은 지식과 체험을 수용하는 데 한계가 있다. 일상은 단조로워지고 급속한 변화에 대처하는 능력은 떨어진다.

가정-직장-개인공간을 오가는 익숙하고 편안한 생활 속에서도 다른 인생, 다른 지식, 다른 체험을 하는 최상의 방법이 있다. 바로 독서다. 독서는 시간적·공간적 제약 때문에 직접 체험하지 못한 일들을 간접적으로 체험하게 해준다. 책을 통해 다양한 분야를 체험하고, 책 속에서 성공한 사람들의 지혜와 열정을 끊임없이 접하다 보면 내가 잘할 수 있는 능력과 이를 사용할 새로운 기회를 찾을 수 있다.

○ 책은 꿈을 이루게 돕는
인생멘토다

필자는 좋은 책을 내 인생의 바이블로, 그 책의 저자를 내 인생의 멘토로 임명하곤 한다. 가령 벤자민 프랭클린처럼 풍부한 영감과 강렬한 자극을 주는 저자의 책은 눈에 잘 띄는 곳에 꽂아두고 책을 반복해서 되새길 수 있는 환경을 조성한다. 영감과 자극이 넘쳤던 책들은 나중에 잠깐 눈길만 스쳐도 책을 읽을 때 느꼈던 감동이 되살아나기 때문이다. 《시간을 정복한 남자 류비세프》라는 책을 읽고 필자의 인생멘토로 삼게 된 알렉산드르 류비세프는 평생 시간을 분 단위의 시간재무제표로 관리하며 많은 연구업적뿐만 아니라 수많은 취미생활까지 누리며 살았다. 그의 엄청난 열정과 진지함에 큰 충격과 감동을 받아서 곧 그의 방법을 내 삶에 적용해 보았다. 지금도 위 두 분의 삶이 내 삶의 다양한 습관에 유산으로 남아 있다.

이와 같은 책들은 자신이 살아온 방식과 지식을 새롭게 바꿔보도록 독자를 자극한다. 그들은 그들의 목적과 목표를 이루기 위해 자신의 영혼을 불사르는 삶을 살았다. 그들의 목적과 목표의 크기와 넓이에 내 삶을 견줄 수는 없지만, 내게는 내 삶이 훨씬 중요하다는 것은 명백한 사실이다. 그렇다면 부러움이나 감동으로 끝낼 일이 아니다. 소중한 내 삶을 위해 그들의 지혜와 열정이 어디서 비롯되고 어떻게 구현되고 어떤 성과로 이어졌는지를 벤치마킹해야 한다. 좋은 책들이 머금고 있는 감동과 자극의 잽 펀치들을 반복적으로 맞다 보면 내 내면의 의지력만으로는 포기하거나 유보해 왔던 꿈의 탐색, 몰입, 성취의 루틴을 내 삶에도 구현할 수 있기 때문이다. 책이 아닌 어디에서 이렇게 쉽고 저렴하게 위대한 인생코치, 인생멘토를 만날 수 있겠는가?

○ 독서는 미래를 준비하는 첫걸음이다

직장인이라면 누구나 한번쯤 퇴직을 생각해 본다. 더군다나 전혀 준비되지 않은 상태에서 갑자기 찾아오는 실업은 공포 그 자체다. 그래서 타의에 의한 직장 생활의 마감은 늘 준비하고 대비해야 할 직장인의 과제다. 이를 해결하는 방법 가운데 하나가 책을 통해 새로운 삶을 찾고, 그 삶을 리허설해 보는 방법이다. 책에 의해서라면 회사 생활을 충실히 하면서도 조용히, 저렴하게 인생 2막을 탐색하고 준비할 수 있기 때문이다.

사실 책과 사람을 모두 경험한다면 보다 충실히 미래를 준비할 수 있다. 관심 가는 분야를 정한 후 해당 분야에 대한 책을 읽어 보고, 해당 분야의 전문가를 만나 보고, 그들이 주최하는 세미나와 커뮤니티에 참여해서 내 가슴이 설레는 분야인지, 내 재능에 맞는 분야인지, 내가 추구하는 가치관과 어울리는 분야인지, 내가 참여하는 미래 시점에도 시장성이 있을 분야인지 등을 간접 체험해 볼 수 있다. 다만 바쁜 생활 중에 이와 같은 삶을 실천하는 것이 결코 쉽지 않다. 그래서 결국 독서가 누구나 가장 쉽고 빠르고 편하고 저렴하게 미래를 준비할 수 있는 유일무이한 방법인 셈이다.

시작할 때 끝을 준비해야 한다. 미래 어느 시점에 새로운 일을 시작하려면 해당 분야에 대한 지식과 정보가 이미 숙성된 상태가 되어 있어야 한다. 독서를 통해 우리는 나와 삶과 세상을 알게 되고, 내가 가야 할 방향을 알게 되고, 그 길을 효율적으로 갈 수 있는 지혜를 얻게 되고, 그 지혜를 지속해서 실천할 수 있는 에너지를 얻을 수 있다. 자신의 밝고 행복한 미래를 위한 첫걸음을 독서에 의해 시작해 보자.

○ 독서는
경쟁력의 원천이다

필자가 늘 염두에 두고 있는 키워드 중 하나는 '반복과 숙성'이다. 숙성은 '양은 질로 승화한다'는 말과 같다. 사람을 만나 신뢰를 쌓아 가는 과정이나, 지식을 지혜로 만들어 가는 과정에는 절대적인 양의 투자가 필수다. 그것은 반복적 관심일 수도 있고, 반복적 실천일 수도 있다. 이렇게 해서 양이 쌓이다 보면 어느 순간 반복 숙성의 효과가 창조적 영감으로 승화되는 것을 경험하게 된다. 창조적 영감이 무의식적으로 반복되면 자신에게 비로소 절대영감이 장착된 것이다.

양적 투자 가운데서도 가장 경제적인(최소투자 최대효과) 투자가 독서다. 독서를 본격적으로 시작한 초기 1~2년은 그다지 큰 효과를 느끼지 못했었다. 그러나 몇 년간 지속적으로 회사경영(기획, 전략, 인사, 교육, 마케팅, 영업 등)과 인생경영(심리철학, 인문학, 자기계발, 인연관리, 시간관리, 메모법 등)에 대한 책들을 읽어가던 중에 어느 순간 문득 자신이 무척 변해 있다는 사실을 알게 되었다.

천성적으로 무대공포증을 가진 전형적 A형 성격의 필자가 수많은 사람을 앞에 두고 강의를 하고, 대중 앞에 책을 내놓게 되었다. 재미와 놀이에 빠져 살던 과거에는 감히 상상할 수 없었던 가치 있고 의미 있는 프로젝트들을 자신만의 절실한 꿈이 선사한 절대영감에 의해 기획하고 실행할 수 있었다. 그리고 이와 같은 능력과 경험과 결실들은 자신에 대한 자존감뿐만 아니라 후배들의 존경, 좋은 회사를 스스로 조기 퇴직한 후 이 살벌한 무림에 연착륙할 수 있게 해준 결정적 무기가 되어 주었다. 이들 모두가 뒤늦게라도 시작한 진지한 독서가 준 선물이라 생각한다.

○ 독서는 '자기 자신을 마케팅'하는 출발점이다

인품과 능력을 두루 갖춘 사람을 내 사람으로 만들기 위해서는 먼저 자신이 그런 매력을 갖춘 사람이 되어야 한다. 인간관계에서 좋은 인연을 만나려 한다면 그 전에 자신을 갈고닦아 자신이 좋은 인연의 표적이 되도록 하는 것이 가장 빠른 지름길이다. 고객을 찾아 애걸복걸하면서 물건을 파는 영업보다는 나를 잘 가꾸고 꾸며서 고객이 찾아오게 하는 자기 마케팅을 먼저 해야 한다. 그 첩경이 독서다.

넓고 깊은 지식은 다양한 사람들과 지적 대화를 가능하게 하고, 상대가 나를 지적이고 열정적인 사람으로 느끼게 해주며, 때로는 어려움에 봉착한 사람들에게 좋은 충고나 컨설팅을 가능하게 함으로써 깊은 신뢰를 형성하도록 돕는다. 독서가 독서로 끝나지 않고 책에서 얻은 지식과 경험을 체화하고 숙성시켜서 대화, 강의, 집필을 통해 사회에 환원하는 자세를 갖춘다면 인연 확대는 자연스러운 결과다. 사람을 얻는 것만큼 큰 재산이 없다. 인재를 내 사람으로 만들고자 한다면 내가 먼저 인재가 되어야 한다. 그 지름길은 넓고 깊은 독서다.

○ 독서는
내 삶에 효율성을 선물한다

실용서를 싫어하는 사람들이 있다. 그 말이 그 말이라는 이유에서다. "열심히 하면 성공한다. 뭐 그런 뻔한 이야기 아니에요?"라고 단정 짓는다. 독서를 제법 하는 사람으로부터 그가 실용서를 읽지 않는 이유가 "실용서는 답을 주고 소설은 질문을 주기 때문이에요"라는 이야기를 들은 적도 있다. 하지만 내 경우에는 실용서를 통해 내 삶에 많은 질문을 던지고는 한다. 도구는 주체가 아니라 객체다.

나는 객체가 아니라 주체다. 화투에 돈을 걸면 도박이 되고, 재미를 걸면 놀이가 된다. 제아무리 위대한 작가가 쓴 실용서라도 내 가치와 생각, 상황에 맞지 않은 이야기면 질문하고, 반문한다. 그래서 나에게 맞게 각색해서 수용하거나 아니면 버린다.

제대로 된 실용서를 쓸 만큼의 삶을 살아온 사람의 책을 "열심히 하면 성공한다는 뻔한 이야기다!"라고 평가하기에는 필자는 늘 부족하고, 늘 배고프다. 무슨 꿈을 어떻게 찾아야 할지도 궁금했고, 내 지식과 인연과 시간이라는 소중한 자원을 어떻게 관리해야 낭비 없이 내 꿈을 향해 한 방향 정렬이 가능한지도 궁금했다. 때로 바닥을 알 수 없는 슬럼프에 빠져들 때면 나와는 아무런 인연도 없는 저자, 오래전에 죽어서 뼈가 이미 흙이 되었을 수백 년 전의 누군가가 내게 다가와서 위로도 해주고 격려도 해주었다. 책은 내 인생을 위한 최적의 '인생 사용설명서'다.

03

최고의 기획은
자기 인생을
기획하는 것이다

절대영감은 지식과 사람으로부터 발원한다. 필자는 자기계발의 핵심자원이 '지식과 사람'이라 본다. 이 두 가지 자원을 마르지 않고 캐낼 수 있는 금광이 '책, 사람, 세미나, 커뮤니티'다. 필자는 '지식과 사람'이라는 두 가지 핵심자원을 채굴할 수 있는 금광을 이 네 가지로 다시 세분화시켜 자기계발의 활동지침으로 삼았다. 결국 이 4가지 영역에서 꾸준히 활동하고 이를 관리하면서 번뜩이는 영감을 만날 수 있었다.

책, 사람, 세미나, 커뮤니티가 절대영감의 원천이다. 이를 체계적으로 관리하기 위해 만들어진 것이 필자가 말하는 '비전노트', '메모노트', '독서노트', '인연노트'라는 PRP(자기자원 관리) 시스템이다. 4

개의 노트에 대한 자세한 설명은 차차 풀어나가도록 하고, 여기에서는 왜 이와 같은 시스템에 의한 자기자원 관리를 구상하게 되었는지 이야기해 보겠다.

O 인생의
내비게이션

자기계발의 핵심자원인 지식과 사람을 내가 바라는 인생과 연결하려면 어떻게 해야 할까? 결론부터 말하면 이 연결 작업을 위한 도구가 바로 비전노트다. 비전노트는 자기계발의 핵심자원을 토대로 만들어진 한 장짜리 삶의 기록이다.

필자가 비전노트에 처음으로 관심을 가진 시기는 1995년 무렵이다. 그 당시 필자는 커다란 A3 모눈종이 노트를 사서 몇 장에 걸쳐 연도와 나이를 일렬로 적어 놓고 각 연도(나이)에 내가 이루고 싶은 일들을 리스트로 정리했었다. 지금은 강의할 때 과거에 진지하게 실천했던 증거물 정도로 활용하지만, 지금의 비전노트와 비교하면 허술하기 짝이 없다. 하지만 처음으로 자신의 인생 전체를 종이 위에 그려 보았다는 것 자체가 의미 있는 일이기에 필자에게는 무척이나 소중한(개인의) 역사적 자료인 셈이다.

파트 1에서도 설명했지만, 비전노트는 꿈을 담은 나만의 기록이고 삶에 대한 자신과의 약속을 나타낸다. 비전노트에는 어떤 상황에서도 유연하고 능동적으로 행동할 수 있는 근본적인 삶의 가치를 담고 있으므로 '내비게이션' 혹은 '나침반'처럼 작동한다. 이처럼 한 사람의 인생에서 중요한 의미를 차지하는 기록이 한 장의 종이에 담긴다는 것이 무척 신기할 것이다. 그러나 이러한 기록들은 어느 한순간에 잠시의 고민으로 만들어지는 것이 아니다. 시간의 흐름에 따른 시행착오와 이에 대한 성찰과 통찰로 다듬어가는 기록물이다.

이러한 비전노트를 완성하기 위해 제일 먼저 하는 작업이 있다. 자기가 나아가야 할 방향을 찾는 일이다. 바로 인생비전을 결정하는 일이다. 필자는 이를 '인생비전 발굴법'이라 한다. 인생비전 역시 지식과 사람과의 관계를 중심으로 방향을 찾아간다. 이를 도표로 정리하면 다음과 같다.

인생비전 발굴법

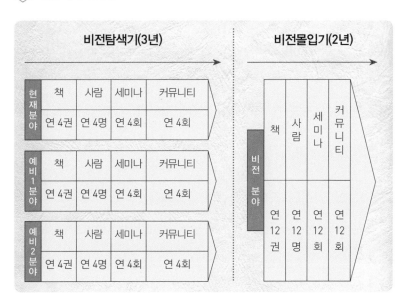

자신의 인생비전을 찾고 준비하는 여정은 크게 '비전탐색기'와 '비전몰입기'로 나뉜다. 물론 비전탐색기에 돌입하기 이전 단계가 '질주와 난사기'이다. 질주와 난사기를 거친 후 몰입할 하나의 비전을 제대로 선택하기 위해 여러 분야로 나누어 탐색하게 된다. 이를 위해 비전탐색 영역을 현재 내가 일하고 있는 '현재 분야'에 '예비 분야 1, 2'를 추가시킨다.

　질주와 난사기의 경험, 독서를 통해 얻은 지식, 주변 사람들의 조언 등 자신에 대한 모든 경험과 정보를 종합해서 내 가슴이 설레는 분야인지, 재능이 있는 분야인지, 내가 추구하는 가치와 부합하는 분야인지, 미래의 시장성이 있는 분야인지 등을 고려해서 탐색할 예비 분야를 선정한다. 현재 분야가 미정인 상황이라면 3개 분야를 모두 예비 분야로 놓고 검토를 시작하면 된다.

　약 3년에 걸쳐 체계적이고 전략적으로 이 3개 분야에 시간과 자원을 분산 투자하면 내적으로는 각 분야에 대한 전문지식과 분야 간 융합지식을 얻을 수 있고, 외적으로는 해당 분야 전문가와의 인연을 쌓을 수 있다. 아울러 세미나와 커뮤니티를 통해 해당 분야의 최신 조류와 성패요인 등을 장기간에 걸쳐 숙성시킬 수 있다. 즉, 오랜 세월 내 땀과 눈물을 좌지우지할 내 꿈에 대한 선택 실패 위험을 최소화할 수 있다. 이처럼 꿈은 학습이 필요하다.

　뿐만 아니라 이와 같이 진중한 삶을 준비하면서 쌓아올린 인연이라면 나중에 한 분야를 선택해서 독립하고자 할 때 이미 그 분야에 나를 도와줄 의지와 역량이 있는 전문가들이 포진하고 있으니 일거

삼득, 사득의 효과가 있는 접근법이라고 할 수 있다.

산술적으로 위의 절차대로 3년을 투자하면 각 분야에 대해 12권의 전문 서적과 12명의 전문가, 12회의 세미나 참석, 12회의 커뮤니티 활동이 가능하므로 3년의 세월이 지나면 자신의 판단만으로도 어느 분야에 내 인생을 몰입하는 것이 가장 경쟁력이 있는지 판단할 수 있게 된다. 그뿐 아니라 3년 후 1개 분야를 비전 분야로 결정해서 몰입하게 되더라도 나머지 2개 분야의 공부와 교류를 통해 얻은 지식과 경험으로부터 다양한 시사점과 아이디어를 얻을 수 있고, 해당 분야 전문가들로부터도 다른 시각과 정보를 얻을 수 있다.

사실 1년에 책 12권 정도는 큰맘 먹지 않아도 실천할 수 있는 수준이다. 거기에 사람과 세미나와 커뮤니티는 어찌 보면 일상적인 활동이라 할 수 있다. 해당 분야의 전문 커뮤니티에 가입해서 그곳에서 주최하는 세미나와 정기 모임에 참석해서 6개월에서 1년 정도 적극적으로 활동하다 보면 그 속에 숨어 있는 진주들이 조금씩 보이기 때문에 사람을 사귀고 세미나에 참석하고 커뮤니티 활동을 하는 것 역시 조금만 신경을 쓰면 직장 생활을 하면서도 얼마든지 즐길 수 있는 활동이다. 조금 더 적극성을 발휘해서 자신이 직접 커뮤니티를 만들어 인재들이 나를 찾아오게 할 수도 있다. 조금 부담감은 있지만 그만큼 자연스럽게 인연의 중심에 설 수 있는 탁월한 방법이다.

이러한 과정을 통해 3년 후에는 자신의 지식과 경험에 의한 판단과 그동안 여러 분야에서 사귀어온 전문가들의 조언을 통해 3개 분야 중 1개를 자신의 인생을 걸 만한 비전 분야로 결정할 수 있다. 설혹 3년을 투자했는데도 내 갈 길을 찾지 못했다면 또다시 3년을 새로운 3개 분야에 투자하면 어떠랴. 6년간 6개 분야를 이처럼 체계적으로 학습하고 인연을 맺고 비교 분석해 보는 것은 내 인생을 위해 전혀 아깝지 않은 투자다.

그런 과정을 거쳐 한 분야가 물망에 오르면 이어지는 2년간은 그동안 3개 분야에 분산 투자했던 시간과 자원을 그 한 분야에 집중 투자한다. 그렇게 5년이 흐르면 어느 사람이건 자신의 비전 분야에 대해서는 전문가의 역량을 발휘할 수 있을 뿐만 아니라 주변에는 자신의 부족한 부분을 보충해 줄 수 있는 전문가들이 포진해 있게 된다. 한 분야에 자신이 인재가 되어 있고, 주변에도 그 분야의 인재가 있으니 이미 반은 성공이 준비된 상태인 셈이다.

⊙ 9년 만에 찾은
인생비전

젊은 필자에게 위와 같은 선견지명이 있었던 것은 아니다. 수동적으로 일하던 조종사 자격심사 업무에서 뛰쳐나가는 순간부터 위의 과정을 밟지 않으면 안 되도록 주변 상황이 전개되었다. 신설된 인터넷 마케팅 분야에서 포기하면 도태될 것이 분명했기에 인터넷 전문가의 길을 찾아 책과 사람과 세미나와 커뮤니티를 찾아 나섰고, 이후에는 오프라인 마케팅 전문가의 길을 찾아 책과 사람과 세미나와 커뮤니티를 찾아 나섰다. 그럼에도 내 길이 보이지 않자 이번에는 자기계발 분야의 책과 사람과 세미나와 커뮤니티를 찾아 나섰다. 이렇게 3번째 도전 – 내게는 찾는 과정 자체도 큰 도전이자 소중한 투자였다 – 만에 드디어 내 인생을 걸어볼 만한 자기계발 전문가의 길을 발견할 수 있었다. 나의 진북을 발견한 셈이다.

도표에서처럼 '병렬식' 인생비전 발굴법을 소개하는 이유가 있다. 필자의 경우에는 한 번에 한 개씩 탐색해 가는 '직렬식' 비전탐색으로 9년이라는 시간이 걸렸다. 물론 그렇게 해서라도 천직을 찾는다면 전혀 아깝지 않은 투자이지만 말이다. 아무튼 당시의 필자에게는 이러한 조언을 해줄 선배나 멘토가 아무도 없었다. 그러니 본인의 생존을 위해서는 스스로 무엇인가를 할 수밖에 없었고, 그때 우연히 선택한 방법으로 운 좋게 제대로 된 프로세스를 밟았다.

물론 상대적으로 시간적 여유가 있는 젊은이라면 직렬적 인생비전 발굴법도 괜찮다. 하지만 시간을 아끼고 분야 간 비교 분석의 융합효과를 생각한다면 병렬적 인생비전 발굴법이 자신의 길을 '찾고', '준비'하는 최적의 방법이라 생각한다. 젊은 사람이라 할지라도 검토 단계에서는 한 분야를 종적으로 깊이 파고들어가는 것보다는 다양한 분야로의 횡적 접근을 하는 것이 탐색의 올바른 방법이고 시너지도 크다. 장기간에 걸쳐 복수 분야를 상호 비교 검토하는 것이 훨씬 효율적이고, 다양한 피드백도 얻을 수 있기 때문이다. "나는 이 한 분야를 몇 년간 파 볼 거야"라는 생각은 그 분야가 내 인생을 걸 분야로 확정되었을 때 할 만한 생각이다.

○ '이 길이 내 길이 맞는가?'에 대한
답을 찾아서

자기계발을 시작할 당시 필자에게는 이와 같은 지혜도, 가르쳐주는 멘토도 없었기 때문에 사람들이 일반적으로 하는 것과 마찬가지로 담당하고 있었던 '현재 분야'를 종적으로 파고 들어갔다. 본능적으로 직렬적 인생비전 발굴에 매달린 셈이다. 거창하게 '인생비전 발굴법'이라는 이론까지 논하고 있지만 이와 같은 이론과 명칭이 체계화된 것은 수많은 시행착오를 거친 이후의 일이다. 직렬식 인생비전 발굴법에 의해 9년여 만에 천직을 찾고 나서 이를 다른 사람들에게 글과 강의로 전하기 위해 돌이켜 보는 과정에서 떠오른 절대영감에 의해 하나의 이론으로 정립하게 되었다. 필자가 거쳐 온 직렬식 비전발굴(인터넷 전문가 → 마케팅 전문가 → 자기계발 전문가)이 독자 여러분의 인생비전 발굴에 도움이 되었으면 좋겠다. 그래서 좀 더 자세히 이 과정을 설명하겠다.

필자는 신설된 인터넷 마케팅 조직에 배치되면서 '이 길이 내 길이 맞는가?'라는 생각을 하며 책을 보고 사람을 만나고 세미나를 찾아다니고 커뮤니티 활동을 반복했는데, 그 기간이 대략 3년 정도 되었다. 2000년 초에 인터넷 마케팅에 합류해서 2003년에 마케팅 전공으로 경영대학원에 입학했는데, 그 계기가 인터넷 전문가로 성장하기에는 30대 중반의 나이가 너무 늦었다고 판단되었기 때문이다. 수많은 세미나, 커뮤니티에 참여해 봐도 나보다 훨씬 어린 친구들이 이미 인터넷에 대한 깊은 지식과 경험을 가지고 활동하고 있었다. 더군다나 '나는 이제 겨우 아시아나에서 과장으로 인터넷 실무를 하고 있는데 한 학번 선배, 즉 한 살 많은 다음의 이재웅 사장은 인터넷으로 성공을 이미 다 이루었네!'라는 생각도 들었다. 유치한 질투 같지만, 그 생각이 인생의 방향을 바꾸는 또 한 번의 결정적 계기가 되었다.

그래서 선택한 것이 오프라인 마케팅 전문가였고, 이를 위해 MBA 과정에 입학했다. 이후 책, 사람, 세미나, 커뮤니티도 다 바꾸었다. 마케팅 전문가가 되기 위해서는 마케팅 담당팀으로 자리를 옮겨 '직접경험 학습'을 해 보는 것이 최상이지만 팀을 옮기는 것이 늘 내 마음대로 할 수 있는 일이 아니므로 '간접경험 학습'에 의해서라도 내 꿈으로 선택해도 되는 길인지 진지한 검증이 필요했다. 그래서 경영대학원 마케팅 전공과정을 시작하면서 만나던 사람, 책, 세미나, 커뮤니티 활동도 모두 변경해서 간접경험 학습의 융단폭격을 다시 시작하게 되었다.

어떤 가치에 '실제 몰입'하기 전에 몰입해도 되는 가치인가에 대한 '검증 몰입'이 전제되어야 한다. 왜냐하면 일단 꿈이 결정되면 그 꿈이 내 삶을 지배하기 때문이다. 진정한 꿈은 내 땀과 눈물, 내 시간과 자원, 내 생활과 주변 사람에게까지 영향을 미친다. 그러니 진정한 꿈을 선택할 때는 절대 찰나의 부러움이나 질투심으로 선택해서는 안 된다. 2~3년 정도는 책, 사람, 세미나, 커뮤니티 기타 직접경험, 간접경험 등 가능한 모든 방법을 동원해서 검토 중인 꿈 자체에 대한 학습과 그것을 꿈으로 가지려는 나(설렘, 재능, 가치)에 대한 학습, 그리고 그 꿈이 펼쳐질 시장에 대해 학습한 후 진지하게 선택해야 한다.

그와 같은 철학에 의해 두 번째 비전(첫 번째는 인터넷 전문가, 두 번째는 마케팅 전문가)에 대한 탐색에 들어간 지 3년여 만에 우연히 150여 명의 직원 앞에서 '독서노트에 의한 자기경영 사례'를 발표했다. 그 당시 임원이 수많은 직원을 앞에 두고 "김상경, 존경스럽다!"라고 던진 우연한 한마디가 넛지Nudge가 되어 '자기계발 전문가?'를 떠올렸고 그 순간이 천직으로 향하는 문이었던 것 같다. 헬렌 켈러가 '육신의 생일'에 대비해 앤 설리번 선생이 찾아온 날을 '영혼의 생일'이라고 표현한 것처럼 내게는 그날이 '영혼의 생일'이 아니었을까? 결국 내가 속한 장을 교육팀으로 바꿔 '직접경험 학습'을 통해 내 꿈으로 선택해도 되는 꿈인지 검토에 들어갔다. 참으로 우연한 행운이었지만 인생에서는 누구에게나 이런 우연한 행운이 몇 번쯤은 찾아오는 것이 아닐까? 다만 내가 준비되어 있는가, 그것을 알아차렸는가, 그것을 취하려고 노력했는가가 자신의 운명을 가르게 된다.

임원에게 칭찬을 받은 날 밤 독서노트를 첨부한 사내이력서를 작성해서 교육팀장에게 보냈다. 누구도 시키지 않았지만 스스로 시도해서 내 인생을 바꾼 두 번째 사내이력서였다. 그렇게 해서 교육팀(현재의 인재개발팀)으로 옮긴 것이 2005년 9월이었다. 마케팅 전문가가 되기 위해 2003년 초 대학원에 입학한 때로부터 대략 3년 가까이가 되어가던 시기였다. 참 운이 좋게도 3년 가까운 시간 단위로 어떤 깨달음의 계기가 필자에게 찾아와 경력전환의 기회를 만들도록 자극해 주었다.

교육팀으로 자리를 옮긴 후 여러 사례를 찾아보니 3년 정도의 시간이 비전탐색기로 알맞다는 사실을 알 수 있었다. 예를 들면 중세 영국 귀족들이 자신들의 아이들을 대륙으로 세상학습 여행을 보냈던 그랜드투어Grand Tour라던가 지쓰카와 마유가 《핀란드 공부법》에서 밝힌 바리부오시(유예기간)가 대표적인 사례다. 핀란드 학생들은 고등학교 졸업 후 보통은 대학을 바로 가지 않고 2~3년 정도 다양한 직업을 체험해 본 후 자기에게 맞는 직업이 발견되면, 그 직업에 적합한 전공을 선택해서 대학에 들어간다고 했다. 실제 몰입에 앞서 2~3년 동안 검증몰입하라는 필자의 '인생비전 발굴법'과 유사했다.

○ 때로는
진지한 삶이 낫다

이렇게 교육팀으로 자리를 옮겨 또다시 책, 사람, 세미나, 커뮤니티를 비전탐색 분야로 바꾸었다. 게다가 이번에는 '직접경험 학습'이라 할 수 있는 글쓰기와 강의를 함께하면서 2~3년이 지나자 '강의가 마약 같다!', '글 쓰는 것이 카타르시스를 주는구나!'라는 확신이 들었다. 비로소 천직을 찾게 된 셈이다.

무려 9년 가까운 시간이 걸렸다. 내게 가르쳐준 사람이 아무도 없었기에 병렬적 인생비전 발굴법은 생각할 수조차 없었고, 대부분의 사람들이 그런 것처럼 한 꿈, 한 꿈 부딪히고 고민하면서 대략 한 가지 꿈에 3년의 탐색 기간을 투자해서 3개의 꿈을 거치다 보니 3, 3, 3해서 9년이라는 세월이 흐른 셈이다. 물론 후회도 없고 아깝지도 않다. 왜냐하면 죽을 때까지 자신의 진정한 꿈을 찾은 사람도 많지 않고, 다행히 찾았더라도 그 꿈에 몰입해서 성취한 사람은 더더욱 많지 않기 때문이다.

늦게라도 천직을 찾을 수 있었다는 것이 얼마나 큰 다행이고 행복인지 모른다. 하지만 내 아이나 후배들의 인생을 생각하니 아까운 것이다. 좀 더 이른 나이에 이러한 개념을 알고 제대로 된 방법을 실천할 수 있다면 훨씬 덜 고생하면서, 훨씬 알찬 인생을 살 수 있기 때문이다. 그래서 '현재 분야, 예비 분야 1, 예비 분야 2'를 동시에 대상으로 두고 3년 정도 책, 사람, 세미나, 커뮤니티를 통해 간접경험 학습에 의한 음미와 되새김을 반복하는 방법으로 진정한 꿈(천직, 진북)을 찾는 병렬식 인생비전 발굴법을 강력히 추천한다.

04

자기계발
시스템을
구축하라

필자는 자기계발에 대한 이 책이 하나의 이론에 그치지 않을 것이라 믿는다. 책만 읽고 공감하는 정도에 머무르지 않을 것이라 확신한다. 왜냐하면 필자는 이미 앞서 이야기한 인생비전을 실천하는 하나의 시스템을 가지고 있기 때문이다. 그것도 이미 20년 가까이 사용하며 끊임없이 진화시켜 나가고 있고 수많은 교육생과 지인들로부터 아낌없는 격려와 따끔한 질타를 수렴하며 오늘에 이르렀다. 그래서 필자의 방법과 도구를 여러분 삶에 비판적으로 수용하여 자기 것으로 만들어 간다면 1년 후, 5년 후, 10년 후 여러분의 삶은 분명 달라져 있을 것이라 확신한다.

필자는 인생비전을 중심으로 지식과 사람이라는 핵심 자기자원을 관리하는 체계적인 방법과 도구를 '전인적 자원관리(PRP, Personal Resource Planning) 시스템'이라 명명했다. 유수의 기업들이 업무 성과를 극대화하기 위해 전사적 자원관리(ERP, Enterprise Resource Planning) 시스템을 운영하는 것처럼 개인들도 자기 성과를 극대화하기 위해서는 ERP 개념을 벤치마킹한 PRP라는 시스템이 필요하다. ERP가 업무 효율과 성과를 극대화하기 위해 회사 내 주요 자원을 통합 관리하듯이, 개인도 자기 효율과 성과를 극대화하기 위해서는 자기자원을 유기적으로 통합 관리할 수 있는 자기자원 관리 시스템 PRP가 필요하다.

기업들은 ERP 개발을 위해 수십억, 수백억, 심지어 수천억을 투자하는 회사도 있다. 시스템 없는 경영은 상상할 수 없기 때문이다. 반면 개인은 그만한 돈을 투자할 여력도 없고 그럴 필요도 없다. 다만 왜 모든 기업들이 경영에 시스템을 도입하는지 그 이유는 알아야 한다. 기업들이 시스템 개발에 천문학적인 투자를 서슴지 않는 이유는, 단순반복 업무를 줄이고 불필요한 자원낭비를 예방하며 사람을 포함한 모든 자원과 활동이 목표를 향해 효과적, 효율적으로 운영되기를 바라기 때문이다. 개인이 자기계발 시스템을 위해 큰돈을 투자할 수는 없다. 하지만 성공적인 자기계발을 위해서는 시스템에 의한 체계적인 자기자원 관리는 필수다.

기업의 ERP와 마찬가지로 개인 PRP는 자기가 가진 자원을 난사하지 말자는 의도가 담겨 있다. 순간적으로 스쳐 지나가는 무수히 많은 생각을 붙들어 두고 숙성시키자는 목적이 있다. 핵심 자기자원을 체계적이고 유기적으로 사용하라는 지침을 제시하고 있다. 자기 자원을 효율적으로 관리하지 않는 자기계발은 한낱 이론에 지나지 않는다는 생각을 품고 있다. 살아가며 캐내는 수많은 날것 그대로의 데이터가 지혜롭고 열정적인 삶에 든든한 밑거름으로 쓰인다는 확신이 숨어 있다. 그래서 독자 여러분에게도 PRP의 활용을 자신 있게 추천하는 것이다.

결국 자기계발은 자기 주변의 핵심자원을 얼마나 체계적으로 활용하느냐에 달려 있다. 자원은 널려 있지만 우리는 이들에 대해 좀처럼 관심과 주의를 기울이지 못한다. 일상이 그다지 한가하지도 않고, 집중해야 할 것들이 무엇인지 제대로 평가하기도 쉽지 않기 때문이다. 그러니 이러한 문제를 해결하려면 체계적 이론을 바탕으로 한 자기계발 시스템이 필요하다. PRP는 자기계발 시스템이고, 이 시스템에 의해 관리되어야 할 핵심 자기자원은 다음과 같다.

○ 절대영감의
4가지 기본 도구

이 4개의 핵심 자기자원은 지속적 관리와 활용을 위해 별도의 도

구가 필요하다. 앞서 설명한 바와 같이 인생비전이 비전노트로 관리
되듯 나머지 3개의 자원 관리 역시 '노트'라는 도구를 사용한다. 주
기적인 기록과 음미, 수정과 보완을 위해 메모, 지식, 인연이라는 자
원을 '메모노트, 독서노트, 인연노트'로 구체화해 관리한다. 바로 이
4개의 도구에 꿈과 행복의 씨앗을 뿌리고 가꾸다 보면 일상의 경험
과 자극이 햇빛이 되고 빗물이 되어 내 꿈과 행복의 씨앗을 적시고
양분을 공급해 꿈과 행복에 다다르는 지름길을 알려주는 절대영감
을 끊임없이 생산해 내게 된다.

　이들 각 도구의 구성과 사용 방법은 파트 3에서 상세히 다루었다.
이번 글에서는 PRP를 구동시키는 기본 원리와 도구의 운영 체계를
선택하는 문제에 대해 이야기해 보려 한다.

핵심 자기자원을 관리하는 PRP 시스템의 구조

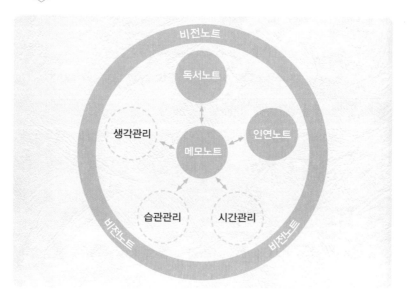

자기자원 관리 시스템 PRP를 구축하는 방법은 간단하다. 먼저 개념부터 이해해 보자. PRP는 자기계발의 기준점으로 이용하는 비전노트에서 시작한다. 비전노트에 담긴 인생비전에 관련된 책을 읽고 나면 이를 독서노트에 정리한다. 이것이 지식관리의 영역이다. 아울러 삶의 다양한 국면에서 만난 인연들의 기록은 인연노트에 정리한다. 이는 인연관리의 영역이다. 이 모든 활동을 계획, 실행, 평가하고 피드백하는 것이 메모하기, 즉 메모노트다.

이처럼 PRP는 자기자원을 '노트'로 관리한다. '노트'라는 용어에서도 알 수 있듯이 PRP는 '기록하기'가 중요한 활동이다. 기록을 강조하는 이유도 분명하다. 우리는 어느 한순간 갑자기 떠오른 기막힌 생각을 부여잡는 방법이 메모라는 사실을 알고 있다. 순간의 생각을 적어 두지 않아서 어렵게 떠오른 좋은 생각을 쉽게 잊어버린 아쉬운 경험이 한두 번쯤은 누구에게나 있다.

이러한 일이 반복되지 않기 위해서는 언제 어디서나 기록하고 메모하는 습관이 필요하다. 기록한 생각은 언제나 다시 음미하고 성찰할 수 있다는 장점이 있다. 메모와 기록하기가 절대영감을 만들어 내는 방식이고 PRP 시스템을 작동시키는 기본 활동이다. 이 활동이 하나의 깨달음을 내화^{內化}하고 체화^{體化}시켜, 타인과 공유하는 외화^{外化}의 과정에 쓰인다. 내화 → 체화 → 외화의 자기계발 과정에 메모와 기록하기가 중요하게 작동한다.

○ 운영 프로그램을
선택하라

'기록하기'라는 자기자원 관리 시스템 운영의 기본 원리를 달리 표현하면, 'Plan(계획) – Do(실행) – Check(평가) – Action(피드백)'의 PDCA 사이클이다. 필자 역시 끊임없이 계획하고 실행하고 평가하고 피드백한다. 혼자 하는 경우도 있지만 다른 사람과의 공유 과정에서 일어나는 경우도 왕왕 있다. 이러한 PDCA 과정이 PRP 시스템을 더욱더 강력하게 만들어 간다.

필자는 오랫동안 만남과 독서, 자기비판과 타인평가 등의 여러 과정을 거쳐 자기계발 프로세스를 만들었다. 그것을 정리해 보면 계획하고 실행하고 평가하고 피드백하는 PDCA 사이클의 선순환 활동에 의해 지금의 각종 노트가 탄생했고, 탄생 이후의 성장과 발전 역시 PDCA 사이클을 통해 이루어지고 있다. 새로운 경험과 체험, 느낌과 깨달음을 끊임없이 계획하고 실행하고 평가하고 다시 피드백하는 과정에서 삶이 창조되고, 변화와 성장이 지속될 수 있다.

PRP 시스템을 구성하는 노트를 만든 소프트웨어는 '엑셀'이다. 필자가 자기자원 관리 시스템을 엑셀로 구축하기 시작한 것은 2000년대 초반부터다. 당시는 필자가 커뮤니티 활동을 활발히 하던 시기였다. 세미나나 커뮤니티에 한번 다녀오면 수십 장의 명함이 쌓였다. 이를 관리하는 방식은 간단했다. 대부분의 사람들처럼 다시 만나야 할 사람의 명함은 지갑 속에 남겨 두고, 나머지는 서랍이나 명함박스에 보관했다. 그러나 얼마 되지 않아 쌓여 가는 명함을 감당할 수 없게 되었다. 외부 활동이 많아지자 집과 회사, 책상과 호주머니 속에서 수많은 명함들이 어지럽게 나뒹굴기 시작했다. 이를 보다 못해, 거금(?)을 들여 ICAN이라는 브랜드의 개인정보관리 소프트웨어(PIMS, Personal Information Management System)를 구매해 보기도 하고, '아르미'라는 명함 스캐너도 장만해서 체계적인 명함관리를 시도했다. 하지만 장비가 좋아지면 좀 더 나은 관리가 가능할 것이라는 생각은 보기 좋게 빗나갔다.

한번은 명함 스캐너로 100여 장의 명함을 데이터화해 보았다. 명함 한 장의 데이터를 읽어드리는 데 1분 가까이 소요되었다. 게다가 그렇게 느림에도 불구하고 정확히 읽어드리지 못해 매번 매뉴얼로 내용을 수정해야 했다. 그래서 명함 100여 장을 꾹꾹 참아가며 작업하다 결국 손을 들고 말았다.

그 이후에 선택한 것이 돈을 주고 맡긴 것이었다. 지금이야 스마트폰 앱 '리멤버'로 명함을 편하게 데이터화하고 있지만 당시에는 그런 서비스가 없었기 때문에 명함등록 대행업체를 수소문해 또다시 거금(?) 5만 원을 주고 그동안 모은 800여 장의 명함을 엑셀 프로그램에 담을 수 있었다. 이러한 과정을 거치며 현재의 인연노트 전신인 주소록이 만들어진 셈이다.

독서노트도 세미나와 커뮤니티 활동을 한참 하던 당시에 만들어졌다. 세미나와 커뮤니티에서 다양한 시장의 전문가들을 만나게 되면서 그들과의 교류를 위해 또는 그들의 자극에 의해 자연스럽게 독서가 습관화되었던 것 같다. 게다가 낯선 분야의 업무를 맡게 돼서 늘 바쁘고 정신이 없었기 때문에 고효율의 독서법을 고민하지 않을 수 없었다. 그래서 인연노트를 만들었던 경험으로 독서노트 역시 엑셀로 만들게 되었다.

사실 필자는 엑셀 프로그램을 무척 선호한다. 지금은 스마트폰의 도움을 받기도 하지만 어디까지나 보조도구일 뿐 메인도구는 역시 엑셀로 직접 만든 노트시스템이다. 대중화를 목적으로 만들어진 주소록 프로그램은 이미 짜여 있는 형식에 맞춰 이용해야 하니 필자가 생각하는 중요한 점검항목, 세부기록을 담을 수 없다. 자율성이 없기 때문에 많은 내용을 '기타'로 처리해야 하고, 주요 정보가 한눈에 보이지 않는다는 것은 매우 큰 아쉬움이다.

이에 비해 엑셀로 만든 자원관리 노트들은 내가 생각한 대로 만들고 바꾸고 변경할 수 있다. 게다가 이 책에서 소개한 4대 핵심 자기자원을 포함한 모든 자기자원을 한 폴더 내에서 체계적으로, 일관된 형식에 의해 관리할 수 있다. 더구나 대부분의 문서 작업(기획, 보고, 업무추진 및 관리 등)을 엑셀로 해왔기 때문에 따로 배우고 익힐 필요가 없는 친숙한 소프트웨어라는 것도 엑셀을 선택한 큰 이유 중 하나다.

실제로는 PRP라는 이름으로 30여 개의 자원관리 노트를 사용하고 있다. 이를테면 강의를 천직으로 생각하기에 좋은 유머를 발견하면 '유머노트'에 모은다. 좋은 시를 만나면 '명시노트'에 모으고, 내게 불의의 사고가 나면 가족들이 저축과 보험, 부채 등을 바로 알아

볼 수 있도록 '재무노트'에 개인 재무정보를 모아둔다. 모두 우리가 일상에서 한 번쯤 '이건 어딘가 모아두고 싶어!'라고 느껴 보았을 생각, 정보, 아이디어를 한 곳에 같은 모양으로 모아둔다. 비전 · 메모 · 지식 · 인연이라는 핵심 자기자원을 포함한 모든 지식, 자원, 정보, 아이디어가 [인생프로젝트]라는 폴더 내에 [ㅇㅇ노트]라는 이름의 엑셀파일로 형식의 표준화, 위치의 표준화가 되어 총체적으로 관리되고 있다. 그중 핵심은 물론 비전 · 메모 · 독서 · 인연 노트다.

이와 같은 시스템을 20년 가까이 실천과 되새김을 통해 운영해 왔고, 글과 강의를 통해 수많은 사람을 대상으로 나눠 주고 피드백을 받아 끊임없이 개선해 왔으니 4개의 노트에 그만큼 많은 고민과 노하우가 축적되었다고 자부한다. 그 당시 지식과 사람 관리를 엑셀로 시작한 우연이 오늘의 시스템을 만들어 냈다. 그래서 필자는 그때의 우연을 커다란 행운이라 생각한다. 독자 여러분에게도 이 책, 그리고 이와 같은 자기계발 철학 및 도구와의 만남이 큰 행운이 되기를 바란다. 천재일우의 기회도 내가 움직이지 않으면 쓰레기가 된다.

📝 컴퓨터 [인생프로젝트] 폴더에서 관리하고 있는 자원관리 노트들

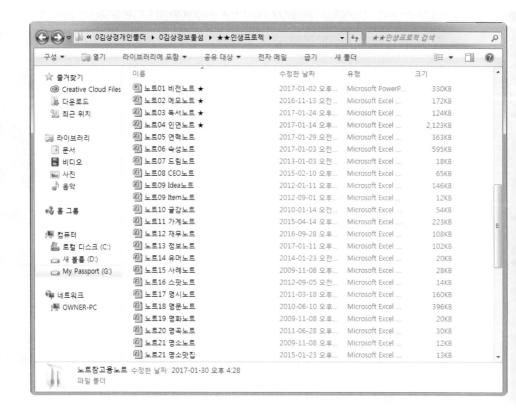

○ 언제 어디서나
꿈과 동거하라

어느 날 퇴근 후 집에 갔더니 집사람이 겸연쩍게 웃으며 한마디
툭 던졌다.

"여보, 지은이 친구 엄마들이 와서 저게 뭐냐고 물어보는데 창피해 죽는 줄 알았어."

아마도 40대 아저씨의 '꿈 액자'가 아줌마들한테는 참 생경했을 것이다. 필자의 주변 아저씨들에게서도 비슷한 감성을 자주 느낀다. 아이들과 젊은 후배들에게는 끊임없이 꿈을 이야기하면서 정작 자기 꿈에 대해서는 생경해 한다. 인생에서 꿈을 잊어버린 지 너무 오래고, 꿈 나부랭이 생각하기에는 현실이 너무 팍팍하고 버겁기 때문이다. 그러니 나이 들어 나처럼 되지 않으려면 일찍 꿈을 가져야 한다는 그럴듯한 논리를 자신의 자녀와 주변의 후배들에게 당연하다는 듯이 설파하곤 한다. 하지만 꿈은 아이들의 전유물이 아니다. 나이가 들어 늙는 것이 아니라 꿈을 잃어 늙는다고 했다.

잠들어 있을 때나 깨어 있을 때나 늘 꿈과 동거해야 한다. 열망이 강하면 꿈속까지 찾아오지 않던가. 열망하는 꿈과 동거하면 주인님이 흔들릴 때마다 그 꿈이 꿈의 주인인 나에게 어디로 가야 하는지 알려주고, 끊임없이 잽 펀치 같은 자극을 날려 스스로 약속한 삶으로 되돌아가라고 독려하고 자극해 준다. 그러니 내 꿈을 이루기 위해서는 늘 그 꿈과 동거해야 한다.

밖에 있을 때 늘 함께하는 포켓수첩 속 비전노트다. 비전노트를 출력해 수첩에 붙여 늘 휴대하고 다니면서 시도 때도 없이 나의 꿈과 마주한다. 친구가 약속에 늦었을 때, 일과 중 잠시 짬이 날 때, 문득 좋은 아이디어가 떠올랐을 때 등 수시로 마주하면서 내 꿈에 도취되고, 내 꿈에 세뇌당한다.

◐ 비전을 연동시키는
드림타워

회사는 깨어 있는 시간의 대부분을 보내는 공간이다. 깨어 있는 시간으로 치자면 집에 있는 시간보다 회사에 있는 시간이 더 많다. 수많은 생각과 시도를 반복하는 이 공간에서 늘 당당하게 눈앞에 서 있는 비전노트는 때로는 거울이 되고 때로는 나침반이 되고 때로는 발전기가 되어 내 사고와 행동에 꿈 씨앗을 파종한다. 변화는 가랑비에 속옷 젖듯이 일어난다. 매일매일 내 꿈과 목표를 잊지 않는다면 삶의 변화와 혁신은 자연스러운 결과다.

📝 업무 중일 때 꿈과의 동거 – 회사 책상 위의 드림타워

다만 회사 책상 위 비전노트는 필자가 기획해서 특수 제작한 드림타워Dream Tower라는 액자의 맨 하단에 위치한다. 금호아시아나그룹 과장승격 과정에서의 '그룹 가치체계' 강의를 준비하면서 가치경영으로 유명한 듀퐁, 존슨앤존슨, 프록터앤드갬블 등의 모범사례를 소개하는 동영상을 본 적이 있다. 그런데 특이한 공통점이 있었다. 수많은 학자, 경영자들이 이구동성으로 "직원들의 개인비전과 회사 비전을 연동시켜야 한다!"고 주장한다. 필자도 귀가 닳도록 들었던 이야기다. 하지만 가치경영으로 세계를 대표하는 이 기업들의 회사 비전액자에는 회사 비전만 있고 직원 비전은 없었다. 연동해야 한다고 그토록 주장하면서 정작 연동의 짝이 없었다. 이처럼 직원들의 꿈에 대한 배려는 없이 회사의 꿈만 강제하니 경영자들이 입버릇처럼 이야기하는 '가족이 되신 것을 환영합니다', '사람이 답이다', '인적자원만큼 중요한 자원이 없다'는 말들은 직원들의 가슴에 맺히지 않는 공허한 메아리가 되고 마는 셈이다.

직원 발전이 회사 발전의 토대다. 직원 개개인이 스스로 자기 비전을 찾아 몰입하고, 그 가치가 회사 비전과 한 방향 정렬을 이룰 때 직원과 회사가 함께 성장하는 가장 이상적인 발전이 가능한 것이다.

'직원 비전과 회사 비전을 연동시켜야 한다'는 말에는 그 의미가 내포되어 있다. 그렇다면 비전액자의 구성은 직원 비전이 주춧돌이 되고, 그 위에 회사가 추구하는 핵심가치가 위치하는 것이 바람직하다는 생각이 들었다.

더 나아가, 맨 상단에는 '미래설계도'를 구성했다. 직원들이 주인

직원 미래회사 설계	직원 미래인생 설계

직원 미래설계도

⬆

금호아시아나 가치체계

Mission (목적)
금호아시아나 이해관계자들의 삶의 질 향상

Vision (목표)
업계 최고 1등의 가치를 창출하는 아름다운 기업

Strategy (전략)
4대 핵심경영방침
- 전략경영
- 인재경영
- 윤리경영
- 품질경영

Spirit (금호아시아나 정신)
열정과 집념

Right People (금호아시아나 인재상)
성실하고 부지런한 사람
연구하고 공부하는 사람
진지하고 적극적인 사람

Leadership (관리자 덕목)
솔선수범 / 판단력 / 결단력 / 주진력

Culture (조직문화)
질서와 자유가 조화된 열린 공동체 문화

아시아나항공 경영이념 및 기업철학

경영이념
최고의 안전과 서비스를 통한 고객 만족

기업철학
고객이 원하는 시간과 장소에
가장 안전하고, 빠르고, 쾌적하게 모시는 것

서비스모토

- 참신한 서비스
최신 기종의 세비행기와 진부하지 않고 언제나 신선함을
잃지 않는 새로운 마음으로 고객을 모신다

- 정성어린 서비스
눈에 보이지 않는 작은 일까지도 한국적인 미덕이 몸에
베어나는 세심한 배려와 친절로 고객을 모신다

- 상냥한 서비스
마음에서 우러나는 밝고 환한 미소와 항상 상냥한 모습으로
고객을 모신다

- 고급스런 서비스
기내식과 작은 비품, 행동까지도 품격을 생각하는 최고급의
정신으로 고객을 모신다

회사 가치체계

+

직원 비전노트

정신을 가지고 몰입하게 하는 가장 좋은 방법은 지금의 땀과 눈물이 내 미래의 성장과 발전에 연결된다는 확신이다. 현재의 내 비전노트와 회사 핵심가치를 기준으로 열심히 살면서 얻게 되는 지혜와 영감을 그때그때 미래설계도에 기록하면서 미래를 리허설하라는 의미로 맨 상단에 직원의 미래설계도를 배치했다.

직장은 유한하다. 우리는 모두 언젠가는 오너^{Owner}가 되어야 한다. 그렇다면 현재 소속된 회사와 팀의 문화나 리더십이 조금 부족하더라도 그것이 나태한 내 삶의 핑계가 될 수는 없다. 인간이기 때문에 때로는 뒷담화를 할 수도 있지만 그렇다 한들 그것을 핑계로 내 삶을 방치해서는 안 된다. 왜냐하면 지금 땀과 눈물로 쌓아가는 내 지식과 경험이 가깝게는 조직 내에서의 내 입지와 회사의 미래를 보장하고, 멀게는 회사 이후의 내 삶을 담보하기 때문이다.

'핵심가치' 강의는 강사들이 가장 부담스러워하는 강의 중 하나다. 무겁고 딱딱해서다. 하지만 상기와 같은 메시지 구조와 도구에 대한 영감이 떠오르자 일사천리였다. 처음으로 '핵심가치' 강의를 했는데 많은 강사들의 수년간의 동일 과목 강의 중 최고의 강의만족도가 나왔다. 성공요인은 단 하나다. 회사에서의 몰입이 결국 내 현재와 미래를 결정짓는다는 공감대 형성에 성공했기 때문이다.

이후 '아시아나 독서스쿨'을 기획해서 강의할 때는 아예 드림타워를 제작해서 독서스쿨 참가자들에게 선물해줬다. 독서스쿨 졸업자 중에 같은 팀 후배도 있었는데 그의 책상 위에 드림타워가 세워져 있었다. 매일 볼 때마다 뿌듯한 느낌이었다.

비전노트는 집 책상 위에도 두고 있다. 집사람을 쑥스럽게 했던 그 꿈 액자다. 필자는 집 책상에서 하루를 계획하고, 하루를 돌아본다. 이곳에서 글을 읽고, 글을 쓴다. 이곳에서 강의를 준비하고 강의를 돌아본다. 그러니 소중한 내 활동들이 길을 잃고 헤매지 않도록, 소중한 땀과 눈물이 허투루 낭비되지 않도록 내 인생의 나침반이 내 눈앞에 있어야 한다. 책을 선택할 때도, 사람을 선택할 때도, 세미나를 선택할 때도, 커뮤니티를 선택할 때도 이 나침반이 주는 영감과 기준에 따르려고 노력한다. 비전노트는 내 모든 삶을 내 꿈에 한 방향 정렬시켜 주는 영혼의 동지이자 멘토다.

📝 집에 있을 때 꿈과의 동거 – 책상 위 비전노트

여기까지 소개하면 '이렇게 까지야?' 하며 고개를 설레설레 흔드는 독자가 있을지도 모르겠다. 하지만 필자는 이를 즐기고 있다. 즐기는 것만큼 성공 확률이 높은 방법이 없다지 않은가? 여성용 이니셜 목걸이 판매 사이트에 우연히 들어가 보니 '이니셜 타이핀' 메뉴가 있었다. 필자는 유레카를 외치며 '드림타이핀'을 떠올렸다. 사이트 안내에 맞춰 표현하고 싶은 문자와 글자체를 선택해서 다음 페이지 사진처럼 'Dream Maestro'라는 꿈을 넥타이핀에 새겼다. 매일 아침 드림타이핀을 가슴에 꽂으면서 내 꿈을 되새김한다. 꿈을 절대로 잊을 수 없는 환경으로 만든 셈이다.

처음 이 드림타이핀을 만들었을 때 딸아이는 초등학생이었다. 어느 날 출근 준비를 하며 "지은아, 아빠는 가슴에 꿈을 꽂고 다녀!" 하며 자극 좀 주려 했더니 지은이가 씩 웃으면서 한마디 툭 던졌다. "무슨 가슴이야 똥배지!" 늘 하는 장난기가 발동한 것이다. 하지만 필자는 느낀다. 놀리듯 웃고 있지만 내 아이가 '우리 아빠는 뚜렷한 꿈을 가졌어!'라고 생각한다는 것을 내가 느낀다. 내 아이가 '우리 아빠는 꿈을 향해 참 열심히 살아!'라고 느낀다는 것을 내가 느낀다. 이것이 중요하다. 말이 아니라 삶으로 보여 주는 것 말이다. 언言이 아니라 행行으로 느끼게 해주는 것 말이다.

꿈을 삶에 배치하고 꿈과 동거를 시작하자 그것들이 주인인 나뿐만 아니라 그 주인의 딸인 내 아이에게도 긍정적이고 바람직한 후천적 유전자를 전해 주고 있다. 놀고 마시는 쾌감과는 비교할 수 없는 행복이다.

O 시스템을
효율적으로 세팅하라

꿈과의 동거가 이루어졌으면 이제는 그 꿈을 달성하게 해주는 PRP 시스템을 효율적으로 운영해야 한다. 이는 회사가 경영비전을 액자에 넣어 사무실마다 걸어놓게 한 후, 그 경영비전을 성취하기 위해 수십억 수백억을 투자해서 효율적인 시스템을 세팅하는 것과 같다. 인생경영도 회사경영과 다르지 않다. 생산성과 효율성을 극대화하기 위해서는 시스템을 잘 만들어야 하는 것은 기본이고, 그 시스템을 사용하기 쉽게 세팅을 해야 기대하는 효과를 얻을 수 있다.

PRP 시스템의 개념, 철학, 형식표준화, 위치표준화 등에 대해서는 앞에서 다루었고 각각의 형태, 구성, 사용법에 대해서는 다음 파트 3에서 다룰 예정이다. 여기에서는 그러한 시스템을 필자의 컴퓨터에 어떻게 세팅했으며, 오프라인 자원관리와 컴퓨터상의 자원관리 연계는 어떻게 이루어지고 있는지 필자의 사례를 들려 주고자 한다.

필자의 컴퓨터에선 작업표시줄을 화면 우측으로 옮겨 두었다(보통 작업표시줄의 기본 세팅은 화면 하단에 위치한다). 그리고 작업표시줄 상단의 '링크' 바에 PRP 프로그램이 모두 들어 있는 [인생프로젝트] 폴더를 바로 가기로 등록해 두었다. 대부분의 사람들은 링크 바 기능을 잘 모른다. 윈도우 설치 시의 기본 화면을 그대로 사용하기 때문이다. 링크는 일종의 바로 가는 지름길^{Shortcut}이다. 자주 사용하는 폴더나 파일, 프로그램 아이콘을 이곳에 올려두면 원하는 폴더나 파일, 프로그램을 바로 열 수 있다. 비전노트나 메모노트, 독서노트, 인연노트가 필요할 때는 이 아이콘을 클릭하면 곧바로 해당 폴더가 열리기 때문에 단 두 번의 클릭만으로 내가 원하는 PRP 노트를 사용할 수 있다.

필자는 'PC 통치^{痛治}'라는 강의도 만들어 이처럼 효율적인 모니터 세팅법, 폴더 및 파일의 작명법을 직원들에게 전파하기도 했다. 예를 들면 폴더 및 파일명은 '대구분 – 중구분 – 소구분 – 연월일(YYM-MDD)'라는 명명규칙을 적용하는 식이다. 그래서 2테라바이트의 외장하드를 사용하면서도 원하는 폴더 및 파일을 찾느라 헤매는 경우가 거의 없다.

즉, 성능이 아무리 좋은 시스템이라도 사용하기 어렵고 불편하면 나쁜 시스템이다. 특히 회사경영이 아니라 인생경영을 위한 자기자원 관리는 고성능이 필요하지 않다. 고성능보다는 편의성이 생명이다. 편의성은 통일성과 접근성에서 비롯된다. 그래서 필자는 시스템의 통일성(모두 엑셀파일, ㅇㅇ노트, 한글 4자)은 기본이고, 위치는 모두 [인생프로젝트] 폴더 안이며, 접근성은 링크 바 위 아이콘에 의해 가장 최단거리를 확보해 두었다. 중요한 폴더, 중요한 파일, 중요한 프로그램들을 내 손발처럼 편하게 사용하기 위해서다.

링크 바 위 PRP 실행아이콘과 [인생프로젝트] 폴더

○ 자기자원 관리
시스템의 연동

그렇다면 오프라인과 컴퓨터상의 자기자원 관리 시스템의 연계는 어떻게 이루어질까? 다음 '오프라인 컴퓨터 상의 시스템 연계' 이미지에 의해 간단히 설명하자면 이렇다. 늘 가지고 다니는 비전노트가 나침반이다. 이 나침반에 의해 해야 할 일, 기억해 두어야 할 명언, 읽어야 할 책, 만나야 할 사람, 들어 봐야 할 세미나, 참여해야 할 커뮤니티가 레이더망에 걸려들면 일단 메모노트에 기록해 둔다. 그런 다음 일정량이 쌓이면 컴퓨터에 있는 각각의 자원관리 노트로 옮긴다.

지금은 스마트폰이 발전해서 자원관리 노트 파일 전체를 가지고 다니며 그때그때 해당하는 노트에 바로 입력하는 방법도 있지만, 감동적인 콘텐츠를 처음 만났을 때는 일부러라도 손으로 먼저 써본다. 따로 외우려고 노력할 필요 없이 손으로 쓰는 행위 자체가 음미와 기억의 과정이라 생각하기 때문이다. 아울러 메모노트에 우선 기록해 두면 정보 숙성 및 평가, 취사선택에 큰 효과가 있으므로 아직은 종이로 된 메모노트의 중개역할을 배제할 생각이 없다.

게다가 스마트폰과 앱이 아무리 발전했어도 필자의 메모노트처럼 방대한 메모내용 전체를 한눈에 일람해 볼 수 있는 프로그램을 아직 발견하지 못했다. 또한 '종이'가 주는 그 친근하고 편안한 느낌이 에버노트, SMemo 등의 앱을 사용하면서도 종이 메모노트를 포기하지 못하는 이유 중 하나다.

　흐름으로 보면 비전노트를 타고 들어간 영감이 메모노트로 흘러 들어 가고, 메모노트로 흘러간 영감은 메모노트에서 시간과 고민에 의한 숙성과 정제 과정을 거친 후 인생프로젝트 폴더 안에 있는 각 각의 노트에 지혜와 영감을 농축시켜 간다. 필자의 생각으로는 이 과정을 십수 년간 끊임없이 반복해 온 습관이 절대영감 능력을 갖게 해준 것 같다. 단기간에 한 분야의 전문가가 되어서 글을 쓰고 강의 할 수 있었던 것도 이들 도구들과 함께 해온 습관 덕분이었다.

비전노트(생각과 행동의 목표)

메모노트(생각과 행동의 계획)

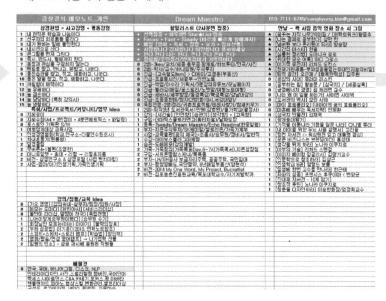

각종 자기자원 관리노트
(생각과 행동의 결과로 얻은 지혜, 지식, 정보)

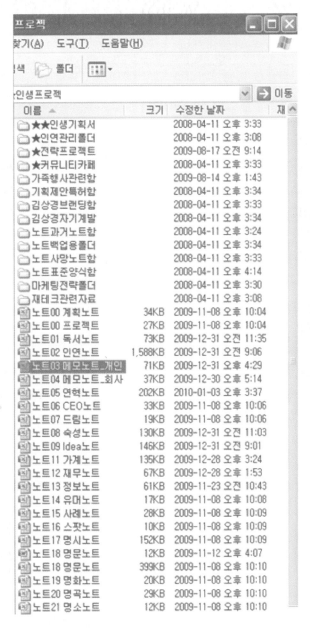

05

시간과 노력을
줄이는 지름길은
표준화다

언제 어디서나 절대영감의 소스와 만나는 방법은 표준화에 있다. 표준화하면 딱딱한 회사나 공장을 떠올릴지도 모르겠다. 그러나 개인의 자기계발 역시 무언가에 대한 성취를 목표로 하고 있으므로 기업 활동의 성과 지침을 과감히 접목해도 무리는 아니라 생각한다. 또한 절대영감이 어느 날 문득, 무작정 떠오르는 아이디어가 아니라는 측면에서 쉽고 빠르게, 무엇보다도 오랫동안 활용할 목적에서 나름의 표준 규칙을 가지는 것이 바람직해 보인다. 절대영감이 어느 날 갑자기 떠오르기만 기다리면 절대영감과 '절대' 만날 수 없다. 오히려 오랜 시간 자기만의 질문과 생각, 실험과 시행착오의 결과로부터 무엇인가를 배우고 익히려는 노력 속에서 새로운 아이디어는 은근히 떠오르는 경우가 많다.

절대영감을 위한 표준화는 자기계발 도구, 형식, 생각, 습관이 꿈을 향해 표준화되는 것을 의미한다. 꿈을 향해 표준화가 되었을 때 비로소 자기계발을 위한 PRP 시스템이 가진 힘을 제대로 느낄 수 있다. 표준화되지 않은 도구와 형식, 생각과 습관은 그 자체를 이해하는 데 공력을 요구하기 때문에 그 안에 담긴 의미에 집중하는 것을 방해하기 때문이다.

○ 비전으로
표준화하라

비전을 기준으로 표준화한다는 것은 자신의 꿈을 중심으로 생각하고 행동한다는 뜻이다. 절대영감의 출처는 나의 꿈이다. 자신의 꿈에 진정으로 몰입하면 그로부터 새로운 아이디어들이 끊임없이 생성된다. 그래서 표준화의 첫 번째는 꿈을 모든 것의 시작과 출발로 삼는 것이다. 꿈을 중심으로 지식과 인연을 쌓아가면 우리의 생각과 행동은 한 방향으로 자연스럽게 표준화가 이루어진다.

비전에 몰입한 사람을 '비전스토커'라 한다. 비전스토커는 자신의 비전을 좇으며 의식뿐 아니라 무의식까지도 통제하고 관리한다. 그래서 이들은 자신의 사소하고 자잘한 생각과 행동 속에 언제나 비전이 녹아 있다는 것을 느끼며 즐거워한다. 자기 삶과 아무 연관이 없어 보이던 하루하루가 이제는 남다르다는 것을 알아채며 뿌듯함을 얻는다. 그들은 비전에 몰입해 있다.

그래서 필자는 흔쾌히 내 꿈의 지배를 받아들인다. '드림 마에스트로 김상경'이라는 이 짧은 문장에 온몸과 온 마음을 다 바쳐 충성을 다 한다. 이 한 줄이 필자의 희망이고 용기이고 의지력의 출처다. 이 문장을 바라보며 이를 실천하기 위해 고민하는 일이 이리도 행복한 일인지를 과거에는 미처 몰랐다. 그 가치를 몰랐던 지난 수십 년의 인생이 아까울 정도다.

필자는 강의에서 '비전노트는 자기의 분신'이라고 강조한다. 즉, 비전노트와 나는 마음도 하나, 몸도 하나, 역사도 하나, 방향도 하나로 단일화되어야 한다는 뜻이다. 따라서 꿈을 이루기 위해 존재하는 각 노트가 지향하는 방향 역시 꿈에 표준화되어야 한다. 시간관리는 개인비전을 향하고, 인맥관리는 회사 비전을 향하고, 지식관리는 가족비전을 위해 사용하는 사람은 없을 것이다. 인생비전 속에서 회사와 사람과 가족의 관계를 만들어야 한다.

간혹 외부의 유혹이나 자신의 인내심이 한계에 다다라 자기자원을 의미 없이 낭비하는 경우도 있기 마련이다. 초심이 흔들려 방황하는 순간도 있을 수 있다. 하지만 꿈을 기준으로 표준화하겠다는 뚜렷한 신념만 가지고 있으면 다시 올바른 길로 되돌아올 수 있다. 꿋꿋한 정진과 흔들림의 반복 속에서 인생은 결국 꿈으로 수렴하는 길을 걷게 될 것이다.

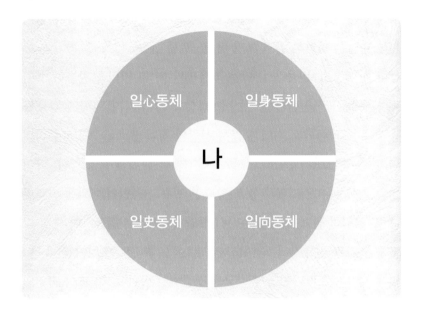

도구를
표준화하라

자기계발에 관심 있는 사람들은 모두 도구를 가지고 있다. 그리고 많은 사람이 책을 자기계발의 유용한 도구로 삼는다. 책은 자기계발에 없어서는 안 될 중요한 요소다. 하지만 책을 읽는 수준에 머물다 보니 좋은 책을 아무리 많이 읽어도 효과는 미미하다. 이는 도구인 책과 목적인 꿈을 연결하지 못하기 때문에 발생하는 일이다.

PRP에서는 책과 꿈을 '독서노트'로 연결한다. 책을 읽는 데 그치는 것이 아니라 꿈에 어떻게든 적용하려는 활용성에 무게를 두고 있다. 마찬가지로 사람과 꿈을 연결하는 '인연노트'가 있고, 매일매일의 일상을 꿈과 연결하는 '메모노트'가 있다. 이러한 노트를 움직이는 사령탑은 당연히 한 장짜리 비전노트다.

책을 활용하기 위해, 만남을 활용하기 위해, 기회를 활용하기 위해 노트들이 작동한다는 사실을 명심하자. 필자가 이렇게 강조하는 이유는 지금까지 겪어본 많은 사람의 자기계발 도구가 표준화되어 있지 않았기 때문이다. 그들도 자기계발을 위해 책과 명함, 다이어리를 사용한다. 그러나 정작 중요한 연결과 융합의 효과를 간과한다. 단기적인 필요에 따라 순간순간 임기응변으로 활용하다 보니 각 도구가 따로 이용되고, 꿈과도 한 방향 정렬이 잘 안 되어 있다. 이렇게 제각각으로 나뉘어서는 꿈에 집중하지 못한다. 이 또한 자원의 난사다.

이처럼 표준화된 PRP 도구들은 모두 '기록하기'라는 특성이 있다. 따라서 기록을 위한 운영 시스템이 필요하다. 이 운영 시스템이 바로 앞에서 설명한 엑셀 프로그램이다.

○ 형식을
표준화하라

기업에서는 대부분의 서류가 표준화되어 있다. 회의록, 실적표, 보고서, 기안서 등 여러 직원이 함께 사용하는 양식을 각자 개개인의 입맛에 따라 매번 가로, 세로 줄을 그어가며 사용한다면 그 불편과 비효율은 이루 말로 표현할 수 없다. 아니 그런 회사는 오래가지 못하고 망할 가능성이 높다. 같은 용도의 서류라면 잘 만들어진 한 양식을 여럿이 공유하여 사용하는 것이 노력을 덜 뿐만 아니라 의사 소통에도 큰 도움이 된다.

개인의 자기자원 관리도 마찬가지다. 비전관리, 메모관리, 지식 관리, 인연관리가 자기계발에 중요한 요소라 한다면 이를 관리하는 양식 역시 표준화시켜야 한다. 그렇게 알고 매번 양식을 다시 만들어야 한다면 그 일 자체가 번거롭고 복잡해서 쉽게 포기하게 될 것이다. 자기계발의 중요한 법칙 가운데 하나가 '습관 들이기'임에도 말이다.

필자는 독서의 중요성을 강조해야 하는 순간에는 언제나 독서노트를 보여 준다. 20여 년간의 지속적 독서 기록이 담긴 필자의 독서노트를 바라보는 사람들의 반응은 대부분 비슷하다. 감탄하고 탄성을 터트린다. 20여 년 동안 꾸준히 해왔다는 점에서 필자를 놀라움 반 부러움 반의 눈길로 바라본다. 그러나 독서노트에 채운 내용을 제거하고 기본 형식만 갖춘 엑셀 화면을 보여 주면 '애개~ 이게 뭐야? 그냥 표잖아?'라고 반응한다.

당연한 반응이다. 도구는 도구일 뿐이다. 너무 어려울 필요도 없고 위대한 사상이나 철학이 그 안에 담겨 있을 필요도 없다. 위대한 사상과 철학은 그 안에 내가 넣는 콘텐츠에 담겨 있어야 한다. 도구에 내 인생을 기록하기 위해 불필요한 시간과 에너지가 낭비되어서는 안 된다. 이를 방지하려면 도구의 표준화, 양식의 표준화는 반드시 추구해야 할 자기계발의 철칙이다.

○ 프로세스를
표준화하라

프로세스는 일의 절차다. 일을 순차적으로 진행하고, 이를 반복하면 그 일은 습관이 되어 몸에 밴다. 자기계발 프로세스를 표준화하려는 이유이다. 습관은 어떤 상황을 접할 때마다 할 것인가 말 것인가 검토하고 고민하는 수고를 덜어주고, 하기로 결정한 후에도 그 실행 방법을 놓고 궁리하고 모색하는 시간과 자원을 줄여준다. 습관이 들면 반복의 효과가 발휘되어 어떤 일을 단시간에 처리할 수 있다.

습관이라는 자동실행 장치가 없다면 우리 삶은 훨씬 복잡하고 힘들 것이다. 아침에 일어나면 세수하는 것에서부터 고민이 시작된다. 세수를 할까 말까, 세수는 어떻게 할까, 아침밥은 먹을까 말까, 아침밥은 어떻게 먹을까, 양치는 할까 말까, 양치는 어떻게 할까? 등등. 매일 단순 반복적으로 하는 것들조차 모두 할 것인가, 말 것인가를 검토하고 실행 방법을 고민해야 한다면 하루는 24시간으로 턱없이 부족할 것이다.

프로세스는 이러한 습관의 연결이다. 그래서 프로세스를 효율성이라 말할 수 있다. 예를 들어 잠자는 습관 → 일어나는 습관 → 세수하는 습관 → 아침밥을 먹는 습관 → 양치하는 습관 → 정해진 시간에 등교(출근)하는 습관 → 퇴근하는 습관 → 집으로 돌아오는 습관처럼 일련의 습관을 연결하면 '하루의 프로세스'가 될 것이다. 우리는 하루라는 삶을 이러한 프로세스로 자동화해 두고 그 사이사이의 시간을 소중하고 중요한 일에 쓰거나 여가로 사용하기도 하고 미래를 위해 자기계발에 투자하기도 한다.

독서의 예를 들어보자. 독서 활동도 일련의 프로세스로 표준화하면 그 효과를 높일 수 있다. 목표지향의 자기계발에 몰입하기 시작했던 2000년도 경에는 필자 역시 독서 활동에 어떤 프로세스를 가지고 있지 않았다. 독서는 그저 책을 열심히 읽는 것으로 생각했기 때문이다. 그러나 굳이 읽지 않아도 될 책을 자주 사들이면서 독서 활동에도 자원의 난사가 있다는 사실을 깨달았다. 그래서 독서 활동 가운데 '선택'이라는 과정을 집중적으로 고민하여 이를 '선택 → 독서 → 기록'의 단계로 나누고 각각을 세분화했다. 지금은 3단계의 대분류를 12단계의 소분류로 나누어 독서와 인생비전을 체계적으로 접목하고 있다. 이에 대한 자세한 설명은 파트 3 독서노트 부분에서 부분적으로 다루었다. 이와 마찬가지로, 사람의 인연관리 역시 절차를 표준화시켜 습관이 되도록 할 수 있다.

이렇게 글로 표현하다 보니 장황하고 복잡하다고 생각할지 모르겠다. 하지만 필자가 '노트'에 투입하는 시간은 하루 평균 15분 정도다. 노트들의 모든 형식과 프로세스가 표준화되었기 때문에 가능한 일이다. 각각의 자원마다 다른 도구와 다른 형식, 다른 프로세스로 접근하였더라면 지치고 힘들어서 오래전에 포기하고 말았을 것이다. 마찬가지로 독자 역시 도구와 형식과 프로세스를 표준화할 수 있다면 하루 15분 정도의 투자만으로 자기 인생을 알뜰살뜰 가꾸는 것이 가능해진다.

Part 3

인생경영을
위한
네 개의 도구

01

비전노트,
삶의 초점을 맞추고
에너지를 응집시키는 돋보기

다음 페이지 그림은 앞서 소개한 필자의 비전노트다. 인생을 어떻게 살 것인가에 대한 계획을 '한 장'으로 표현한 것이다. 필자는 이 비전노트를 액자에 넣어 회사 책상과 집 책상에도 세워두고, 축소 복사해서 휴대용 포켓수첩에도 넣어 다니면서 언제 어디서나 한 몸처럼 생활하고 있다. 이것은 나 스스로 비전노트에게 내 삶을 통제할 권한을 부여하고, 그에 따를 것을 스스로 맹세하는 서약서와 같다.

그러므로 비전노트는 항상 눈에 띄는 곳에 있어야 한다. 그곳에 떡하니 버티고 서서 내가 읽어야 할 책, 만나야 할 사람, 보충해야 할 자원, 익혀야 할 습관 등 나의 모든 시간과 노력이 꿈이라는 한 방향에서 벗어나지 않도록 지켜주고 인도해 주는 역할을 해야 한다. 그뿐만 아니라 그와 같은 경험, 만남, 일상의 소소한 사건과 계기가 나의 성장과 꿈의 성취에 도움이 되는 번쩍이는 아이디어를 끊임없이 떠오르게 하는 절대영감의 원천이기도 하다. 매일 수시로 바라보면 자연스럽게 우러나는 내 꿈에 대한 열망으로 내 몸과 영혼 속에 절대영감이 장착된다. 게다가 구체적인 꿈이 주는 동기부여의 에너지로 열정적이고 긍정적인 삶을 지속할 수 있게 해주는 에너지 발전소 역할까지 도맡아 하는 것이 비전노트다.

📝 김상경의 비전노트 (2019년 버전)

정리하면 내 삶을 내 꿈과 한 방향으로 정렬시키고 내가 겪는 소소한 경험, 만남, 일상에서 내 꿈에 도움이 되는 번뜩이는 아이디어를 반복적으로 떠올리는 절대영감을 갖게 해준다. 한 방향으로 정렬된 절대영감이 만들어 내는 생각 변화, 태도 변화를 실제 내 행동과 습관으로 반복해서 실천하게 해주는 의지력과 에너지가 비전노트와의 동거하는 삶에서 만들어진다 해도 과언이 아니다.

이 비전노트는 일본 기획학교 설립자 다카하시 겐코우의 책에서 배운 인생기획서에서 비롯되었다. 아시아나항공 일본 지역 전문가로 동경에서 공부하고 있을 때 시부야에 있는 그 분의 집으로 가 직접 뵌 적이 있다. 다카하시 겐코우 선생님이 수십 년 전에 만든 이 인생기획서는 수많은 사람들이 자신의 삶을 기획하고 실천을 자극하는 도구로 활용되었다. 사람에 따라서는 이 양식을 보고 다른 의견을 가질 수도 있으나 이미 많은 사람의 인생에 적용되면서 오랫동안 발전시켜온 양식이므로 처음에는 이 양식을 그대로 사용해 봐도 좋다. 필자 역시 처음에는 그대로 모방했었지만 필자의 느낌과 상황에 맞추어 계속 수정하고 업데이트해 가고 있다. 주인이 성장하면 도구도 성장하는 것이 옳다고 생각하기 때문이다.

시작이 반이라 하지 않았던가. 그 어려운 시작을 가장 쉽게 하는 방법은 모방이다. 사실 완벽한 창조는 없다. 창조마왕 스티브 잡스조차도 다른 사람들의 지식과 지혜를 학습하고 모방하고 융합했을 뿐이다. 독자 여러분도 처음에는 모방 후 자신의 느낌과 상황에 맞게 개선해 간다면 자신만의 인생을 담은 비전노트를 갖게 될 것이다.

O 비전노트
작성하기

　필자의 사례로 비전노트 작성법을 알아보자. 자세한 설명에 들어가기 전에 다시 한 번 다짐해 두고 싶은 것은, 비전노트는 내 삶과 함께 변화하고 발전해야 하므로 다카하시 선생님의 책에서 처음 접한 이후로 변화를 거듭해 왔고, 앞으로도 계속 변화해 갈 것이라는 사실이다. 또 그래야 마땅하다. 독자들 역시 처음에는 필자의 비전노트를 그대로 모방할지라도 자신의 변화와 발전을 그대로 담은 비전노트야말로 진짜 내 삶을 위한 도구라고 할 수 있다.

비전노트의 전체 구도

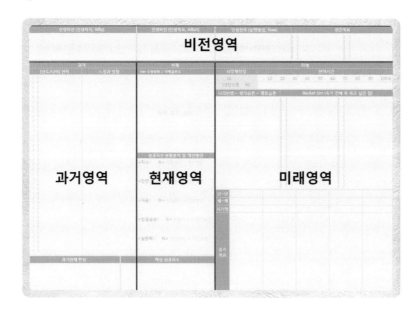

즉, 다른 사람의 표준과 시스템에 얽매일 필요는 없다는 이야기다. 내 생각, 내 상황, 내 가치에 맞게 양식의 구성과 형태, 심지어 각 필드의 제목 등을 변경하면서 내 꿈과 행복을 성취하는데 가장 효율적인 도구로 개선해 가는 것은 각자의 몫이다.

각 필드를 이해하기 전에 먼저 비전노트의 전체 구도를 살펴볼 필요가 있다. 비전노트는 크게 4개 영역으로 구분할 수 있다. 맨 상단은 비전영역, 좌측은 과거영역, 중앙은 현재영역, 우측은 미래영역이다.

상단 : 비전영역

비전노트의 상단은 비전영역이다. 앞쪽부터 차례대로, 내 삶의 존재 이유이자 의미인 인생미션(인생목적, Why) 필드, 미션의 실행을 위해 달성해야 할 목표인 인생비전(인생목표, What) 필드, 비전을 실행할 구체적인 방법인 전략(실행방법, How) 필드, 마지막으로 미션 · 비전 · 전략을 성취하기 위해 올해 내가 이루어야 할 연간목표 필드로 구성되어 있다.

새해가 되면 많은 사람이 정동진에 가서 떠오르는 태양을 바라보며 "뱃살 빼자!", "담배 끊자!", "영어 정복!" 등을 외치는데 이는 3일짜리 감성잔치다. 돌아오는 고속도로가 막히면 짜증이 나서 하루도 못 가고 잊어버리는 경우도 다반사다. 올해 목표는 내 인생을 관통하는 꿈을 향한 한두 걸음이어야 한다. 한 해 한 해가 내 꿈과 단절되어서는 안 된다. 하루, 한 주, 한 달, 한 해의 내 땀과 눈물의 방향은 미션, 비전, 전략, 연간목표가 가르키는 방향과 일치하여야 한다.

좌측 : 과거영역

비전노트의 좌측은 과거영역이다. 〈우리 아이가 달라졌어요〉라는 프로를 보면 아이의 현재 모습은 과거의 결과다. 부모나 형제가 과거에 준 고통이 현재의 트라우마를 만들어 낸 경우도 있고, 과거에 겪었던 행복한 사건이 현재의 긍정적 성격으로 나타나기도 한다. "기억하지 못하는 역사는 반복된다"는 말이 있다. 그래서 모든 국가, 모든 회사, 심지어는 모든 팀에서도 연혁을 관리한다. 후회하기 위해서가 아니라 과거를 통해 배우기 위해서다. 우리는 "내 인생이 가장 소중하다!"고 외치면서도 자기 인생의 연혁은 잘 모른다. 비전노트의 좌측은 현재의 나를 만든 내 과거의 중요한 사건과 경험 그리고 그것을 통해 얻은 내 느낌과 영향 등을 기록해 두고 음미하고 되새기기 위한 영역이다.

중앙 : 현재영역

비전노트의 중앙은 현재영역이다. 현재의 내 모습을 이미지화해 보고, 성공에 필요한 필수 자원을 얼마나 가지고 있는지 스스로 평가해 보는 영역이다. 그리고 과거영역과 현재영역의 하단에는 과거와 현재에 대한 반성과 그로부터 얻은 핵심 성공요소를 정리해 보는 영역이다.

비전노트의 우측은 미래영역이다. 내 꿈을 위해 사용할 수 있는 시간을 산출해 내기 위해 사망예정일을 산정해 보고, 원하는 생각습관과 행동습관을 정립하기 위한 나의 헌법, 죽기 전에 하고 싶은 버킷리스트^{Bucket list}, 앞으로 남은 인생을 10~20년 단위로 나누어 그때그때 이루고 싶은 것을 설정해 보는 중기목표 필드로 구성되어 있다. 그럼 이와 같은 큰 그림을 머리에 그려두고 각각의 필드 속으로 들어가 보자.

○ 인생미션 필드
(Mission, 인생목적·사명·소명, Why)

미션은 말 그대로 내 삶의 목적, 사명, 소명 또는 존재의 이유다.

그래서 미션 필드는 내 삶의 미션으로 삼고자 하는, 다시 말해 내가 내 삶을 통해 평생 변함없이 추구하고자 하는 이 세상을 위한 기여 또는 역할을 문장 또는 문구로 선언하는 필드다. 그 답을 찾는 것이 쉽지 않은 일이기는 하지만 '내가 왜 사는가?'에 대한 해답을 적는 필드인 셈이다. 이 왜(Why, 미션, 목적)를 찾고 나서야 비로소 무엇(What, 비전, 목표)을 어떻게(How, 전략, 방법) 할 것인가를 구체적이고 명료하게 정의할 수 있다.

문장으로 표현된 사명선언서 중에 가장 유명한 것은 아마도 간디의 사명선언서일 것이다. 〈성공하는 사람들의 7가지 습관〉이라는 세계적 명품 교육과정에서도 학습자들에게 대표적 사례로 제시되는 사명선언서이다. 그 전문을 소개하면 다음과 같다.

매일 아침 일어나자마자 다음과 같이 결의할 수 있게 해주소서.
나는 지상의 어느 누구도 두려워하지 않을 것이다.
나는 오직 신만을 두려워할 것이다.
나는 누구에게도 악한 마음을 품지 않을 것이다.
나는 누가 뭐래도 불의에 굴복하지 않을 것이다.
나는 진실로 거짓을 정복할 것이다.
그리고 나는 거짓에 항거하기 위해 어떤 고통도 감내할 것이다.

비폭력 무저항 운동을 펼쳤던 간디의 삶이 보인다. 행동으로 실천하기 전에 생각으로 먼저 자신의 삶을 창조한 셈이다. 단지 몇 개의 문장일 뿐인데 자기가 선언한 자기 삶의 목적과 이유가 본인과 세상에 얼마나 큰 영향력을 발휘하는지 보여 주는 위대한 사례다. 다만, 이 책에서 소개하는 꿈체계론적 접근법과는 다소 차이가 있다.

필자가 이 책을 처음 기획할 때 컨셉을 '인생경영학 개론'으로 잡았다. 기본적으로 '인생경영도 회사경영과 같다'는 철학을 기반으로 이 책을 썼다. '미션 〉 비전 〉 전략 〉 연간목표'라는 핵심가치의 위계구조도 회사경영론에서 그대로 차용하였다. 회사경영 시스템인 ERP에서 영감을 얻은 인생경영 시스템 PRP도 그렇고, 이 책에서 소개한 '비전노트' 양식은 실제 아시아나항공 재직 시 수많은 프로젝트의 기획서로 즐겨 사용했던 양식이다.

인간은 돈을 벌려고 할 때나 생존경쟁을 할 때 가장 치밀하게 연구한다. 게다가 자기계발론은 회사경영론에 비하면 아주 최근에 시작된 학문 분야다. 인간 역사의 대부분은 부모가 물려준 신분대로 살았고, 산업혁명 이후에도 개인은 없었다. 대다수의 평범한 사람들—봉건사회로 치면 귀족 이외의 사람들—이 인생에서 가치와 의미를 운운할 정도로 풍요로운 사회는 불과 수십 년 밖에 되지 않았으며, 그들이 조직을 벗어난 독립적인 삶을 꿈꾸기 시작한 것은 더더욱 최근의 일이다. 반면 회사경영론의 역사는 훨씬 오랫동안 치밀하게 발전되어온 이론이다. 진정으로 내 땀과 눈물이 소중하게 쓰이길 원한다면 오랜 기간, 치밀하게 발전해 온 회사경영론의 효과성과 효율성을 자기계발론에 차용해 오는 것이 현명한 선택이다.

그런 측면에서 미션, 비전, 전략 전체를 함축한 듯한, 철학적이고 함축적인 간디식 사명선언보다는 '미션 〉 비전 〉 전략 〉 연간목표' 각각의 개념 및 역할에 따라 위계구조와 우선 순위를 갖는 비전노트가 빠르고 바쁜 현대시대에 적합한 효과성과 효율성을 담보한다고 본다. 나침반은 단순한 것이 최고의 미덕이기 때문이다. 더더구나 간디의 시대에 비하면 비교할 수 없는 정보의 양과 변화의 속도에 대처하며 살아야 하는 현대인의 삶에서는 말이다.

그래서 비전노트의 미션 필드에는 해석이나 분석할 필요 없이 한눈에 훅 들어오는 문구형 미션을 권장한다. 그것도 그것을 볼 때마다 내 가슴이 설레고, 다른 사람들에게도 자랑스럽게 내 보일 수 있는 멋진 표현이면 더욱 좋다. 잘 정의된 미션은 그 자체가 자신에게 끊임없이 영감과 열정, 지혜와 자극을 공급해 주는 핵연료와 같기 때문이다. 필자의 삶에 방향을 제시해 주고 그 방향을 향해 지치지 않고 달려갈 수 있는 열정을 끊임없이 제공해 주는 '드림 마에스트로'처럼 말이다. 드림 마에스트로는 '젊은이들에게 꿈을 찾는 지혜, 꿈을 이루는 지혜를 나누는 삶'이라는 필자의 미션이 담겨 있는 단어형 미션이다.

세상은 많은 기여와 역할, 도움을 필요로 한다. 가난한 사람, 병든 사람, 꿈을 잊은 젊은이, 취업전쟁 중인 대학생, 2생을 찾지 못한 엄마아빠, 기초과학의 발전, 의학의 발전, 의료수혜 대상의 확대, 국제평화와 교류의 증진, 남녀평등, 부의 불균형 해소 등등. 당장 찾지 못해도 좋다. 하지만 미션은 자존감의 회복, 의미 있는 존재가 되기 위해 언젠가는 내가 내게 찾아주어야 할 내 인생의 핵심가치다.

미션이 결정되면 그 미션을 성취하기 위해 인생의 단계별로 달성해야 할 비전(직업적 목표, 물질적 목표)을 어렵지 않게 찾을 수 있게 된다. 이른바 꿈 너머 꿈이 필요하다는 이야기가 여기서 나온 것이다. 미션은 영속적 가치이고, 비전은 단계별 과제다.

다만 다행히도 비전을 찾아 몰입하는 과정에서 세상을 위한 자기의 쓰임을 찾는 경우도 많다. 이론상으로는 '왜 사는가?(미션)'를 먼저 찾고, 그 왜를 성취하기 위해 '무엇을 할 것인가?(비전)'로 이어져야 하지만 현실적으로는 무엇인가를 열심히 하다 보니 세상을 위해 내가 할 수 있는 기여와 역할을 알게 되었다는 사람들도 많다. 즉, 미션과 비전의 순서보다 더욱 중요한 것은 미션(나라는 존재의 의미)을 찾고자 하는 의지와 열정이다. 그때까지는 미션 필드에 미션 찾기Finding the Mission이라 표기해서 미션을 찾는 미션을 내게 부여해 놓고 살자.

○ 인생 비전 필드
(Vision, 인생목표, What)

비전은 미션을 성취하기 위한 여정의 중간 중간에 달성해야 할 단계별 인생목표를 의미한다. 비전은 크게 두 가지로 나눌 수 있다. 직업적 비전과 물질적 비전이다. 어렸을 때 꿈을 물어보면 주로 대답하는 "판사요!", "의사요!", '외교관이요!", "연예인이요!"와 같은 비전들이 직업적 비전의 좋은 사례다. 반면 물질적 비전은, "세계 최고의 부자요!", "현금자산 100억 부자요!", "50세 30억이요!" 등과 같이 주로 돈, 부자, 풍요와 관련된 비전들이다.

'꿈'에 대해 명확하게 정의하자

이쯤에서 짚고 넘어가야 할 것이 있다. 모름지기 법이나 규정에서 제일 먼저 제시하는 것은 '용어의 정의'다. 왜냐하면 본문에 대한 해석의 차이를 줄이기 위해서다. 그런데 꿈에 대한 용어가 너무 중구난방이다. 꿈은 우리의 삶에서 가장 중요한 단어 중 하나임에도 불구하고 말이다. 현실은 이렇다.

첫째, '꿈'이라는 단어의 쓰임이 너무 모호하다. "꿈이 뭐예요?" 하고 물으면 미션(사명)을 이야기하는 사람도 있고, 비전(목표)을 이야기하는 사람도 있고, 버킷리스트(희망)를 이야기하는 사람도 있다. 둘째, '꿈'이라는 단어의 모호함에 더해 미션 · 사명 · 목적 · 소명, 비전 · 목표라는 단어들까지 마구 섞여 사용되다 보니 각각의 개념 및 위계구조를 제대로 파악하기가 쉽지 않다. 개념이 모호하면 성취도 모호할 수밖에 없는데 말이다. 셋째, 꿈보다 인생이 훨씬 긴데도 불구하고 꿈을 물어보면 흔히 직업적 비전이나 물질적 비전 중 하나만을 이야기할 때가 많다.

그래서 이 책에서 이야기하는 꿈 관련 용어의 정의 및 위계구조를 명확히 짚고 나서 다음 이야기로 넘어가고자 한다. 독자들이 이 책을 제대로 이해하기 위해서도 그렇고, 자기 삶의 꿈과 목표를 제대로 설정하기 위해서도 가장 먼저 숙지해야 할 개념이라고 생각하기 때문이다.

첫째 꿈은 미션, 비전, 버킷리스트 모두를 포괄하는 개념이다. 현실에서 많은 사람들이 그렇게 사용하고 있기 때문에 필자가 "꿈은 미션의 다른 이름이다!", 혹은 "꿈은 비전을 의미한다!", 혹은 "꿈은 버킷리스트다!"라고 꿈의 의미를 한정한다고 한들 현실을 바꿀 수는 없기 때문이다. 그럼에도 불구하고 본 책에서의 '꿈'이라는 단어는 주로 미션과 비전만을 포괄하는 개념으로 사용하고자 한다.

둘째는 필자가 만든 신조어인 꿈체계론 상에서의 미션은 가장 상위 개념으로 내 삶의 존재이유(Why)를 의미한다. 한글의 '사명, 목적, 소명' 등과 같은 개념으로 정의한다. 비전은 미션의 하위 개념으로, 미션을 이루기 위한 여정에서 단계별로 성취해야 할 과제(What)를 의미한다. 한글의 '목표'와 같은 개념으로 정의한다. 버킷리스트는 미션 또는 비전과는 별개의 개념으로, 살아가면서 하고 싶고 갖고 싶고 가고 싶고 먹고 싶은 희망을 의미한다. 물론 미션, 비전과 관계있고 없고는 본인의 선택이다.

셋째는 꿈보다 인생이 길다는 점이다. 꿈보다 인생이 소중하다. 이것은 정의가 아니고 진리다. 우리가 꿈에 대해 생각할 때 자꾸 그 사실을 잊어버리는 것 같아 이 진리를 환기시키고 싶다. 꿈이라는 단어가 가지고 있는 마약과 같은 설렘 때문일까? 우리는 자꾸 하나의 꿈에만 목을 매달고 사는 것 같다. '서울대생', '카이스트생'이라는 꿈을 성취한 후 자살을 선택했던 학생들의 뉴스를 보면서 학생, 부모, 스승의 꿈에 대한 무지 때문에 일어난 사건인 것 같아 안타깝고 쓰라렸다.

그래서 꿈체계론이 필요하다. '미션 → 비전 → 전략 → 연간계획'으로 이어지는 위계구조 말이다. 우리는 '꿈'하면 보통 직업적 비전 혹은 물질적 비전만 생각하고, 심지어는 그중에서도 단 하나의 꿈만 설정하고 달려간다. 그러다 보니 그 꿈을 이루고 나면 끈 떨어진 연처럼 당황하게 되는 것이다.

삶의 존재이유인 미션은 유일무이하다. 하지만 그 미션을 향해 만들어 가는 비전은 징검다리의 돌처럼 여러 개가 필요하다. '가난한 병자를 위한 구세주'라는 미션을 위해서는 어느 의대를 가겠다는 비전, 언제까지 전문의가 되겠다는 비전, 필요한 자금은 언제까지 얼마를 확보하겠다는 비전 등등. 꿈(비전) 너머 꿈(비전)이 하나 둘 연결되어야 비로소 미션에 다다를 수 있는 징검다리가 놓이지 않겠는가. 또한 부자가 되어서도 위 미션을 수행할 수 있고, 사회복지사가 되어서도 위 미션을 수행할 수 있으니 미션에 다다르는 비전의 길은 다종다양한 것이다. 그러니 미션에 다다르는 꿈(비전)은 다종다양하고, 단계별로 존재한다는 사실을 잊지 않도록 하자.

꿈의 체계 : 미션 〉비전 〉버킷리스트

꿈체계론이니, 용어의 정의니 하는 이야기를 굳이 꺼낸 이유는, "꿈이 뭐예요?"라는 질문을 받았을 때 본인이 무슨 답을 하건 자신이 말한 꿈이 미션, 비전, 버킷리스트 중 어느 것을 의미하는 것인지 스스로 알아야 하고, 내 삶에서 빠져 있는 것이 무엇인지는 알고 대답해야 한다고 생각하기 때문이다. 그래야만 자신의 땀과 눈물을 효과적이고 효율적으로 몰입시킬 수 있기 때문이다.

정리하면 미션(목적, 사명, 소명)〉비전(목표)〉버킷리스트(희망) 정도로 꿈의 체계를 이해해 두자. 이를 어떻게 혼용해서 쓰느냐는 각자의 몫이다. 세상이 이리 정의했다고 해서 내 삶에 그대로 적용할 필요도 없다. 다만 정론을 뿌리에 두고 변론을 펼쳐야 제대로 된 효과를 거둘 수 있으므로 사뭇 복잡한 설명을 나열할 것이다. 뿌리를 확인한 다음에는 내 생각과 상황에 맞게 버무리고 조합해서 성공과 행복, 의미와 가치를 이루어 내는 것이 더 중요하다.

그러니 이 비전 필드에는 미션으로 가는 여정에서 내가 성취해야 할 직업적 비전, 물질적 비전을 설정하자. 그것도 '아시아나 승무원', '판사', '의사', '서울대 합격' 하는 식으로 마치 내 인생이 하나의 꿈(비전)으로 끝나는 인생처럼 설정하지 말고, 미션을 향해 가는 데 필요한 꿈(비전)을 단계적, 복합적(직업적 비전+물질적 비전)으로 설정해 보자. 현재 필자의 비전 필드에는 다음과 같은 비전이 설정되어 있다. '인생경영 멘토 · 강사 · 작가, 방방곡곡 도서관장, 드림스쿨 교장, 60세 30억.'

O 전략 필드
(실행방법, How)

전략은 비전을 실행하는 방법이다. 어떤 방법에 의해 비전을 실행할 것인가 고민해서 그 방법을 이 필드에 입력하면 된다. 좀 더 구체적으로 설명하자면, 실행방법에 대한 계획을 수립하는 필드다. 사람에 따라, 비전에 따라 자신의 비전을 성취하기 위한 전략이 다양할 것이다. 필자의 경우에는 '책, 사람, 세미나, 커뮤니티'에 의한 학습의 일상화, 자기경영 시스템 PRP 개발, '모범 + 대화 + 강의 + 집필'을 통한 지혜 나눔 생활화, 300개 독서모임, 3,000개 도서관 오픈을 전략으로 설정해 놓았다.

내 삶의 존재 이유인 미션은 쉽게 변하지 않지만(대부분의 책에서는 미션은 변하지 않는 핵심가치라고 이야기하지만 필자의 생각으로는 미션 역시 주체인 내 선택에 의해 바뀔 수 있다고 생각한다), 비전과 전략은 유동적이다. 즉, 내 상황과 처지, 입장의 변화에 따라 꿈(비전) 너머 꿈(비전)이 변할 수 있고, 비전에 변화가 발생하면 전략 역시 새로운 비전에 맞게 새롭게 구상되어야 한다는 의미이다.

이처럼 미션→비전→전략이 꿈체계론적 위계구조에 의해 확실히 연동되고 나서야 비로소 내 삶에 효과성과 효율성의 기반이 확립되었다고 말할 수 있다. 이처럼 구조적 꿈 설계가 확립되면 내가 키워야 할 역량이 무엇인지, 메모는 주로 어떤 방향으로 해야 하는지, 책은 주로 어떤 책을 읽어야 하는지, 사람은 주로 어떤 사람을 만나고 세미나나 커뮤니티는 주로 어떤 분야를 참여할 것인지 등등 내 땀과 눈물, 연구와 고민의 방향성이 명확히 보이기 시작한다. 미션, 비전, 전략의 수행을 위해 올해 안에 달성해야 할 연간목표 역시 어렵지 않게 수립할 수 있고 말이다.

○ 연간목표
필드

미션과 비전과 전략의 수행을 위해 올해 안에 내가 이루고 달성해야 할 연간목표를 정의하는 필드다. 올해 안에 개발해야 할 역량이 있다면 해당 역량의 이름보다는 그 역량을 키울 수 있는 학습목표를 계량화해서 설정하는 것이 좋다. 새해에 새로운 습관을 만들고 싶다면 해당 습관에 멋지고 자극적인 이름을 붙여서 연간목표 필드에 기입해 두고 매일 한두 번씩 음미하면 적지 않은 동기부여 에너지를 스스로 만들어 낼 수 있다. 필자 역시 그렇게 하고 있다. 육체는 음식을 먹고 영혼은 단어를 먹는다. 영혼이 수시로 음미하고 되새길 수 있도록 멋지고 재미있고 자극적이고 간단한 단어로 원하는 습관을 명명하고, 원하는 목표를 명명하고, 원하는 희망을 명명하는 습관을 들이자. 원하는 목표를 멋지고 재미있고 자극적이고 간단한 단어로 명명하는 순간 시작이 반이라는 말이 진실이 된다.

이를테면 이런 것이다. 아시아나 독서스쿨 정기모임 시 한 직원이 "아침에 출근하면 일이 바로 손에 잡히지 않아 한 10분 정도 책을 읽다가 업무를 시작한다"는 이야기를 했다. 그때 문득 '시동독서'라는 단어가 떠올랐다. 필자 역시 그런 경험이 아주 많기 때문이다.

그래서 이 '시동독서'를 새로운 습관의 이름으로 명명했다. 바쁜 직장인들이 긴 시간을 따로 내서 독서하기는 쉽지 않다. 그래서 '자투리독讀', '사이사이독讀' – 이들 역시 필자가 명명한 목표습관 이름이다 – 을 해야 한다. 이동간 사이사이, 업무와 휴식의 사이사이, 만남과 헤어짐의 사이사이에 만들어지는 자투리 시간을 이용하는 독서습관이 필요하다는 말이다. 여기에 새로이 새벽에 일어나 책상에 앉았을 때, 회사에 출근해서 책상에 앉았을 때, 본격적인 업무를 시작하기 전 업무에 시동을 거는 용도로 1~20분 독서하는 습관을 만들자고 이 새로운 습관에 이름을 붙였다. 필자는 이들 습관에 의해 몇 년 만에 대기업의 독서법 강사가 되었다.

이 외에도 연간목표 필드에는 1년 동안 취득하고 싶은 자격증 이름, 토익 점수, 새로 배우고 싶은 운동, 여행목표, 영화목표, 독서목표 등등을 설정할 수 있다. 연간목표 필드에는 미션·비전·전략만을 위한 딱딱하고 이성적인 목표뿐만 아니라 내 감성과 지성, 육체와 건강, 가족과 친구를 위한 목표도 함께 넣으면 좋다.

필자에게 있어 매년 12월 31일과 1일 1일은 이 [연간목표] 필드를 업데이트하는 리츄얼 데이Ritual Day다. 내게는 매우 중요한 인생습관이자 인생행사. 회사들의 종무식과 시무식을 내 인생에서도 매년 신성하게 거행하고 있는 것이다. 정동진에 간다면 모래사장에서 바닷가 구호로 사라지는 "뱃살 빼자, 담배 끊자, 영어 정복!"을 외치는 것보다 새해 첫 해가 바라다 보이는 호텔을 잡아 책상에 앉아서 떠오르는 새해 첫 태양을 바라보며 비전노트에 새해 목표를 기록하라고 권하고 싶다. 꿈은 말로 세우는 것이 아니라 글로 세우는 것이다.

○ 과거
필드

앞에서도 언급한 바와 같이 과거 필드는 내가 과거에 겪었던 중요한 경험, 사건 등을 기록하는 필드다. 후회하기 위해 과거를 기록하고 기억하라는 것이 아니다. 큰 성공은 다시 반복하기 위해, 큰 실패는 반복하지 않기 위해 기록하고 기억하라는 의미이다. 현재의 나를 만든 과거를 내 손바닥 위에 올려두어야 한다. 성공경험이든 실패경험이든 음미하고 되새겨서 내 영혼과 육신에 완전히 체화해 두어야 실제 생활에서 반사적으로 성공은 복제하고, 실패는 회피할 수 있다.

그런데도 우리는 자신의 인생을 몰라도 너무 모른다. 좋아하는 스타의 인생은 줄줄 외우면서도 자기 인생의 발자취를 한번 써 보라 하면 서너 개, 많으면 대여섯 개 쓰다 막히기 일쑤다. 과연 진짜, 정말 우리는 우리의 인생을 사랑하고 있는 것일까?

국가에도 연혁이 있고 회사에도 연혁이 있다. 심지어는 개별팀에서도 연혁이 철저하게 관리된다. 팀이 언제 만들어졌으며 1대 2대 3대 팀장은 누구이며, 현재의 사무실로 언제 이전해 왔는지 등등. 팀의 중요한 역사들이 철저하게 관리되고 있다. 하지만 팀의 연혁을 관리하는 담당자조차 자기 삶의 연혁은 관리하지 않는다. 현재의 내 성품과 성격, 지식과 역량, 가치와 기호들이 어떻게 만들어졌는지 내가 나를 모르고 살아온 셈이다. 자기 연혁을 종종 보면서 자신의 과거와 종종 대면해야 한다. 기쁜 것은 기쁜 대로, 아픈 것은 아픈 대로, 가랑비에 속옷 젖듯 티클 모여 태산되듯 내 과거를 내 현재의 밑알로 삼아야 한다.

과거 필드의 좌측 칸에는 '[연도, 나이] 중요한 사건 혹은 경험'을 기록한다. 과거 필드의 우측 칸에는 '그 사건과 경험을 통해 얻은 느낌이나 영향'을 기록한다. 기록할 때도 음미하게 되고, 나와 동거 중에 이따금 마주칠 때도 음미하게 되고, 한정된 필드 안에 중요한 사건 혹은 경험만을 추려 넣기 위해 단어를 압축하고 사건을 취사선택하면서도 음미하게 된다. 아주 짧은 순간의 만남일지라도 과거와 끊임없이 마주치게 되면 자연스럽게 내 과거가 내 현재와 미래로 연결되는 셈이다.

○ 현재
필드

현재의 내 모습과 성공 필수자산의 보유상태를 자기평가해 보는 필드다. 제일 상단에는 비전노트의 버전을 관리하는 필드와 비전노트 소유자의 이메일 주소 필드가 작게 마련되어 있다. 원래는 없었던 필드인데 업데이트를 반복하면서 버전관리가 필요해 수정날짜로 버전을 관리하게 되었다. 이메일 주소는 강의 수강 후 양식을 보내달라는 분들이 많아서 아예 비전노트에 삽입해 두었다. '지혜 나눔과 공유의 생활화'라는 필자의 비전실행 전략을 실천하고 있는 셈이다. 그 밑에는 자신의 현재 상태를 나타내는 사진을 넣는 필드다. 세월이 지나면 이 사진을 보는 것만으로도 뿌듯한 추억에 젖게 된다.

그 아래에 있는 [성공자산 현황분석 및 개선방안] 필드는 성공과 행복을 위한 필수자산인 지식, 인연, 자금, 성공습관, 실행력의 보유상태와 개선방안을 도출해 보는 필드다. 100퍼센트를 기준으로 지금의 내가 얼마나 보유하고 있는가를 솔직하게 자기평가해 보는 부분이다. 다카하시 선생님의 인생기획서에서는 지식, 인맥, 자금의 3가지 자원을 자기평가해 보라 하셨지만 필자는 거기에 성공습관,

실행력을 덧붙여 5가지를 '성공 필수자산'으로 명명했다. 독자들 역시 주도권을 가지고 자기가 생각하는 성공 필수자산을 다르게 정의할 수도 있다. 성공 필수자산의 보유 수준을 자기 평가한 이후에는 평가 수치 밑에 미흡한 부분 및 개선 방안을 정리해서 선택과 집중의 기준을 스스로 정리해 본다.

○ 과거 현재 반성
   필드

이 필드는 말 그대로 위에서 분석한 과거와 현재에 대해 스스로 반성해야 할 것들을 정리해 보는 필드다. 공간이 그다지 넓지 않기 때문에 가장 집중해서 개선해야 할 반성요소를 스스로 찾게 된다. 이 필드 역시 늘 내 삶의 변화를 머금고 가야 한다. 내 과거도 변하고 내 현재도 변하는데 그에 대한 반성이 평생 똑같다면 반성하지 않고 있는 것이나 다름없기 때문이다. 내가 성장하고 발전해 감에 따라 과거의 반성요소는 자연스럽게 해결되거나 사소한 가치로 순화될 수도 있다. 즉, 이 필드 역시 나의 성장과 함께 성장해야 한다.

○ 핵심 성공요소
   필드

지금까지 미션, 비전, 전략을 설정하고 과거 역사와 현재 자산을 평가해 보고 그 과거와 현재에 대해 반성도 해 보았다. 그렇다면 다음으로는 미션과 비전을 성취하기 위한 핵심 성공요소를 도출하는 데 큰 문제는 없다고 본다.

비전노트를 작성하기 전에는 뚜렷한 미션과 비전이 없었기 때문에 막연하게 '공부를 열심히 하겠다'거나 '하루하루 열심히 살겠다'거나 하는 정도를 성공요소로 생각하고 있었다. 대부분의 어른들이 가르치는 내용도 마찬가지다.

"성공하려면 열심히 공부해!"

"죽어라고 하면 안 될 게 없어!"

그러나 열심히 사는 것에도 그것이 지향하는 방향성이 있을 때 투자시간 대비 효과가 극대화된다. 우선은 시간과 노력의 무분별한 낭비를 줄일 수 있고 같은 노력을 한다 하더라도 성취하고자 하는 목표가 뚜렷한 상태에서 하는 것과 그냥 열심히 하는 것과는 큰 차이가 날 수밖에 없다.

비전을 달성하기 위한 전략이 그야말로 전략적 측면의 과제라면, 핵심 성공요소는 하루하루의 생활을 지배할 전술적 측면의 과제라 할 수 있다. 쉽게 표현해서 핵심 성공요소의 성공적인 실행이 쌓이고 쌓여 전략이 달성되고, 전략이 실행되면서 비전이 달성되는 셈이다. 즉, 핵심 성공요소→인생전략→인생비전이 성취의 방향이자 순서다. 기업경영의 흐름과 크게 다르지 않다. 핵심 성공요소를 명확히 인식하고 핵심전략에 집중하면 비전과 미션의 성취는 자연스러운 결과다. 다만 남는 과제는 이와 같은 흐름을 반복해서 지속할 수

있는 의지력의 문제일 뿐이다. 그 의지력의 에너지를 스스로 만들어
내기 위해 다음 단계로 들어가 보자.

○ 미래영역
-사망예정일 필드

꿈에 기한을 더하면 목표가 된다. 멀쩡하게 살아 있는 사람에게
뜬금없이 죽을 날짜를 정하라고 하면 이상하고 기분 나쁜 일이다.
하지만 그럼에도 해 보라고 하는 이유는, 내가 내 자신에게 약속한
나의 꿈(미션과 비전)을 위해 내가 사용할 수 있는 시간이 얼마나 남
아 있는지 알고 있으라는 의미다. 심지어는 관 속에 들어가 못까지
박는 임사체험도 하지 않는가? 사망예정일 필드는 비전노트 위에서
하는 임사체험과 같다. 내 꿈(미션, 비전)의 기한에 대한 구체적 실감
을 통해 심리적 경각심을 수시로 자극받기 위한 필드다.

우선 [사망예정일] 필드에 자신의 사망일을 연월일 형태로 설정
한 후(예 : 2044.05.16) 그 하단의 괄호 안에는 예정수명을 기록한
다(예 : 예정수명 77세). 그 우측의 [잔여시간] 필드는 잔여수명을 막
대그래프로 표현하는 필드다. 우선 필드 위쪽에는 숫자로 0세부터
100세까지 10년 단위로 표시한 후 - 물론 100세 이상 살고 싶다면
그 이상의 숫자를 표시해도 좋다 - 그 하단에 막대그래프에 의해 과
거, 잔여수명, 사망 이후를 표시한다.

먼저 지금까지 살아온 인생을 검은색 막대그래프로 표시한다. 왜

냐하면 지난 시간은 다시 돌이킬 수 없어 죽은 시간이기 때문이다. 그 다음은, 사망예정일 이후의 인생도 검은색 막대그래프로 표시한다. 사망예정일 이후도 내게는 없는 시간이기 때문이다. 마지막으로, 지금부터 사망예정일까지의 잔여수명을 붉은색으로 표시한다.

우리는 시간이 돈보다 소중하다는 얘기를 귀가 닳도록 듣고 산다. 그럼에도 시간을 돈보다 소중하게 아끼면서 사는 사람은 거의 찾아보기 힘들다. 그러나 지나가 버린 과거의 시간과 사망예정일 이후의 시간을 검은색으로 칠하고 나면 나에게 남은 시간이 아주 또렷하게 다가오면서 시간의 소중함이 절실하게 느껴진다. 막대그래프에 의해 내 잔여수명을 구체적으로 실감해 보는 것은 그다지 기분 좋은 일은 아니지만 그 기분만큼 자신에게 전해지는 자극도 크게 다가올 수밖에 없다. 구체적으로 계산된 남아 있는 시간을 철저하게 관리해서 충실하게 살아야겠다는 생각을 자연스럽게 하게 된다.

많은 젊은이들이 연예인들의 팬미팅에 가서 박수치고 환호하고 심지어는 격한 감동 때문에 실신하는 경우도 있다. 내 인생의 성공 잔치가 아니라 누군가의 성공잔치에 가서 마치 내 일인 양, 내 인생에서는 그리해 본 적도 없는 박수갈채와 환호를 보낸다. 과연 그것만으로 된 것일까? 그들의 팬미팅에 동원된 박수부대만으로 내 젊음을 다 보내고, 나이 들어서는 다시 그 추억에 젖어 세월을 다 보내고 말아도 되는 것일까? 물론 즐겁고 자극적인 경험이지만 그런 순간순간 한번쯤은 내 인생의 팬미팅을 상상해 봄직하다. 그 격렬하고 자극적인 에너지로 '내가 남의 성공잔치에서 이렇게 울부짖고 있는

데 내 인생에서도 이와 같은 성공잔치가 필요하지 않나?' 하고 자문해 봐야 한다. 그것이 내 인생에 대한 도리다.

사망예정일은 내 팬미팅 데이다. 물론 그 전에 죽을 수도 있고, 그날이 되어 거동이 힘든 노인이 되어 있을 수도 있지만 만일 그렇지 않다면 그날 내 주변에 남아 있는 1촌들을 초대해서 성대한 '내 팬미팅'을 할 계획을 세워라. 내 꿈을 위해 어떻게 살아왔는지, 그 과정에서 얻은 지혜와 영감, 감동과 자극이 무엇이었는지 내 팬미팅에서 아낌없이 얘기하라. 그리고 미래에 그날이 되었을 때 설레는 날이 되도록 현재를 살아야 하리라. 그래서 설레는 그 미래를 현재화해서 매일 음미하고 되새기는 리허설을 하다 보면 진짜 그 미래가 다가오지 않을까? 이처럼 내가 미래를 끌어당겨야 끌어당김의 법칙이 작동하기 시작한다.

한편으로는 운 좋게도 사망예정일을 넘겨 살 수 있다면 그 시간은 덤으로 얻은 기분이 들지 않을까? 물론 사람의 마음이라는 것이 사망예정일이 다가왔을 때는 사망예정일 이후를 기획하게 되겠지만, 어찌 되었건 사망예정일을 넘긴 삶은 나 스스로 덤으로 남겨둔 나에 대한 특별한 선물이다.

○ 미래영역
-나의 헌법 필드

나의 헌법은 내가 갖고자 하는 혹은 개선하고 싶은 생각습관과 행동습관을 명명해 두는 필드다. 누구나 자기 생각과 행동 중에 개선하고 싶은 구석이 있기 마련이다. 사실 제아무리 위대한 성공도 생각과 행동의 도움 없이는 절대로 이루어질 수 없기 때문이다. 그래서 늘 '이건 좀 고쳐야지!', '저건 좀 본받고 싶다!'는 생각을 하게 된다. 하지만 바삐 살다 보니 잊어버리기 일쑤다. 그래서 작심삼일이 회자되는 것이다.

내 생각습관과 행동습관을 바꾸는 것은 내 꿈을 위한 꿈이다. 기록된 꿈을 가진 졸업생과 생각만으로 꿈을 가진 졸업생의 10년 후 소득격차를 조사해 보니 전자가 후자의 10배에 이르더라는 1979년 하버드 졸업생들에 관한 연구처럼, 나의 개선에 대한 꿈인 나의 헌법도 기록해 두고 노력하는 것이 어쩌다 한두 번 생각하는 것보다 10배, 100배 이루어질 확률이 높다. 인생미션과 인생비전이라는 위대한 꿈Great Dream도, 생각과 행동의 변화라는 작은 꿈Little Dream도 기록해 두고 수시로 음미해야 이뤄낼 수 있다.

성공과 행복을 위해 자신의 패러다임과 고정관념을 개선하고 싶은 방향으로 선언해 본다거나 습관화하고 싶은 태도와 행동을 정의해 볼 수도 있다. 이 영역 역시 한정된 공간이므로 수많은 생각과 태도, 행동 중에 내 꿈과 행복을 위해 꼭 필요하겠다 싶은 것들만을 음미하고 되새김해서 선택과 집중하는 것이 좋다. 기록한다는 것은 매일매일 보겠다는 의미고, 매일매일 본다는 것은 조금씩이라도 늘 변화와 발전이 이루어진다는 것이고, 그 티끌 같은 변화와 발전이 태산처럼 쌓여 임계점에 다다르면 꿈이 지척에 와 있을 것이다.

⭘ 미래영역
-버킷리스트 필드

버킷리스트 필드 역시 다카하시 선생님의 인생기획서에는 없었는데 필자가 넣은 필드다. 액자로 세워두고 매일 바라보는 비전노트 안에 버킷리스트가 함께 있는 것이 좋겠다는 생각에서다. 오가면서 수시로 내 눈길이 머물 수 있는 위치에 두어야 늘 습관처럼 되새김할 수 있기 때문이다. 설레는 마음으로 자기 자신에게 약속한 것들이기에 매일 습관처럼 되새김할 수 있는 환경만 조성해 두면 무생물인 그 환경들이 끊임없이 내게 잽 펀치 같은 자극을 날려 내 생각과 행동을 그 방향으로 집중할 수 있도록 도와주기 때문이다.

잔 펀치에 장사 없다고 하듯이 내 생각과 행동 역시 잽 펀치에 구태를 버리고 조금씩 성장하고 발전하게 된다. 변화에 대응하지 못하는 것을 자기 내면의 의지력 탓으로만 돌리다 보면 우울해지고 자신을 불신하게 된다. 하지만 지속적인 변화와 성장은 절대 자기 내면의 의지력만으로는 불가능하다. 계속되는 고난과 역경에 장사는 없기 때문이다. 의지력도 에너지다. 에너지는 고갈되기 마련이다. 그러니 내면의 에너지가 고갈되었을 때 의지력을 보충해 주는 외부의 자극이 늘 필요하다. 맹자는 맹모가 그 역할을 해주었지만 내 '내면 아이'에게는 나 자신이 '맹모'가 되어 주어야 한다. 스스로 내 주변에 감동과 자극을 배치해서 나의 삶을 감동과 자극의 환경으로 휘감아 주어야 한다.

평소에 해 보고 싶었던 것, 가보고 싶었던 곳, 가지고 싶었던 것이 있으면 여기에 기록해 둔다. 스스로 하고 싶은 것을 떠올리기 어려우면 인터넷에서 버킷리스트라는 단어를 검색해 보자. 수많은 사람들의 버킷리스트를 만날 수 있다. 그중에서 가슴 설레는 것들을 벤치마킹해도 좋다. 혹은 죽을병에 걸린 갑부 노인과 가난뱅이 노인이 우연히 같은 병실에서 만나 잊어버렸던 꿈을 찾고 실행에 옮기는 영화 〈버킷리스트〉를 감상해 보는 것도 자신의 버킷리스트를 찾고 성취하는 데 많은 지혜와 영감을 얻을 수 있는 좋은 방법이다.

○ 미래영역
-중기목표 필드

현재부터 사망예정일까지의 인생을 10~20년 단위로 계획하는 부분이다. 나이에 따라 나누는 기간의 단위가 다르게 할 수도 있다. 중요한 것은 자신의 느낌과 상황을 잘 고려해야 한다는 사실이다. 인생 미션과 비전이 전 인생을 관통하는 장기목표이고, 연간목표가 올 한 해를 대상으로 하는 단기목표라면 중기목표는 말 그대로 단기와 장기 사이를 이어 주는 중기전략이자 계획이다. 물론 계획한다고 계획한 대로 이루어지는 것은 아니다. 나보다 힘센 세상이 어떻게 변할지, 내 인생에 어떤 영향을 줄지 알 수 없기 때문이다. 하지만 그럼에도 불구하고 개괄적인 중기 단위의 계획은 필요하다. 세상의 시류에 따라 그때그때 수정하고 변화를 시도해야겠지만 대략 이즈음에는 결혼하고, 이즈음에는 대학원을 가고, 이즈음에는 2생의 비전을 찾고 등등의 개략적인 자기지침과 자기방향이 있어야지만 사전에 그것을 인지하고, 변화하는 세상과 궁합도 맞춰보면서 대비하고 준비할 수 있기 때문이다.

가장 윗부분에 있는 '년~년', '세~세' 부분은 각 기간을 구분하는 연도와 그 연도에 해당하는 나이를 기록하는 부분이다. 그 다음에 있는 [시기명]은 각 기간을 라이프 사이클Life Cycle로 보고 명칭을 부여하는 곳이다. 그 다음에 있는 [중기목표] 필드는 각 기간에 성취해야 할 목표를 정의하는 곳이다.

비전노트 대부분의 영역이 목표 투성이라고 생각하는 독자도 있을 것 같다. 사실이 그렇다. 어쩌면 비전노트는 목표를 정의하기 위해 만들어진 양식이라 해도 과언이 아니다.

전체 인생을 아우르는 장기목표를 설정하고 그것을 달성하기 위한 전략을 설정하며 그 전략을 달성하기 위한 중기목표와 단기목표를 설정해서 자기 인생을 목표 방향으로 일관되게 집중시키고, 시간과 노력의 투자에도 일관성과 효율성을 부여하기 위해 비전노트를 작성하는 것이다. 필자는 중기목표를 10년 단위로 설계 후 각 기간에 가장 중요하게 달성해야 할 목표를 설정했다.

다만 지난 과거임에도 0세~33세 부분을 이곳에 표시한 이유는, 진정한 내 꿈의 중요성을 인지하고 영혼의 생일을 맞이한 33세 이전의 후회 많은 삶을 늘 상기하고 미래를 열심히 살아갈 수 있는 자극제로 삼기 위해서다.

📋 비전노트의 구성

인생미션(인생목적, Why)		인생비전(인생목표, What)
이 세상을 위해 내가 존재하는 이유		미션 실현을 위해 달성해야 할 목표 (단계별 직업목표, 금전목표)
과거		현재
[연도 / 나이] 연혁	느낌과 영향	Ver 수정날짜 / 이메일주소
[/]		
[/]		
[/]		
[/]		현재 표현 사진
[/]		
[/]		
[/]		
[/]		
[/]		성공자산 현황분석 및 개선방안
[/]		〈지식: %〉 현황분석 → 개선방안
[/]		
[/]		〈인연: %〉 현황분석 → 개선방안
[/]		
[/]		〈자금: %〉 현황분석 → 개선방안
[/]		
[/]		〈성공습관: %〉 현황분석 → 개선방안
[/]		
[/]		〈실행력: %〉 현황분석 → 개선방안
[/]		
[/]		
과거현재 반성		핵심 성공요소

인생전략(실행방법, How)		연간목표	
비전을 실행할 방법	[ ] [ ] [ ] [ ] [ ]	[ ] [ ] [ ] [ ] [ ]	

미래										
사망예정일	잔여시간									
20 . . (예정수명 세)	10	20	30	40	50	60	70	80	90	100세

나의 헌법 = 생각습관 + 행동습관	Bucket List(죽기 전에 꼭 하고 싶은 일)	
	[ ] [ ] [ ] [ ] [ ] [ ] [ ] [ ] [ ] [ ] [ ] [ ] [ ] [ ]	[ ] [ ] [ ] [ ] [ ] [ ] [ ] [ ] [ ] [ ] [ ]

년 ~ 년				
세 ~ 세				
시기명				
중기 목표				

부담 없이 비전노트를 시작하자

비전노트는 처음 접하는 사람에게 꽤 당혹스런 양식이다. 회사에서 신입사원 대상 강의를 하면서 두 가지 방식을 취해 보았다. 처음에는 강의 후 각자의 선택에, 즉 회사의 업무가 아니라 본인의 선택에 맡기고 비전노트 양식을 배포해 보았다. 선배가 좋은 지혜를 나눠줬으니 자기 인생을 위해 한번 작성해 봤으면 한다는 요지의 설명과 함께 말이다. 한 기수 50여 명의 신입승무원에게 이처럼 권했을 때 과연 몇 명이나 작성할 것 같은가? 몇 차례 실험해 보았지만 단한 명도 없었다.

그래서 이번에는 방법을 달리해 보았다. "2주 이내에 작성해서 제 메일로 제출하시기 바랍니다!"라는 지시와 함께 비전노트 양식을 배포해 보았다. 이 경우에는 개인 선택이 아니라 상사에 의해 지시가 내려진 회사 업무가 된다. 과연 몇 명이나 제출할 것 같은가? 상상하신 대로 전원이 제출했다. 2주차 금요일 마감시간이 되면 전화도 몇 통 걸려온다.

"차장님 교육받느라 너무 바빠서 아직 작성하지 못했습니다. 죄송합니다. 정말 죄송하지만 이번 주말에 작성할 수 있도록 이틀만 연장해 주시면 안 될까요?"

안타까운 일이다. 자신의 인생에 대한 이기심이 그 어느 시대보다 강한 시대임에도 진짜 자신의 인생을 위하는 태도와 행동을 찾아보기 힘드니 말이다. 인생도 로또처럼 일확천금, 일확성공, 일확행복을 꿈꾸는 사람들이 많다. 연구와 고민, 땀과 눈물이 맺힌 생각과 행동에 의해서만 진짜 성공, 진짜 행복이 가능하다는 것을 불편해하고 부담스러워한다.

필자가 신입 후배들에게 비전노트 작성을 권했을 때나 지시했을 때나 한 글자, 한 칸도 달라진 것이 없는 100퍼센트 동일한 양식이었다. 하지만 자기 인생을 위해 스스로 해 보라고 했을 때는 단 한 명도 하지 않던 것을 회사 상사가 지시를 하면 100퍼센트 완수해 낸다. 이 지점에서 우리나라 자기계발 시장의 한계와 문제를 실감하게 된다. 회사에서 수시로 작성하는 수십, 수백 페이지의 기획서에 비하면 비전노트는 전혀 어려운 과제가 아니다. 단지 우리의 사고와 태도가 실천에 지레 장벽을 치고 있는 듯했다. 회사 상사로부터 1페이지 사업기획서 작성 과제를 지시받았다는 생각으로 작성해 보면 그렇게 어려운 과제가 아니니 꼭 한번 작성해 보시기를 권한다.(이 책의 부록에 비전노트를 작성해 볼 수 있도록 양식을 수록해 놓았다.)

단, 처음부터 완벽하게 하겠다는 욕심은 금물이다. 처음에는 일단 어설프게라도 한 장에 내 인생의 과거, 현재, 미래를 채워보겠다는 정도의 목표만 가지고 스케치하듯 초안을 완성해 보는 것이 좋다. 시작할 때는 '부담 없이!'가 최우선이다. 그래야지만 닻을 올리고 출항할 수 있기 때문이다. 그런 다음 예쁘게 칼라로 프린트해서 액자에 넣어 책상 앞에 놓아 두면 시간의 경과와 함께 자기가 알아서 성장한다. 매일 주인을 바라보며 '여기 좀 고쳐 주세요, 저기 좀 바꿔 보시죠?' 하면서 잽 펀치 같은 자극을 날려 준다. 이 잽 펀치를 자꾸 맞다 보면 자신도 모르게 절대영감 능력이 생기기 마련이다.

꿈을 늦게 찾은 필자가, 독서를 늦게 시작한 필자가 대기업에서 꿈과 독서에 대해 강의를 하고, 지금처럼 책까지 쓰게 된 것은 꿈과의 동거를 통해 얻게 된 절대영감 능력 덕분이다. 꿈과의 동거를 통해 내면에 잠든 거인을 깨워 보자.

02

메모노트, 자원이 미션을 향하게 하는 중앙통제센터

필자의 '메모노트'는 하루하루의 일상을 꿈을 향해서 계획하고 실행하고 평가하고 개선하는 도구이자 생활 속에서 떠오르는 모든 아이디어를 즉시 이곳에 기록해 두고 날마다 숙성시키는 아이디어 숙성창고다. 또한 꼭 만나고 싶은 사람, 꼭 읽고 싶은 책을 기록해 두고 틈틈이 음미하고 상기하면서 스스로 만날 기회를 만들어 가기도 한다. 대화 중에 혹은 독서 중에 혹은 기사나 잡지를 읽다가 문득 발견한 보고 싶은 영화, 가고 싶은 장소, 듣고 싶은 음악 등도 잊어버리지 않도록 그 즉시 이곳에 적어 두고 만날 기회를 모색하고, 만나게 될 기대와 설렘을 조장한다. 특히 아이디어, 업무개선 아이디어도 떠오르는 즉시 메모노트의 해당 필드에 적어 두고 콩나물 키우듯 매일 관심과 애정의 물을 주어 숙성시킨다. 쓰고 싶은 책의 제목, 강의하고 싶은 강의의 주제, 배우고 싶은 학문이나 운동도 생각나는 즉시 메모해 둔다. 한마디로 하루 생활의 종합통제센터라고 할 수 있다.

B5 정도의 작은 종이 '한 장'에 압축 정리함으로써 한눈에 모든 정보를 일람할 수 있고, 빈 여백과 포스트잇을 이용해서 언제 어디서나 메모노트에 곧바로 메모할 수 있으며, 집에 있는 컴퓨터에 엑셀 파일로 저장되어 있어서 10분~15분 정도면 간편하게 수정할 수도 있다. 그리고 포켓수첩 사이즈에 맞춰져 있어서 포켓수첩에 끼워 언제 어디를 가든, 무엇을 하든 곁에 두고 확인하고 메모하고 활용함으로써 모든 생활을 계획하고 통제하고 반성하게 하는 중앙통제센터 역할을 해주고 있다.

📝 일상의 중심 메모노트의 기능

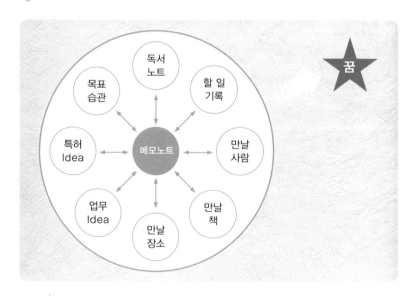

○ 메모노트
작성하기

메모노트가 하루 생활을 계획, 실행, 평가, 개선하는 '하루종합통제센터'로서의 역할이 가능한 이유는 '김상경의 메모노트' 구성을 보면 금방 이해할 수 있다. 달력에 의한 일정관리 및 일반 노트에 의한 회의내용 작성 등을 제외한 하루의 모든 할 일, 생각, 행동의 계획과 결과들을 이곳에 집결시키고 있기 때문이다.

📝 김상경의 메모노트

김상경의 메모노트 개인(17.02.28.화)	Dream Maestro	010-1234-5678/sangkyung.kim@gmail.com
나의헌법 = 생각습관 + 행동습관	**할 일 리스트**	**만남 ~ 책 사람 영화 장소 음악 시 그림**
1 내 천직은 학습과 나눔이다	★ 선택집중 + 하루3번 Star★List 암송	0 [꿈꾸는 자작 나무]박미림 / [퍼팩트워크]황중주
2 선구자의 외로움을 즐긴다	★ Focus + Fast + Simply. (바르게 빠르게 월때까지)	0 [나는 공짜로 공부한다] 살만 칸
3 내가 원하는 일에 올인한다	★ 사랑합니다 감사합니다 미안합니다 용서하세요	0 [넘버원 보다 온리원이 되라] 방송양
4 내 시선으로 산다	★ 된다 된다 나는 된다, 온다 온다 돈이 온다	1 [시간의 마스터] 한룡
5 큰그림을 먼저 그린다	절심참/주인정신/반복용미가 기억력이다	1 [심플한 정리법] 도미니크 로로
특허/업무/사업/커뮤니티 Idea	0 출판-7 Seeds/독립전쟁/사장연습/아빠를불러줘	2 [꿈이없는놈, 꿈만꾸는놈, 꿈을이루는놈] 정진일
0 신문스크랩다이 / 메모보드*펜	0 출판-항공사경영론/항공사취업론/캐빈야사(100명인터뷰)	2 [손정의 책] [노벨 책]
0 지혜꽂이	0 학습-주말중국어+저녁독서30분/이중수(네이버카페)	3 [경험과 교육] 쫀 듀이
1 차내훈육기(원통형)	1 여행-크리에이티브살롱9, 제주올레길,구인사(절),응달샘	
2 사업-엄마/아기인생기획,가족인생기획	1 가족-가족회의(가족목표Day,6~7시가족독서)	
	1 구입-서프운명함스케너/록욕룸	
	2 부자-LH/SH공사 보금자리주택, 공공주택, 국민임대	
강의/집필 Idea	2 비전-김포농촌진흥원교육/목포대학교수/자기계발학과	
0 [펄떡이는 꿈은 영혼의 심장이다!]	2 사업-[전현자]	
0 [불만이 리더십, 딸랑이 천국][독립전쟁]	2 지은-영어고전/현대문학/영어동화(음원)/프레닝수강	
1 [나는이렇게승무원이됐다](승무원 수기)	2 학습-직업상담사/MBTI/포토샵/영상편집/스케치/태국알롬	
2 [스피치+스케치+스토리 캠프](학습법)(창의력)		
2 [영화/팝송/연설 영어캠프] → 나기업책 선물		
배울것		
0 연극, 유머, 에니어그램, 디스크, NLP		
인테리어디자인,사진,스토리텔링,템버린,국어단어		
핸들랜차드,피아노,협상스킬,변화관리,셀프리더십		
참고정보		
미니프로젝트 PICO-S1B, STM가방(권성욱)		
totobrowser.co.kr 최신음악 다운로드		

메모노트의 구성

홍길동의 메모노트 (YY.MM.DD.요일)		인생미션 / 인생비전		010-1234-5678 / sangkyung@gmail.com	
나의 헌법 = 생각습관 + 행동습관		할 일 리스트		만날 – 책 사람 영화 장소 음악 시 그림	
1		★		0	
2		★		0	
3		★		0	
4		★		1	
5		★		1	
특허/업무/사업/커뮤니티 Idea		0		2	
0		0		2	
0		0		3	
1		1			
2		1			
		1			
		2			
강의/집필 Idea		2			
0		2			
0		2			
1		2			
2					
2					
배울 것					
0					
참고정보					

본격적으로 소개하기 전에 전제해 둘 것은 필자의 메모노트 구성은 지극히 필자의 비전과 상황, 가치에 의해 구조화된 결과라는 사실이다. 예를 들면 강의와 집필에 관심이 없는 독자라면 [강의/집필 Idea] 필드가 필요 없다. 마찬가지로 필자의 경우 독서가 인생에서 매우 중요한 가치이기 때문에 우측의 [만날 책/사람/영화~] 필드는 주로 책 이름으로 도배되는 경우가 많다. 반면 영화나 음악에 관심이 많은 사람이라면 이곳이 보고 싶은 영화, 듣고 싶은 음악 리스트 창고가 될 것이라 생각한다.

중요한 것은 내 모든 고민과 아이디어, 생각과 계획, 꿈과 희망을 한곳에 모아두고 매일 확인하고 음미한다는 사실이지 어떻게 구성되었는가는 개인마다 각기 나름이라는 사실이다. 그러니 이러한 메모 철학을 염두에 두되, 필자의 메모노트는 그 철학을 실천하기 위한 어느 한 개인의 방법이라 생각하고 취할 것은 취하고 버릴 것은 버리면 된다.

인생미션 / 인생비전 필드

메모노트의 상단 정중앙에 위치한다. 그 위치만으로 내 삶에 있어 생각과 행동의 기준이자, 맨 상위 핵심가치라는 것을 스스로에게 암시하고 있다. 비전노트에 이미 선언해 둔 꿈을 구태여 다시 메모노트에도 선언해 두는 이유는 하루하루의 모든 생각과 행동이 꿈을 향해 한 방향 정렬을 이루도록 하기 위한 나름의 장치다. 꿈은 할 일의 중요도와 긴급도를 가르는 평가기준이기 때문이다. 꿈은 읽을 책

과 만날 사람의 선택기준이기 때문이다. 꿈은 [특허/업무/강의/집필
Idea]의 구심점이자 발화점이다. 꿈은 절대영감의 우물이다. 나는 매
일 꿈이라는 우물에서 절대영감을 길어 올린다. 그러니 매일매일의
생활을 계획하고 실행하고 평가하고 개선하는 메모노트의 지배자는
꿈이어야 한다. 그래서 메모노트 중에서도 정중앙, 맨 상단에 모셔
두었다. 할 일의 우선 순위를 정할 때, 읽을 책을 선택할 때, 만날 사
람을 선택할 때 등 모든 생각과 행동을 선택하고 판단할 때 나침반
이 되도록 말이다.

비전 필드

메모노트 상단 좌측에 위치한다. 자신의 이름과 함께 메모노트를
수정한 날짜와 요일을 괄호 안에 넣어서 버전관리 수치로 사용하고
있다. 집에 있는 상자에는 수년 동안 사용했던 수백 장의 과거 메모
노트가 쌓여 있다. 이처럼 소중하게 보관 중인 자기유물도 메모광이
될 수 있도록 자극하고 독려해 주는 좋은 자극제 중 하나다.

전화번호 / 메일주소 필드

메모노트의 상단 우측에 위치한다. 수년 전 한 임원으로부터 전
화가 왔다. "김 과장! 뭐 잃어버린 거 없나?" 엉겁결이라 답을 못 드
리고 있는데, "네 수첩 내게 있다. 찾아가거라!"라고 하시는 것이었
다. 메모노트를 잃어버려 당황하고 있던 참인데 회사 임원으로부터
반가운 전화가 온 것이었다.

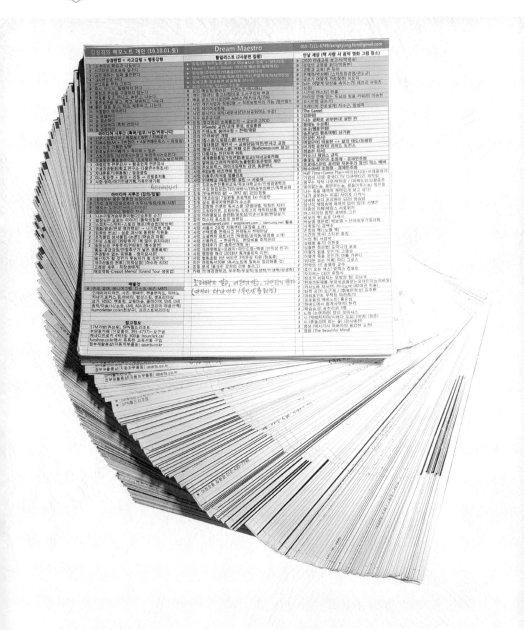

아마도 이 [전화번호/메일주소] 필드가 없었다면 있을 수 없는 일이었다. 그냥 간단히 할 일 몇 개, 약속 몇 개 정도의 메모가 아니라 내 모든 고민과 계획, 오래전부터 숙성시켜 온 수많은 아이디어가 쌓여 있기 때문에 신주단지 모시듯 하는데 잃어버렸으니 거의 멘붕 상태가 된 것이었다. 영원한 이별을 방지하기 위해 이 필드를 마련하게 되었다.

할 일 리스트 필드

[인생미션/비전] 필드의 바로 아래, 메모노트의 정중앙에 위치한다. 비전을 성취하기 위해서는 하루하루를 내가 장악해서 통제하고, 관리하는 것이 가장 중요하므로 메모노트 중에서도 정중앙에 있다.

[할 일 리스트]는 평소에 해야 할 일들의 저장창고 역할을 하고 있다. 그때그때 생각나는 일들을 [할 일 리스트] 필드의 아랫부분 여백에 메모하거나 포스트잇에 기록 후 붙여 두었다가 컴퓨터 메모노트를 수정할 때 [할 일 리스트] 필드에 업데이트한다. 메모해 두긴 했지만 이미 처리된 일 또는 메모했던 시점과 달리 그다지 중요하지 않은 것으로 생각되는 일은 컴퓨터 메모노트 업데이트 시 제외시킨다. 이와 같은 과정을 통해 종이 메모노트에 수기로 메모할 때 한번, 컴퓨터 메모노트에 업데이트할 때 다시 한 번, 자연스럽게 음미하고 평가하게 되는 효과가 있다. 아주 짧은 만남이지만 그 짧은 만남의 반복이 내가 해야 할 일을 뇌리에 각인시키고 행동으로 실천하도록 자극하는 효과가 있다.

여백이나 포스트잇에 기록해 두었던 할 일을 컴퓨터 메모노트에 업데이트할 때는 우선 할 일을 먼저 간단명료하게 입력한 다음, 할 일 하나하나를 음미하면서 중요도와 긴급도에 따라 바로 앞 셀에 ★, 0, 1, 2, 3을 표시한다. 별표(★)는 당장 해야 할 중요한 일 또는 항상 명심해서 체화해야 할 지식이나 습관 등을 의미한다. 때로는 꼭 바꾸고 싶은 나 자신의 고정관념이나 패러다임의 새로운 방향을 선언해 두기도 한다. 매일 끊임없이 보고 되새김하게 되는 환경을 만듦으로써 마치 자신을 세뇌시키는 것과 같은 효과를 만들어 낸다. 숫자 0, 1, 2, 3은 각각 할 일의 중요도나 긴급도를 의미한다. 이를테면 숫자 0은 매우 중요하고 긴급한 일, 숫자 1은 중요하고 긴급한 일, 숫자 2는 덜 중요하고 덜 긴급한 일, 숫자 3은 참고로 기록해 두어야 할 일 정도를 의미한다.

각 할 일별로 별표와 숫자를 입력한 다음에는 엑셀의 자동정렬 기능을 사용해서 정렬시킨다. 그리하면 중요하고 긴급한 일은 위로 몰리고, 덜 중요하고 덜 긴급한 일은 아래로 몰린다. 별표는 통상 숫자 다음으로 정렬되는데 별표 부분을 잘라내기를 해서 숫자 0 위쪽에 삽입시키면 ★, 0, 1, 2, 3 순서로 할 일들이 정렬된다. 별표와 숫자로 중요도·긴급도를 색인했지만, 더욱 강한 인식 효과를 위해 별표나 숫자 0이 있는 필드는 바탕색을 칼라로 채운다.

나의 헌법 필드

[할 일 리스트] 필드의 좌측 상단에 위치한다. 비전노트의 [미래]

영역에도 해당 필드가 있지만 아무래도 비전노트보다는 메모노트를 하루에도 수차례 반복해서 보기 때문에 이곳에도 표시해 두었다. 생각습관이건 행동습관이건 반복해서 음미하고 되새겨야 기존의 나쁜 생각습관, 나쁜 행동습관을 조금씩 밀어내고 좋은 습관으로 대체할 수 있기 때문이다.

특허/업무/사업/커뮤니티 Idea 필드

[나의 헌법]의 바로 밑에 위치한다. 특허 아이디어, 업무개선 아이디어, 사업 아이디어, 커뮤니티 아이디어 등이 떠올랐을 때는 곧바로 이곳에 기록한 뒤 숙성을 시작한다. 콩나물시루 속 콩에 매일 물을 주면 무럭무럭 콩나물로 자라듯, 이곳에 씨앗 아이디어를 파종해 두고 매일매일 관심과 애정의 물을 주면 무럭무럭 아이디어가 자란다.

핵심 아이디어라는 씨앗을 이 필드에 파종해 두면 내가 생각해 낸 아이디어에 생명을 불어넣고 싶다는 설렘과 열망이 절대영감을 자극하기 시작한다. 사실 최초의 핵심 아이디어 하나만으로 완성되는 제품이나 업무는 없다. 불편을 해소하기 위해 혹은 업무를 개선하기 위해 떠올랐던 최초의 아이디어(핵심 아이디어, 씨앗 아이디어)가 실제 제품이나 업무 개선으로 완성되기 위해서는 그것을 실행하기 위한 다양한 보조 아이디어가 필요하기 때문이다.

절대영감에 의해 다양한 영양제(보조 아이디어)를 매일매일 조금씩 부어 주면 콩나물시루 속 콩처럼 핵심 아이디어가 무럭무럭 자라난다. 핵심 아이디어의 복잡 정도에 따라 시간이 오래 걸릴 수도 있고,

며칠 만에 완성될 수도 있다. 누구나 아이디어는 떠올린다. 하지만 그 아이디어를 완성시킨 성공체험이 없으면 아이디어 발상은 습관화되지 않는다. 자신이 떠올린 아이디어가 하나 둘 특허에 등록된다거나 상사의 탄성을 자아내는 업무개선으로 이어진다거나 사업성이 검증된다거나 하는 경험을 하게 되면 그때부터 아이디어를 '발상→기록→숙성→완성'시키는 창조적 루틴이 습관화된다. 여기까지 와야 비로소 창조성 유무를 논할 수 있다.

필자가 이와 같은 과정에 의해 숙성시킨 대표적인 아이디어를 예로 들면, 실용신안 등록도 마쳤고 실제 판매도 이루어진 '수납형 책꽂이'가 있다.

📝 실용신안 등록번호 20-0413861 수납형 책꽂이 – 지혜꽂이

필자는 이를 '지혜꽂이'라 부른다. 하루 종일 앉아 있는 사무실 책상이 너무 비좁아서 늘 불편했다. 그러던 중 책상 위에 있는 모든 것을 올릴 수 있는 책꽂이를 만들 수 없을까 하는 핵심 아이디어가 떠올랐다. '핵심 아이디어'란 불편을 해소하는 핵심기능만 떠오른 상태의 씨앗 아이디어를 의미한다. 하지만 업무개선이나 제품개발로 완성되기 위해서는 수많은 보조 아이디어가 필요하다. 뜨거운 열로 청소를 하겠다는 핵심 아이디어만으로 '한경희 스팀청소기'가 제품화될 수 없듯이 말이다. 씨앗 아이디어가 성장해서 완제품 또는 업무개선으로 열매를 맺기 위해서는 반드시 숙성 시간이 필요하다.

그래서 필자는 핵심 아이디어가 떠오르면 무조건 메모노트의 [Idea] 필드에 적는다. 일단 이곳에 씨앗 아이디어를 파종해 두고 몇 달을 숙성시키다 보면 자잘한 보조 아이디어들이 떠올라 완제품의 상이 그려진다. '지혜꽂이'라는 씨앗 아이디어를 파종한 지 몇 달 만에 파워포인트로 완제품 도면을 그렸다. 집 근처 싱크대 공장에 부탁해서 첫 번째 지혜꽂이를 만들어 혼자 사용하기 시작했다. 책상달력, 책상시계, 비전액자, 서류뭉치, 전화기, 문구, 모니터 등이 지혜꽂이 위 아래로 들어가거나 올라갔다. 온갖 문구와 도구와 장비로 붐비던 책상 위에 창조적 여백이 생겼다. 그와 함께 생각에 여유와 자유가 생겼다.

얼마 되지 않아 필자의 책상 옆을 오가던 직원들에게서 주문이 들어오기 시작했다. 심지어는 아시아나항공 북경공항 지점장님도 3개를 주문하셔서 아시아나 항공편으로 북경에 수출까지 했다. 당시

대한변리사협회 회장이셨던 고영회 변리사님과 독서모임을 하고 있었는데 필자의 지혜꽂이 사진을 우연히 보시고는 직원용으로 12개를 주문도 하시고, 특허등록도 제안하셔서 실용실안등록까지 하게 되었다.

앞에서 사례로 든 '아시아나 메신저', '아시아나 드림 앙상블', '아시아나－땅끝마을 1사1군 교육기부 결연', '아시아나 독서스쿨' 등의 다양한 절대영감들이 날것의 아이디어Raw Idea 상태로 떠오른 다음 이곳 메모노트의 [Idea] 필드에서 시간을 들여 삭히고 숙성시켜 비로소 완전체로 탄생한 아이디어들이다.

다른 필드에 비해 자세한 사례를 든 이유는 우리 삶에 있어 아이디어의 창조, 숙성, 발화의 습관이 매우 중요하기 때문이다. 사다리를 한 칸 한 칸 성실하게 올라가는 것도 중요하지만, 중간을 생략하고 도약하는 창조성이 더욱 중요하다. 무작정 열심히 하는 것보다 창조적으로 열심히 해야 살아남을 수 있고, 성공과 행복을 쟁취할 수 있는 시대이기 때문이다. 그래서 본 메모노트를 기반으로 하는 '메모의 기술' 강의 시에도 단지 할 일과 약속만 적는 메모는 메모가 아니라는 철학을 역설하고 있다.

창조성, 즉 절대영감을 자신에게 장착시키고 싶다면 문득 떠오르는 소중한 아이디어를 사장시키는 우를 범해서는 안 된다. 모든 아이디어를 한곳에 집결시켜서 숙성시키고 발화시키고, 때로는 아이디어 간의 충돌과 융합을 통해 시너지를 만들어 내야 한다. 그것이 창조적 인간으로 거듭나는 지름길이다. 기업교육 역시 이러한 점을 직원들에게 각인시키는 것이 창조경영의 발화점이라 생각한다.

커뮤니티 Idea 필드

마지막으로 [커뮤니티 Idea] 필드는 벤자민 프랭클린의 준토(Junto, 비밀결사)나 나카지마 다카시의 키맨 네트워크처럼 변화와 성장, 성공과 행복을 함께 만들어가는 커뮤니티를 만들기 위해 일부러 분리해 둔 메뉴다. "사람이 답이다!", "기업경영은 사람경영이다!"라는 말은 내 인생경영에도 답이고 진리다. 그것도 한 사람 한 사람 찾고 만나는 것보다 내 비전분야, 내 희망분야, 내 전략분야, 내 역량분야에 관심과 역량을 가진 사람들과 함께 모였을 때 더욱 큰 시너지와 증폭이 일어나기 마련이다.

내 꿈을 위한 인연플랫폼을 만들어가야 한다. 필자는 다양한 인연 플랫폼에 참여하고 있으며, 때로는 직접 특정 주제나 목적의 인연 플랫폼을 만들어 운영하기도 한다. 매회 50~100여 명의 회원들이 참여하고 있는 독서포럼 마포나비소풍 회장, 《생각의 비밀》의 저자이자 4,000억대 자산을 이룬 재미 성공사업가 김승호 회장님의 제자들로 구성된 한국사장학교 독서포럼 트인북스 회장을 맡고 있는 것도 그러한 노력 중의 일부다.

참여하고 싶거나 새로 만들고 싶은 인연플랫폼이 떠오를 때면 이곳 [커뮤니티 Idea] 필드에 일단 적어 두고 다른 씨앗 아이디어처럼 시간과 애정을 부어가며 숙성시켜 간다. 그렇게 해서 만들었거나 참여했던 커뮤니티에서 만났던 인연들이 아시아나에서 독립한 지 채

1년도 안 된 필자가 이 엄혹하고 냉정한 사회에 연착하는 데 결정적 역할을 해주었다. 피붙이 가족도, 가족과 같은 우정을 가진 학교 친구도 해주지 못한 일을 말이다.

강의/집필 Idea 필드

[특허/업무/사업/커뮤니티 Idea] 필드 바로 밑에 위치한다. 사실 [특허/업무/사업/커뮤니티 Idea] 필드에 포함해도 되는데 필자의 꿈이 드림 마에스트로이다 보니 그 꿈을 실행하기 위한 핵심전략으로 강의와 집필이 중요해서 분리 독립시켰다. '일상 중에 이런 강의를 하고 싶다!'거나 '저런 글을 쓰고 싶다!'는 생각이 떠오르면 일단 이곳에 핵심 아이디어를 연상시키는 단어를 명명해서 기록해 둔다. 일단 이곳에 씨앗 아이디어를 파종한 다음 이름을 바꿔 보기도 하고, 내용을 첨삭하기도 하면서 서서히 아이디어를 완성된 실체로 만들어간다. 지면 관계상 그 이후 실체화 과정까지 자세히 설명할 수는 없지만, 강의와 집필 아이디어를 실체화하는 과정은 마인드맵을 주로 사용하고 있다. 필자의 경우는 대부분의 기능을 무료로 사용할 수 있는 '알마인드'라는 마인드맵 프로그램을 주로 사용한다.

배울 것 필드

[강의/집필 Idea] 필드 바로 밑에 위치한다. 이 필드 역시 필자의 꿈에 영향받은 바가 크다. 자기계발 전문가를 지향하고 있고, 인생경영은 회사경영에서 벤치마킹을 해야 한다고 굳게 믿고 있는 만큼

독서와 마찬가지로 배울 것도 두 분야를 오가며 하고 있다. 또한 강의나 집필에 도움이 되는 것들, 사진이나 악기를 배우고 싶다는 생각도 이곳에 적어 놓았다.

아이러니한 것은 남을 가르칠 만큼 지식이 많은 사람은 오히려 배울 것을 찾아 바삐 사는데 학습이 더 필요한 사람들은 오히려 관심이 없다는 점이다. 필자 역시 모임을 만들어 사람을 만날 만큼 사람 만나는 것을 무척 즐기고 있지만 배움의 즐거움, 자기발전의 기쁨도 무시할 수 없는 행복이기에 항상 배우고 싶은 것을 찾아 이곳에 메모해 둔다. 물론 메모해 둔 모든 것을 배울 수는 없겠지만 이렇게 메모해 두고 음미하고 반성하다 보면 몇 개는 분명 배울 기회를 만들어가기 때문이다.

만날 책/사람/영화/장소/음악/시/그림 필드

메모노트의 우측 열 전체다. 말 그대로 만나고 싶은 책, 만나고 싶은 사람, 만나고 싶은 영화, 만나고 싶은 장소 등을 찾아서 기록해 놓는 필드다. '만나고 싶은'이라는 단어를 쓰는 이유를 잘 생각해 봐야 한다. 내 행동은 생각의 지배를 받는다. 내가 어떤 생각으로 책을 보는가, 어떤 생각으로 사람을 만나는가, 어떤 생각으로 영화를 보고 장소를 찾아가는가에 따라 내가 받아들이는 감동과 영감의 깊이와 넓이가 달라진다.

'책은 사람이다!'라는 철학도 '만나고 싶은 책'이라는 철학과 일맥상통한다. 생각하는 인간은 무생물로부터도 창조적 영감을 우려낼 수 있어야 한다. 이 필드는 그런 곳이다. 책 속에서 책을 만나면 이 곳에 기록해 둔다. 읽은 책 중에 감동이 넘치는 책은 그 책의 저자 이름을 이곳에 적어 두고 만남을 기약한다. 그렇게 만난 작가가 여 럿이다. 이 책의 추천사를 써 주신 《육일약국 갑시다》의 저자 김성 오 대표님, 인생기획서 창시자 다카하시 겐코우 선생님, 《전방향 독 서법과 독서치료》의 저자 박연식 선생님 등을 그렇게 만났다. 내 영 혼과 육신에 영감과 휴식, 자극과 위안을 줄 수 있는 책, 사람, 영 화, 장소, 음악, 시, 그림 등등을 이곳에 기록해 둔다. 기록하는 순 간 그 수많은 콘텐츠가 내 인생의 동반자로 초대되는 셈이다.

○ 자신만의
메모노트를 만들어라

창조적 메모를 하기 위해서는 이상에서 소개한 메모노트 이외에 도 메모 보조 도구 및 사용 지혜가 필수다. 포스트잇의 메모적 활용 법, 필기도구로는 오로지 이 하나만 사용하는 4+1 볼펜샤프의 가치 와 사용법, 포켓수첩 선택법, 일정·약속 메모법, 소형 포켓수첩으 로 감당할 수 없는 회의내용을 기록, 분리, 정리, 활용하게 해주는 필기용 다이어리 선택법 및 사용법 등 말이다. 하지만 본서는 '인생 경영학 개론서'로 생각하고 쓴 책이기 때문에 각각의 자기자원 관리 법 및 도구에 대해 세세히 다루는 것은 한계가 있다.

다짐해 두고 싶은 것은 필자의 형식에 구애받지 말고 그 개념과 취지, 철학을 잘 음미해 보고 자기만의 메모노트로 만들어 보았으면 한다는 점이다. 우리나라 사람들은 메모를 잘 하지 않는다. 메모를 좀 하는 사람도 주로 할 일 아니면 약속 정도 기록하는 것을 메모라고 생각한다.

하지만 메모는 그렇게 단순한 것이 아니다. 전술한 바와 같이 메모노트는 하루하루의 내 삶과 내 자원의 중앙통제센터다. 나의 성공과 행복을 위한 내 생각, 내 행동, 내 아이디어를 기록하고 평가하고 음미하고 숙성시켜서 일신우일신日新又日新하게 해주는, 말로 표현할 수 없을 정도로 중요한 자기계발의 중심축이 메모다. 메모에 대한 패러다임 전환이 첫 번째 과제다. 그 다음이 노하우다. 처음에는 필자의 것을 그대로 복사해서 사용해도 좋지만, 항상 자기만의 인생과 가치관, 개인적 성향과 상황, 업무적인 특성 등을 고려해서 자기에게 커스터마이즈된 자기만의 시스템을 만들어야 한다. 그러다 보면 자신도 모르는 사이에 습관화돼서 입력하는 부담은 줄고 활용가치는 극대화되는 시기가 분명 오게 될 것이라 확신한다.

03

독서노트,
지식이 삶 속에
메아리치게 하라

     독서가 왜 필요할까? 매우 원론적인 질문이다. 간단히 정의하면 성공과 행복을 위해서이다. 그러나 안타깝게도 우리나라 사람들의 독서는 아이들은 성공독서, 어른들은 휴식독서로 양분된 듯하다. 그마저도 많이 읽지도 않지만 말이다. 그나마 좀 읽는다 싶은 아이들은 책이 주는 영감과 묘미보다는 공부의 연장선상에서 강제독서를 하는 경우가 많다. 좀 읽는다 싶은 어른들도 온 세상의 지혜를 품은 책을 그저 휴식을 위한 도구 중 하나로 생각하는 경우가 많다.

  실제 삶에 다양한 국면과 요소가 있는 것처럼 책은 그 속에 다양한 국면과 요소를 담고 있다. 그러니 일상에서 몸으로 삶을 체험하듯 책을 볼 때도 글로 삶을 체험하듯 읽어야 한다. 내 삶이 단조롭지 않은 만큼 나와 세상을 이해하기 위해, 꿈을 찾기 위해, 효율적인 삶을 위해, 에너지를 얻기 위해, 위안과 휴식을 얻기 위해 책을 읽어야 한다. 하지만 우리는 지독히도 '읽지 않는 사회'에 살고 있다. 내가 처한 이와 같은 환경을 생각하면 먼저 책을 읽어야 하는 이유를 구체적으로 정리해 보고 반복적으로 음미해서 나에게 책을 읽고 싶은 설렘과 자극을 조장해야 한다.

○ 독서노트
탄생기

독서노트는 파트 2에서 전술한 '독서는 왜 필요할까?'의 해답으로 제시한 다양한 독서의 선물과 과실을 좀 더 효율적으로 얻으려는 노력의 산물이다. 한국에서의 대기업 생활이라는 것이 늘 바쁘고 정신 없다 보니 독서에 늦바람이 들었음에도 독서를 습관화하기가 쉽지 않았다. 그래서 어렵게 실천하는 독서의 효과성을 극대화하기 위해 만날 책을 선택하는 단계에서부터 심혈을 기울이게 되었고, 그렇게 조심스럽게 인연을 맺은 책은 될 수 있으면 한 번 읽어도 제대로 읽는 방법들을 끊임없이 고민하게 되었다.

처음에는 오래전 기억을 되살려 초등학교 때 선생님의 강제에 못 이겨 작성했던 독후감을 다시 시작해 보았다. 하지만 독서도 어렵게 실천하고 있는 직장인에게 독후감 작성은 너무 야무진 도전이었다. 목표가 너무 딱딱하면 깨지기도 쉽다. 절대 결석하지 않겠다고 다짐하며 영어학원에 등록했다가 하루, 이틀 결석하게 되면 목표가 깨졌다는 핑계로 학원 가는 것 자체가 시들해져 버리는 것처럼, 지나치게 야무진 목표인 독후감이 자꾸 독서 포기를 유혹하는 것이었다.

어떤 계기였는지 기억은 잘 나지 않지만, 어느 날 문득 읽은 책의 감동을 평가하고 색인하는 정도의 체크리스트를 만들어 보자는 생각을 하게 되었다. 사실 독후감을 쓰는 이유도 읽은 책의 감동을 되새김하고 음미해서 저자의 감동을 내 삶의 감동으로 복제하고자 하는 것이니 조금 약식이긴 하지만 글로 음미하지 않고 머리로 회상해서 평가하고 색인하는 독서노트도 일종의 독후감이 아닌가 생각했던 것 같다. 독후감을 쓰는 것에 비해 부담도 훨씬 줄고 말이다.

📝 20여 년간 실천해온 김상경의 독서노트

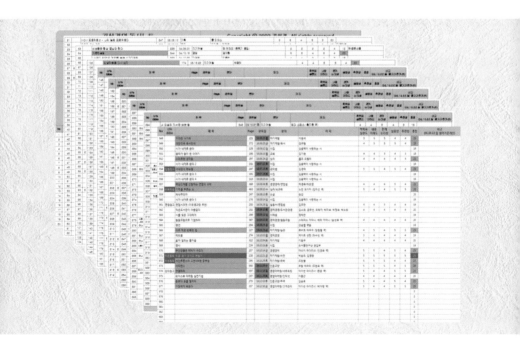

○ 독서노트의
효과

전술한 바와 같이 독서노트는 독후감의 대안이었다. 독후감이 가지고 있는 효과성, 즉 감동의 음미와 구조화를 통한 자기화라는 효과와 함께 독후감이 가지고 있는 비효과성, 즉 많은 시간의 소요라는 두 측면을 고려해서 만든 것이 독서노트다. 독후감처럼 많은 시간을 들여 작성하는 만큼의 강도 높은 자기화는 기대하기 어렵지만, 독후감 대비 작성시간은 비약적으로 줄어들기 때문에 상대적으로 평가해 보면 훨씬 효율적인 방법이라 할 수 있다. 게다가 사람들이 아무런 비판적 수용 없이 독후감만을 쓰고 있을 때 이 새로운 형식의 독서노트가 필자에게 준 다양한 부대효과를 생각하면 독후감보다 오히려 훨씬 가치 있는 독서활동이라는 생각마저 들 정도다.

아울러 필자만의 독서법을 개발해서 독서라는 일회성 행위를 12번의 만남으로 분화시킴으로써 독후감을 쓰는 것보다 더욱 강한 자기화 효과를 독서단계 내에서 구현시켰다. 그 증거가 30대 중반에 독서를 시작한 늦바람 독서가가 불과 3~4년 만에 대기업에서 독서법을 강의하고, 급기야 독서법 책을 출간하는 수준에 다다랐다는 사실이다. 그러니 자신의 진정한 꿈을 찾아 지혜롭게 몰입하고 싶은 독자라면 이제부터 이야기하는 독서노트의 가치와 효과를 음미해 보고 자신에게 맞게 벤치마킹해 보았으면 한다.

독서노트의 효과 1 | 색인과 각성

우선 독서노트의 1차적 효과는 감동평가를 통한 감동의 색인 및 각성 효과다. 책을 다 읽은 다음 그 책의 가치를 평가하려 하면 자연스럽게 회상과 되새김이 이루어진다. 그것도 정교하게 설계된 여러 가지 평가기준에 의해 평가를 하다 보면 각각의 기준과 관점에 의해 책이 준 지혜와 자극, 영감과 열정을 다각도에서 되새기게 되고 음미하게 된다. 심지어는 책을 읽는 동안에도 독서노트의 평가기준이 작동해서 모처럼 읽은 책의 깊이와 넓이를 좀 더 예민하게 느끼게 해준다. 뿐만 아니라 책을 선택하는 단계에서도 그 평가기준이 현명한 선택을 도와주게 된다. 즉, 독서노트의 1차적 효과는 나만의 평가기준에 의해 내가 선택할 책, 읽고 있는 책, 다 읽은 책의 감동을 민감하게 음미하고 되새기게 해주는 일이다.

독서노트의 효과 2 | 독서 욕구 자극

두 번째 효과는 독서 자극 효과다. 초기에는 몰랐지만 독서노트에 한 권, 두 권 읽은 책의 수량이 쌓여가자 그 자체가 기氣를 뿜는 느낌이 들기 시작했다. 현재 필자의 독서노트는 가는 줄로 빽빽이 정리해서 총 17페이지다. 신설된 인터넷 마케팅 조직에 배치된 것이 2000년도였는데 인터넷 업무를 가르쳐 줄 선배도 한 명 없고, 참조할 문서도 한 장 없었다. 사내이력서에 의해 사내 인터넷 전문가 1등이라는 영광을 안고 뽑혀 갔는데, 당시 인사팀 실무자의 귀띔에 의하면 전적으로 '이력서를 잘 써서'였다.

늘 조연 같았던 조종사 자격심사 부서로부터 자력으로 빠져나온 행운아였지만 과대포장이 내 발등을 찍기 시작했다. 업무를 배울 만한 문서가 한 장도 없었다. 상사에게 뭐 좀 물어보면 "네가 1등이잖아?" 하는 반문만 돌아왔다. 생존에 위협을 받던 그 시절 유일하게 기댈 곳은 책밖에 없었다. 지금 생각해 보면 이른바 '생존독서'를 하게 된 것이었다. 그때부터 읽기 시작한 독서가 쌓여 17장의 빽빽한 독서노트가 만들어진 셈이다.

독서노트를 보고 있으면 기특함 같은 감정이 느껴진다. '생존을 위해 어쩔 수 없이 시작한 독서습관을 잘도 지켜왔구나' 하는 뿌듯한 기분 말이다. 이처럼 자신의 오랜 땀과 노력의 구체적 증거인 독서노트는 현실이 바쁘고 힘들더라도 이 소중한 습관을 계속해야겠다는 자기자극, 자기독려 효과를 선물해 준다. 늘 하는 이야기지만, 생각하는 인간은 무생물을 통해서도 영감과 자극을 우려내곤 한다. 그렇다면 내게 영감과 자극을 주는 환경을 스스로 구축해서 내 주변에서 나를 돕고 독려하도록 하는 것이 내 인생에 대한 나의 의무이자 도리다. 스스로 자신의 맹모가 되어 맹자의 서당을 자기주변에 수시로 만들어 줘야 한다.

독서노트의 효과 3 | 모범이 되고 유산이 된다

세 번째 효과는, 모범의 유전 효과다. 많은 어른들이 자기 인생이 진지하면 재미없다고 생각하면서 자기 아이들은 제발 좀 진지하게 살았으면 하고 바란다. 자기는 꿈이 없으면서 자기 새끼에게는 꿈이 없는 놈이라고 혼을 내고, 자기는 하루 종일 TV를 보며 뒹굴면서 발끝으로 아이를 툭툭 치며 "독서실 안 가냐?"라고 호통을 치고는 한다.

선천적 유전보다 후천적 유전이 중요하다. 선천적 유전은 쾌감으로 만들어지지만, 후천적 유전은 고난을 감내해서 만들어 줘야 한다. 후천적 유전인 바람직한 삶의 모습을 보여 주지 못하면서 '내 아이를 세상 그 무엇보다 사랑한다'고 생각하는 것은 착각이고 오만이다. 독서노트를 만들 당시에는 독서노트가 본래의 용도 이외에 어떤 선물을 줄 것이라고는 전혀 생각하지 못했다. 그러한 목적이 있었다거나 그만큼 자기계발에 조예가 깊었던 것도 아니니 당연하지만 말이다. 하지만 독서에 몰입하면서 내 아이가 그 모습을 보고 있다는 사실이 문득문득 느껴졌다. 그래서 독서습관을 물려받게(유전) 된 우리 아이도 7세 때 독서노트를 쓰기 시작했다. 아이와 함께 엑셀로 독서노트를 만들었고 아이 혼자 프로그램을 열어 [하고 싶은 이야기] 필드에 문구를 입력했다.

좋은 책을 아주 많이 읽어서 잘 기록할 것이다.
그리고 아빠, 엄마 10권 읽으면 영화 보여 주신다 했죠?
잊지 마세용!

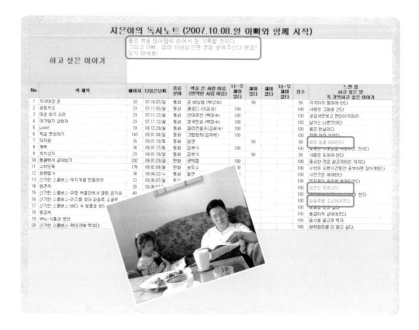

아빠의 독서노트는 [책목표실현도], [내용이해도], [전개논리성], [실용성], [추천성] 이라는 5가지 평가기준을 설정해서 각각에 5점씩 25점 만점으로 감동을 평가, 색인하고 있는데 딸 지은이는 그런 말은 너무 어렵다며 평가기준을 [너~무 재미있다], [재미있다], [재미없다], [너~무 재미없다]로 해달라고 했다. 그러고는 그 아래에 왜 또 100점, 90점이라고 점수를 쓰는 건지, 그걸 보며 한참을 웃었다.

마지막 열은 초미니 독후감이다. 지나치게 야무진 목표는 그 목표를 지레 포기하게 만든다. 한두 번 결석해서 목표가 틀어졌다며 그냥 포기해 버리는 것보다는 일 년에 몇 번 결석하더라도 영어 학원을 계속 다니는 것이 훨씬 바람직하기 때문이다. 어른도 독후감 쓰기가 쉽지 않다는 것을 필자 자신의 체험을 통해 잘 알고 있었고, 완벽한 독후감을 쓰려다가 힘들어서 중도에 포기하는 것보다는 독서노트 작성 습관을 길게 가져가는 것이 훨씬 가치 있다고 생각했다. 또한 책 한 권의 감동을 한 문장의 카피로 정의해 보는 것도 아이에게 큰 경험이 될 것이라는 생각 등등에 의해 책 한 권의 느낌을 한 문장으로 정의해 보라고 했다. 그중 일부다.

7	의자왕	왕은 일을 해야 한다.
14	참견 씨	참견은 짜증난다.
16	리즈를 찾아 파충류 소굴로	파충류를 조심해야겠다.

어린 아이가 써 놓은 이 글을 보면서 집사람과 한참 웃었다. 이런 것이 행복이 아닌가 하는 생각이 든다.

진한 색 라인은 10권 단위, 영화를 보여줘야 하는 라인이다. 아이가 노래방을 좋아하는데 어떤 날은 다가와서 묻는 것이었다.

"아빠, 30권 읽으면 노래방 가고 싶어."

아직 어리다 보니 자기가 그런 이야기를 하지 않아도 노래방은 원래 가는 것이라는 사실을 몰랐던 모양이다. 이야기를 해주고 싶어 입이 간질간질했지만 간신히 참았다. '네가 아빠의 조작에 넘어가고 있구나!' 하는 흐뭇한 미소만 돌려주었다. 어느 날은 "아빠, 100권 읽으면 기차여행 가고 싶어" 해서 그해 여름 정선에 레일바이크를 타러 갔는데, 무더위 속에서 가족을 태우고 레일바이크 돌리느라 다리에 쥐가 났지만 내 인생에서 가장 행복한 순간 중 하나였다.

내 아이가 나의 모범을 통해 올바른 가치관과 긍정적 습관을 만들어가고 있다는 사실을 내가 느끼는 그 순간이 어쩌면 부모로서의 인생에서 가장 행복하고 뿌듯한 순간이 아닐까. 췌장암으로 죽음을 불과 몇 달 앞두고 있었던 랜디 포시 교수가 부인의 극렬한 반대에도 불구하고 '마지막 강의'를 준비할 수 있었던 마음이 곧 이러한 부모의 마음이 아닐까. 오프라 윈프리 쇼에 초대되어 강의를 마치고 무대를 내려가면서 그는 마지막 강의를 준비했던 진짜 이유를 말한다.

이 강의가 많은 사람에게 도움이 되었다니 기쁘지만 사실 이 강의는 제자들을 위해 준비한 강의가 아니었습니다. 바로 세 사람을 위해 준비한 것입니다. 그 애들이 자라면 이 강의를 보게 될 것입니다.

그리고는 아빠가 살아가는 모습을 보지 못하고 자라게 될 어린 세 자녀의 사진을 스크린에 띄우며 무대를 내려간다. 수년이 지난 지금도 이 영상을 보면 눈시울이 붉어진다. 그 당시에는 자꾸 눈물이 날 것 같아 강의 중에 틀어 주는 것도 힘들었다. 물론 그에게 비할 바는 못 되지만, 내 작은 실천의 결과가 아이의 가치관과 습관에 큰 영향을 미친다는 사실은 내가 기운을 내서 열심히 살게 해주는 큰 이유 중 하나다.

아마도 이와 같은 부모의 마음은 누구나 한결같기에 수백 명의 아시아나항공 직원들이 필자의 독서노트와 함께 딸 지은이의 독서노트를 받아갔을 것이다. 어떤 승무원은 필자의 강의에 충격을 받아 아이 책을 무려 8천만 원어치나 주문해서 응접실에 도서관을 만들었고, 그녀의 아이도 지은이의 독서노트를 실천하고 있다는 전언을 들었다. '8천만 원이라니……' 한 번에 구매하기에는 너무 많은 수량이라 필자도 놀랐지만 분명 그 아이에게는 나의 자극에서 비롯된 엄마의 선택이 삶의 변곡점 중 하나가 될 수도 있겠다는 생각을 해 본다.

독서노트의 효과 4 | 감동의 나눔과 공유

네 번째 효과는, 바로 위에서 언급한 감동의 나눔과 공유의 효과다. 독서에 관심은 있지만 실천을 잘 하지 못하고 있다가 필자의 독서노트를 보고서는 자극을 받아 실천하는 사람들을 심심치 않게 보았다. 위의 모 승무원처럼 아이의 독서습관 때문에 고민하던 중에 지은이의 독서노트에 영감과 자극을 받아 자신의 아이도 그대로 따라 하기 시작해서 지금까지 실천하고 있다는 이야기도 종종 들려 온다. 동료들과 동료들의 아이에게 내 작은 실천의 결과가 큰 영감과 자극이 되고, 어떤 아이에게는 삶의 변곡점이 되었다는 감사 인사를 받을 때면 큰 보람이 느껴진다.

더러, "차장님 독서노트는 필요 없구요. 아이 것만 보내 주시면 돼요!" 했다가 필자에게 혼쭐나는 엄마들도 있다. 내가 싫고 부담스러우면 아이도 싫고 부담스러운 법이다. 내가 가장 사랑하는 존재가 꼭 실천하기를 바라는 습관이 있다면 아빠, 엄마가 함께 도전하는 것이 정답이다. 그 안에서 서로에게 자극과 독려가 되고 신뢰와 행복이 자연스럽게 우러날 것이다. 그럼 필자의 독서노트 작성법을 간략히 소개해 보겠다.

Life Bible 필드

읽은 책이 너무 좋다거나 특정 분야에 꼭 참고해야 할 책인 경우 이곳에 간단히 색인한다. 5가지 평가기준으로도 그 책의 가치를 다 표현할 수 없는 경우에 이곳에 표시해 두는 필드다. 내 인생의 바이블로 삼을 만한 책이다 싶으면 '바이블'이라고 표시하고, 자녀교육 분야에 바이블이라는 생각이 들면 '자녀교육'이라고 표시해 두는 것처럼 말이다. 어떤 책은 강의로 개발하고 싶어 '강의개발'이라고 색인해 두기도 하고, 추가로 학습이 필요한 책 같으면 '추가학습'이라는 키워드를 입력해 두기도 한다. 한정된 필드 넓이 때문에 [Life Bible]이라고 명명했지만, 실제 독서 후 검증된 책을 미래에 어떤 목

📝 독서노트의 구성

No	Life Bible	제목	Page	완독일	분야	저자(역자)
1						
2						
3						
4						
5						

적으로인가 활용하기 위해 색인해 두는 필드라 생각하면 된다.

제목 필드

말 그대로 책의 제목을 입력하는 필드다.

Page 필드

책의 페이지 수를 입력하는 필드다. 그다지 큰 의미가 있는 것은 아니지만 내가 읽은 책의 페이지 수가 얼마나 되는지 참고하기 위해 입력하고 있다. 아울러 독서노트의 맨 아래 행에는 읽은 책의 전체 페이지 수가 자동 합산되도록 설정해 두었다. 살아가면서 내가 읽은 책의 총 페이지 수가 얼마나 되는지를 구체적 수치로 합산해서 보여 줌으로써 작은 독서자극 효과, 독서보람 효과를 의도하였다.

책목표 실현도	내용이해도	전개 논리성	실용성	추천성	총점	비고

완독일 필드

책을 다 읽은 날짜를 입력하는 필드다. 필자는 책을 읽기 시작할 때 표지 뒤 여백 페이지 상단에 '제1독 : 연월일 요일~연월일 요일'과 같은 형식에 의해 해당 책의 독서 기간을 기록해 둔다. 이중 완독일을 독서노트의 완독일에 그대로 입력해 둔다. 독서 기간을 표시하는 이유는 스스로 독서습관을 자극하기 위한 여러 장치 중 하나이기도 하고, 시간이 흘러 과거에 내가 읽은 책 중에서 참고가 필요할 때 언제 읽은 책인지 참고할 수 있는 정보가 되기도 한다.

분야 필드

책의 분야를 입력하는 필드다. 소설, 수필, 자기계발 등으로 대분류하는 경우도 있고 좀 더 세밀하게 '자기계발/시간관리' 등까지 분류해서 입력해 놓는 경우도 있다. 강의나 글을 쓰는 사람이라면 이런 분류코드가 정보를 활용하는데 매우 유용하다는 것을 잘 알고 있다. 한편으로는 내가 읽고 있는 분야의 비율과 추이를 보여 주는 참고 정보 역할도 한다. 아울러 이 독서노트를 선물받은 사람들은 이 필드에 의해 자신의 관심분야 중에 필자가 크게 감동받은 책이 어떤 책인지를 가장 먼저 찾아보는 것 같다.

저자 필드

저자의 이름을 입력하는 필드다. 번역서인 경우는 '저자명(역자명)' 형태로 입력하고 있다. 우선은 내게 감동을 준 책의 저자를 이해하는 것도 중요한 독서과정 중 하나이기 때문에 책의 저자를 소중하게 다루는 측면도 있고, 읽은 책에 대한 정보를 자유자재로 활용하기 위해서도 책의 제목과 저자명 정도는 알고 있어야 하므로 늘 저자명을 소중하게 다루고 있다. 특정 저자의 팬이 되어 그 저자가 쓴 책을 다 읽는 독서가도 있듯이 자기가 추구하는 분야에서 일가를 이룬 사람이 있다면 그 사람의 책을 모두 읽어보는 것도 좋은 독서법이라 생각한다.

감동평가 필드

읽은 책이 준 감동의 강도를 되새김하면서 평가하는 필드다. 독자들도 나름대로의 평가기준을 설정해 보았으면 한다. 변천의 과정이 있었지만, 현재 기준 필자의 감동평가 기준은 [책목표실현도], [내용이해도], [전개논리성], [실용성], [추천성]이다. 각각 5점 만점으로 총 25점 만점이다. 일상에서 우연히 만나 내 꿈과 희망과 관심 분야에 좋은 책이라는 설렘으로 메모까지 해두었다가 구매해서, 정성스럽게 읽은 책인데 그러한 기대 및 설렘과 비교했을 때 책의 감동이 목표수준에 다다랐는지, 내용은 이해하기 쉬웠는지, 전개는 논리적으로 되어 있는지, 실제 내 삶에 적용할 만한 가치를 가졌는지, 다른 사람에게도 추천할 만한 보편적이고 본질적인 가치를 가지고 있는지를 평가한다. 지극히 주관적인 평가이기 때문에 어쩌다 그 책을 쓰신 분에게 이 자료가 전해져 결례가 될까 봐 온라인으로는 공유하기가 부담스러울 때도 있다.

독서노트에는 3개의 컬러 라인이 있다. 흰색 라인의 책은 보통 책이다. 배신감을 준 책 혹은 기대와 설렘에 부응하지 못한 책으로 20점 이하, 즉 80점 이하의 책들이다. 핑크 라인의 책은 좋은 책이다. 기대와 설렘에 부응하기는 했지만, 감동까지는 다다르지 못한 책들로 21~24점, 즉 81~99점의 책들이다. 마지막으로 붉은색 라인의 책은 위대한 책이다. 내 인생의 바이블이며, 작가는 내 삶의 인생멘토라고 할 수 있을 만큼 큰 감동을 준 책으로 25점, 즉 100점 만점의 책들이다. 단순히 색깔을 입혔다고 생각할 수도 있지만, 인간이 이미지와 스토리로 사고한다는 것을 감안하면 이 작은 장치 하나가 각각의 책이 가지고 있는 감동의 강도에 이미지와 스토리를 입히는 장치라는 것, 그만큼 감동 수용자인 내게 큰 각인효과를 주는 장치 중하나라는 점이다.

독서노트에서는 이 평가필드가 핵심 중 핵심이다. 독서노트의 기능이 감동의 평가를 통한 색인 및 각인 효과에 있기 때문이다. 전술한 바와 같이 5가지의 다양한 평가기준이 다양한 각도에서 책 내용을 회상하고 음미하고 되새김하게 해준다. 물론 이로 인해 편향성이 생길 위험도 없진 않지만 말이다. 그리고 소설, 수필과 같은 순수 문학서는 이런 평가 잣대로 가늠할 수도 없고 그리해서도 안 되기 때문에 5가지 평가기준 셀은 모두 병합해서 비워두고 마지막 총점 필드에만 전체적인 영감과 감동의 느낌을 수치로 평가해 두고 있다.

비고 필드

활용 방안이나 참고할 내용 등이 있을 때 간단히 입력해 놓는 필드다. [비고]라는 말 그대로 특별히 필요가 있을 때만 해당 내용을 간략히 입력해 두고, 대부분은 빈 상태의 필드다.

○ 내 삶 속에서 감동이
메아리치게 하는 독서법

필자의 독서법 12단계 중 9단계인 독서노트만 소개하는 데도 많은 페이지가 소요되었다. 즉, 독서노트는 독서단계의 한 부분일 뿐이다. 책을 만나고 메모하고 구매하고 선택하고 표지와 목차 등을 통해 숲을 보고, 안으로 들어가 본문을 읽으면서 벌목할 나무(감동)를 색인하고, 그렇게 색인해 둔 감동들을 앞표지 뒤 여백 페이지로 벌목하는(뽑아내는) 등등 한 권의 책과의 만남을 잘게 쪼개 짧은 만남을 반복하는 과정에서 저자의 감동이 내 삶 속에서 메아리치게 하는 독서법이 필자만의 독서법이다. 아시아나 독서스쿨에서 이 전 과정을 강의하는 데 매주 2시간씩 꼬박 7주가 걸렸다. 그래서 인생경영학 개론서라고 할 수 있는 이 책에서는 그 목적에 맞게 자기자원 관리 시스템 중 중요한 도구의 하나로 독서노트만을 잠시 살펴보았다.

책 끝에 부록으로 그동안 작성한 독서노트를 수록했다(Life Bible 필드는 제외했다). 나의 꿈의 코치이자 인생멘토가 되어준 책 목록을 확인할 수 있다. 또한 독서노트를 직접 작성해 볼 수 있도록 양식도 수록해 보았다. 필자만의 독서법이 만들어진 시초가 독서노트인 만큼 이것만으로도 큰 가치와 효과가 있다고 생각한다. 독서법 전체 과정에 대한 자세한 이야기는 '독서의 향기' 강의 또는 이 책 다음으로 출판하기 위해 집필 중인 '독서론'에서 다룰 예정이다.

04

인연노트,
관계를 숙성시키고
귀인을 알아보는 힘

필자는 인연관리라는 말이 참 좋다. '인연'이라는 말에는 뭔가 고향의 맛처럼 살갑고 구수한 느낌이 있다. 단순하게 생각하면 인연관리도 인맥관리와 마찬가지로 내 주변의 인간관계를 넓히고 관리한다는 의미 같지만, 필자가 이야기하는 인연관리는 인맥관리와는 근본적으로 차이가 있다.

인맥관리는 자신의 이득을 목적으로 비즈니스적인 인간관계를 넓혀가는 느낌이 강하다. 그러나 필자가 이야기하는 인연관리는 지식과 경험, 지혜와 열정, 신뢰와 사랑 등을 서로 주고받을 수 있는 사람들과의 끈끈한 관계 만들기를 의미한다. 그러니 인맥관리를 하고자 했을 때의 주요 대상과 인연관리를 하고자 했을 때의 주요 대상이 많이 다르다.

필자가 욕심내는 인연의 첫 번째 조건은 신뢰감이다. 자신의 작은 이득을 위해 가까운 사람을 배신하거나 이용하는 사람이 아니라면 일단은 사귀어 볼 만한 사람이라고 생각한다. 두 번째는 열정이다. 곁에 있으면 열정 냄새가 풀풀 나는 사람이 좋다. 당연히 그를 만나면 나도 덩달아 삶에 대한 열정이 생겨난다. 세 번째는 삶에 대한 진지함이다. 삶에 대한 진지함이 없으면 인생의 소중한 시간을 가치 있게 활용하기 힘들고, 지식이나 경험을 나누는 만남보다는 농담이나 오락을 위한 만남이 되기 쉽다. 소모적인 농담이나 오락일지라도 신뢰와 열정과 진지함을 가진 친구와 하는 것이 훨씬 즐겁고 행복하다. 네 번째는 지식과 경험이다. 자기분야에 대한 지식과 경험을 깊고 넓게, 성실하게 쌓아 가는 사람을 만나서 내가 겪을 수 없는 다른 세상, 다른 인생을 느껴 보고 경험해 보고 싶다.

위의 4가지 조건을 갖춘 사람 가운데 필자의 꿈과 관계가 깊은 분야의 사람이 필자에게 가장 소중한 인연관리 고객이다. 필자는 책을 읽는 것도 인연관리의 한 영역이라 생각한다. 책을 통해서 저자를 만나기 때문이다. 그렇다고 필자가 반드시 얻고 배울 게 있는 사람만을 한정해서 인연관리를 하는 것은 아니다. 필자가 중요하게 생각하는 가치들에 대해 진지하게 고민하고, 열정적으로 살아가는 후배라면 초등학생이건 대학생이건, 사회 후배건 회사 후배건 좋은 인연이 될 수 있다고 생각한다. 내가 직접 경험한 과거도 나 자신의 밑거름이지만 지금 젊은 시절을 경험하고 있는 후배들의 지식과 경험도 나에게 소중한 가치가 있기 때문이다.

또한 내가 겪은 시행착오와 이 책에서 이야기하는 각종 지식과 경험들을 후배들에게 꼭 들려 주어야겠다는 사명감도 있다. 드림 마에스트로라는 필자의 인생미션이 표방하는 가치가 곧 그것이다. 게다가 선배의 지식과 경험을 배우는 기쁨 못지않게 후배들과 좋은 지식과 경험을 공유하는 기쁨과 보람 역시 큰 가치가 있다. 이 기쁨과 보람은 '더 열심히 살아야겠다, 더 열심히 나눠야겠다'는 동기부여와 열정의 에너지를 선물하기 때문이다.

이상이 필자가 생각하고 있는 인연관리다. 신뢰와 열정, 진지함, 지식과 경험을 갖춘 사람 중에 필자의 꿈에 이미 가까이 가 있는 선배나, 관심은 있는데 아직 방향을 찾지 못하고 있는 후배들에게 시간과 정성을 들여서 자주 연락하고 자주 만나고 자주 이야기하면서 가치 있는 인연을 쌓아가는 것이 필자가 생각하는 바람직한 인연관리다. 이런 조건의 사람만을 만나기에도 우리에게 할애된 인생 시간은 너무나 짧기 때문이다.

O 인연관리의
계기

필자가 사내 인터넷 판매 파트에 합류했을 때 전술한 바와 같이 새로 만들어진 조직인 만큼 인터넷 업무를 가르쳐 줄 선배도, 매뉴얼도, 심지어는 과거에 작성된 서류도 한 장 없었다. 스스로 할 수 있는 것이라야 나모 웹에디터를 이용한 초보적인 수준의 홈페이지를 만드는 수준이었으니 새롭고 전망있는 업무에 배치되었다는 설렘은 잠시 뿐이었고 심적 부담이 이만저만이 아니었다. 나 홀로 인터넷 마케팅 업무를 감당하기 위해서는 새로운 지식과 경험이 절실했다. 책, 사람, 세미나, 커뮤니티를 찾아 나서기 시작한 때가 이때였다. 안에서 배울 수 없으니 밖으로 나갈 수밖에 없었다. 이처럼 생존을 위한 계기로 항공여행시장과는 전혀 다른 세상에서 열심히 살아가고 있는 사람들을 놀이나 취미가 아닌 지식과 경험의 공유를 위해 만나기 시작한 셈이다.

한국웹마스터클럽이라는 커뮤니티 활동이 그 시작이었다. 그곳에는 인터넷 및 IT 업계에서 밤새워 일하면서 짬짬이 책을 읽고, 모여서 세미나를 하고, 서로의 지식과 경험을 아낌없이 공유하고 있는 열정적인 사람들이 모여 있었다. 이들과의 만남에서 자극을 받아 더 다양한 분야의 책과 사람, 세미나, 커뮤니티를 찾아 나서게 되었는데 벤처기업 사장님들이 만든 Baby CEO, 일본 인터넷비즈니스 연구회, 커뮤니티 아카데미, 교수님들과 함께 인사·교육·전략 등에 대해 공부했던 CSMC, 세계 한인 커뮤니티 등이 그것들이다. 항공여행 업계에서는 만날 수 없었던 수많은 분야의 다양한 사람들과 지식과 경험을 교류하면서 지식과 인연의 가치를 절감하게 되었다.

그러나 그런 생활을 2~3년하다 보니 문득 사람을 만나는 것도 전략적으로 해야겠다는 생각이 들었다. 세미나와 커뮤니티 대부분이 강남 테헤란로에서 열렸다. 그래서 일과 후 근무지였던 종로에서 강남으로 이동해서 세미나와 뒤풀이 참석 후 당시 살던 강북의 끝자락 미아리 집까지 돌아오는 생활을 반복해야 했다. 주말에도 세미나와 뒤풀이로 시간을 보내는 경우가 많아졌다. 이렇게 많은 외부 활동을 하다 보니 개인적인 시간도 없었고, 본의 아니게 방치된 가족들에게도 많은 핍박(?)을 받고 몸은 몸대로 축나는 생활을 2~3년간 계속했다. 그러다 보니 투자되는 시간과 기회비용을 생각하지 않을 수 없었다. 가족과의 시간, 개인적인 여가생활을 모두 포기하고 투자하는 활동이니 그 기회비용을 생각하면 대단히 큰 투자였다. 그래서 어느 순간 본전 생각이 났다. '어차피 투자하는 시간이라면 최대한의 효과를 얻자' 하는 마음 말이다. 그때부터 '나 자신의 매력을 극대화해서 인연이 찾아오게 하자. 가급적이면 배울 점이 많은 사람을 만나자. 짧은 시간 만나서도 신뢰감을 줄 수 있는 방법을 찾자. 그들과 효율적으로 커뮤니케이션하는 수단을 찾자'는 생각이 들었다.

이러한 경험과 고민이 필자의 비전노트, 메모노트, 독서노트, 인연노트 등의 방법으로 체계화되고 시스템화될 수 있었다. 다음은 당시 필자가 활동했던 커뮤니티의 한 회원이 보내온 시이다. 이 시를 읽으며 감동과 함께 반성도 많이 했다. 제대로 된 인연이란 무엇이고 어떻게 만들어가야 하는가?

진정한 인연과 스쳐 가는 인연은 구분해서 인연을 맺어야 한다.
진정한 인연이라면 최선을 다해서 좋은 인연을 맺도록 노력하고
스쳐가는 인연이라면 무심코 지나쳐 버려야 한다.

그것을 구분하지 못하고 만나는 모든 사람과

헤프게 인연을 맺어 놓으면

쓸 만한 인연을 만나지 못하는 대신에 어설픈 인연만 만나게 되어

그들에 의해 삶이 침해되는 고통을 받아야 한다.

인연을 맺음에 너무 헤퍼서는 안 된다.

옷깃을 한 번 스친 사람들까지 인연을 맺으려고 하는 것은

불필요한 소모적인 일이다.

수많은 사람과 접촉하고 살아가고 있는 우리지만

인간적인 필요에서 접촉하며 살아가는 사람들은

주위에 몇몇 사람들에 불과하고

그들만이라도 진실한 인연을 맺어 놓으면

좋은 삶을 마련하는 데는 부족함이 없다.

진실은 진실한 사람에게만 투자해야 한다.

그래야 그것이 좋은 일로 결실을 본다.

아무에게나 진실을 투자하는 건 위험한 일이다.

그것은 상대방에게 내가 쥔 화투 패를

일방적으로 보여 주는 것과 다름없는 어리석음이다.

우리는 인연을 맺음으로써 도움을 받기도 하지만

그에 못지않게 피해도 많이 보는데

대부분 피해는 진실 없는 사람에게
진실을 쏟아부은 대가로 받는 벌이다.
— 법정 스님

처음부터 '인연관리는 이러이러해야 해'라는 전략적 마인드가 있었던 것은 아니다. 지금 사용하고 있는 인연노트라는 이름으로 정착되기까지의 명칭 변화를 봐도 그 사실을 알 수 있다. 주소록→주소노트→인맥노트→인연노트. 아마도 주소노트에서 인맥노트로 바뀔 즈음부터 '전략적 인연관리'의 필요성을 느꼈던 것 같다.

○ 인연노트
작성하기

인연노트는 내가 만난 인연들의 기록이다. 엑셀로 만들어진 필자의 인연 데이터베이스다. 인연노트에는 명함 정보를 기반으로 왜, 언제, 어디서 만났는지, 어떤 사람인지 등이 입력되어 있다. 새로운 사람을 만나 그 사람을 기억하고, 때로 그 사람과 소식을 주고받는데 필요하다 싶은 내용을 엑셀 파일에 정리하고 있다. 소중한 사람이다 싶으면 이름 칸에 색을 넣어 색인도 하고, 동호회 회원들은 한 묶음으로 정렬해서 단체문자 혹은 단체메일을 보낼 때 아주 요긴하게 사용하고 있다.

인연노트는 내가 평생 살아가면서 만난 인연의 기록이자 그 인연을 더 돈독히 하고 효율적으로 활용하게 해주는 소중한 인연관리 시스템이다. 간혹 초등학교 때부터 인연노트가 만들어져 평생 함께 해왔다면 얼마나 가치 있는 기록일까 하는 생각을 한다. 대학 시절 동경 시부야에 있는 에도컬쳐센터라는 일본어학교를 다녔는데 당시에는 스마트폰도 없었고, 이메일도 없었기 때문에 함께 공부했던 여러 나라 친구들의 연락처가 하나도 없다. 다양한 나라에서 아빠, 엄마, 사회인으로 성장해 있을 학우들의 인연을 관리하지 않은 것이 참 아쉽고 안타깝다. 그런 마음에서 만들어진 것이 인연노트다.

30대 중반의 늦은 나이에 시작했지만 앞으로 10년, 20년, 30년 인연의 기록(인연노트)과 독서의 기록(독서노트)을 정성껏 정리해 나갈 생각이다. 사람의 흔적(인연노트는 아는 사람, 독서노트는 읽은 책의 작가)을 머금고 있기에 그들이 내 앞에 있지 않더라도 그 사람의 향기를 늘 느끼게 해주는 소중한 기록들이다.

인연노트를 만들게 된 동기는 기하급수적으로 늘어난 명함관리 및 명함 정보의 활용이 골칫거리가 되면서부터다. 필자 역시 대부분 사람처럼 명함을 서랍 속이나 명함 박스에 넣어두었다가 필요할 때마다 꺼내 놓고 뒤지다 보니 번거롭고 비효율적이었다. 정보는 이용하기 편해야 자주 사용하게 되는데 명함 활용하기가 이렇게 번거롭고 비효율적이다 보니 내가 필요할 때가 아니면 좀처럼 연락하는 일이 없었다. 인연은 내가 필요할 때만 연락해서 맺어지는 것이 아니고 짬이 날 때, 갑자기 보고 싶을 때, 문득 생각날 때, 가볍게 연락해서 안부를 살피고 짧은 정담과 인사라도 주고받는 과정에서 만들어진다. 인연을 쌓는 데도 반복과 숙성이 중요하기 때문이다.

필요할 때 바로 연락처를 찾을 수 있다면 하루에도 몇 번씩, 1년 365일 연락처 찾는 데 허비하는 시간을 다른 소중한 일에 사용할 수 있다. 연락처가 손 안에서 논다면 자투리 시간에라도 종종 연락해서 바빠서 만나지 못하는 사람과도 친숙한 관계를 계속 유지할 수 있다. 이런 아쉬운 마음 때문에 인연노트가 만들어졌다. 그것도 가장 흔하게 사용하는 엑셀 프로그램으로, 처음에는 손이 가는 대로 만들기 시작했다.

필자의 컴퓨터 모니터의 링크 바에는 인연노트 실행아이콘이 설치되어 있다. 즉, 늘 바로 사용 가능한 상태다. 스마트폰에 등록되지 않은 누군가와 전화통화를 해야 한다거나 메일 주소가 필요할 때면 인연노트 아이콘을 클릭 후 찾기 단축키(Ctrl+f)에 의한 엑셀 검색 기능으로 원하는 사람을 검색한다. 인연노트를 클릭해서 사람을 찾기까지 4~5초쯤 걸리는 것 같다. 전화번호를 찾아 전화가 필요하면 전화를 하고, 문자나 메일이 필요하면 관련 프로그램을 이용하여 즉시 전송한다. 생각한 후 연락하는 데까지 1~2분 정도 걸린다.

단순히 '찾기 귀찮아서' 만들기 시작했던 인연노트를 실생활에 활용하면서 생각하지 못했던 큰 효과를 얻고 있다. 회사 업무만 시스템화, 디지털화, 데이터베이스화해야 한다고 생각했었는데 필자는 우연히 개인 업무를 데이터베이스화해서 큰 효과를 보았고, 이로 인해 본격적으로 자기자원 관리를 시스템화하는 계기가 되었다. 대부분의 사람들은 '번거롭게 명함을 어떻게 다 입력하나?' 반문할 것이다. 이해되는 부분이다. 그러나 디지털화된 명함 데이터를 10년 넘게 활용해 본 경험자로서 활용해 본 경험이 없는 분들에게 자신 있게 얘기할 수 있는 것은, 데이터화된 명함 정보는 명함을 입력하는 시간보다 수십 배 가치 있는 활용 효과를 가져다준다는 점이다. 게다가 다행스럽게도 최근에는 스마트폰용 명함관리 앱이 급속히 발전해서 앱에 명함사진만 찍어 올리면 모두 알아서 데이터화해 준다. 그 데이터를 엑셀 파일로 다운받으면 된다. 필자 역시 '리멤버'라는 스마트폰용 명함관리 앱을 설치해서 편하게 명함 정보를 데이터화하고, 그 정보를 아주 유용하게 활용하고 있다.

📝 김상경의 인연노트 원본의 일부

대구분	중구분	소구분	만남/인연 계기	중요도	거리	순위	촌대	생년	기념일	성명	직책	회사
출판	출판사	시공사	출판협의		4	하	Y			홍길동	팀장	시공사
출판	출판사	시공사	출판협의		4	하	Y			홍길동	대리	시공사
출판	출판사	에임넷김상구소가	출판협의	★	4	하	Y			홍길동	대리	다산북스
출판	출판사	행복에너지	출판협의		4	하	Y			홍길동	과장	행복에너지
출판	출판사	다산북스	출판협의	★	4	하	Y			홍길동	메니저	다산북스
출판	출판사	한울출판사	출판협의		4	하	Y			홍길동	대리	한울출판사
관광/여행사	여행사	싸郞회	아시아나		4	하	Y			홍길동	실장	국제제true
관광/여행사	여행사	생활여행	아시아나		2	하	Y			홍길동	차장	생활여행
관광/여행사	여행사	소망교회상품설명회	아시아나		2	하	Y			홍길동	대표이사	사랑의여행사
관광/여행사	여행사	소망교회상품설명회	아시아나	★★	3	하	Y			홍길동	차장	참맬윷여행
관광/여행사	여행사	소망교회상품설명회	아시아나		2	하	Y			홍길동	부장	포커스투어즈
관광/여행사	여행사	여행춘추	아시아나		4	하	Y			홍길동	대표이사	여행춘추
관광/여행사	여행사	칠투어	아시아나		4	하	Y			홍길동	차장	칠투어
관광/여행사	여행사	칠투어	아시아나	★★★	4	하	Y			홍길동	부장	칠투어
관광/여행사	여행사	위즈여행사(정보철절담당)	아시아나		3	하	Y			홍길동	실장	위즈여행사
관광/여행사	여행사	트러블엑스포트	아시아나		4	하	Y			홍길동	팀장	트래블엑스포트
관광/여행사	여행사	하나투어	아시아나	★	4	하	Y			홍길동	팀장	하나투어
관광/여행사	여행사	하나투어	아시아나		4	하	Y			홍길동	팀장, 차장	하나투어
글로벌	일본	다케이/INEO고론	일본지 역전문가	★★★	4	상	Y			中村 由紀人 (나카무라 유키우도)	取締役	メディアライツ (Mediarights.jp)
글로벌	일본	다케이/INEO고론	일본지 역전문가		4	상	Y			中村 由紀人	取締役	メディアライツ (Mediarights.jp)
글로벌	일본	다케이/관계사직원	일본지 역전문가		4	하	Y				과장대리	YBM시사
글로벌	일본	다케이/부社	일본지 역전문가		4	하	Y			박선희	세일즈메니저	INEO
글로벌	일본	서루슈	일본지 역전문가		4	하	Y			仲田 智樹 (나카타 토모키)	세일즈담당	INEO
글로벌	일본	서루슈/거래처	일본지 역전문가		4	하	Y	1972		片平 宣祓 (카타히라 요시노리)	代表	NAMO Interactive
글로벌	일본	서루슈/일본어교공기	일본지 역전문가		4	하	Y			이태엽	부지점장	현대중권
글로벌	일본	서루슈/조기	일본지 역전문가		4	상	Y	1966		박명기	부장	日本セルネット 株式会社
글로벌	일본	쇼평구/거래처	일본지 역전문가		4	하	Y			송형구	代表取締役	Fdagency
글로벌	일본	쇼평구/거래처	일본지 역전문가		4	하	Y			高澤・徹也 (たかさわ・てつや)	係長	World Travel System
글로벌	일본	이다바시역	일본지 역전문가		4	하	Y			竹井 弘樹 (たけい ひろき)	取締役	INEO
글로벌	일본	제이미/거래처	일본지 역전문가	★★	4	상	Y	1950?		高野 克久 たかの かつひさ / Ambe Michiyo	代表取締役	有限会社タッチ Touch
글로벌	일본	조세근	일본지 역전문가		4	하	Y			小池		
글로벌	일본	조세근	일본지 역전문가		4	하	Y			윤장록		
글로벌	일본	포프미가즈나오/선배	일본지 역전문가		4	하	Y			윤장록		

미리 이야기해 두고 싶은 것은, 필드가 무려 26개나 되니 모든 필드를 채우겠다는 야무진 목표를 가질 필요는 없다는 사실이다. 심지어 명함을 받은 적이 없는 사람은 이름과 전화번호 혹은 이름과 메일 주소만 입력할 수밖에 없는 경우도 있기 때문이다.

다만, 전체 표준은 제시해 줘야 사람마다 자기 나름의 방식으로 필드를 추가 또는 삭제해서 사용할 수 있을 것 같아 필드 전체를 나열해 보았다. 예를 들면 요즘은 팩스번호, 집전화번호, 집우편번호, 집주소 등은 필요 없는 경우가 많으므로 이런 부분을 과감히 삭제한다면 입력의 부담을 대폭 줄일 수 있다. 그럼 필드를 하나하나 살펴보자.

대 · 중 · 소구분 필드

어떤 분야 사람인지를 구분하는 필드다. 예를 들면 여행사 대표가 지인이라면 [대구분 – 관광분야], [중구분 – 여행사], [소구분 – 대표]와 같이 구분할 수 있다. 내 인연들이 분야별로 혹은 직급별로 몇 명이나 있는지 쉽게 알 수 있고, 단체문자나 단체메일을 보내고자 할 때도 이 대 · 중 · 소구분 필드를 기준으로 엑셀 자동정렬 기능을 활용하면 어렵지 않게 처리할 수 있다.

만남/인연 계기 필드

인연을 만나거나 알게 된 계기를 입력하는 필드다. 필자의 실제 인연노트 그림에서도 알 수 있듯이 '출판협의' 때문에 만났다거나,

‘일본지역전문가’ 시절에 만났다거나 하는 계기를 입력하는 필드다. 예를 들면 특정 동호회를 통해 만났다면 이 필드에 해당 동호회 이름을 입력해 놓으면 엑셀 자동정렬 기능에 의해 해당 동호회 회원들만 그룹핑을 할 수도 있다. 필자의 경우처럼 일본지역전문가 시절에 만났던 사람을 정렬해 보면 총 167명의 인연이 등록된 것을 알 수 있다. 명함이나 연락처를 주고받았던 사람은 모두 등록하기 때문에 6개월의 지역전문가 생활 동안 최소한 167명의 일본인과 일본에 있는 한국인들을 만났던 것이다.

중요도 · 거리 필드

그림에서 보면 알 수 있듯이 [중요도] 필드에는 별표가 표시되어 있다. 공란으로 되어 있는 경우는 큰 배움이나 감동이 없는 사람을 의미하고, 별표가 하나인 사람은 괜찮은 인연, 별표가 두 개인 사람은 배울 것이 많은 인연, 별표가 세 개인 사람은 내 인생멘토로 삼을 만한 사람 등으로 의미를 부여했다. 예를 들어 ‘누군가와 교류를 강

📝 인연노트의 구성

대구분	중구분	소구분	만남 / 인연 계기	중요도	거리	손위	존대	생년	기념일	성명	직책	회사	부서

화하고 싶다면 어떤 사람을 선택할 것인가?' 혹은 '일본에 갔다면 어떤 사람을 먼저 만나고 싶은가?' 하면 별표 숫자가 선택의 기준이 된다. 독자에 따라서는 너무 계산적이지 않나, 너무 전략적이지 않나하고 생각하는 분도 계시겠지만 필자는 인생경영에도 전략적 마인드가 절대적으로 필요하다고 생각한다. 왜냐하면 나쁜 사람보다는 좋은 사람을, 나태한 사람보다는 성실한 사람을, 무능한 사람보다는 유능한 사람을 만나는 것이 내 인생을 위해서도 바람직하고, 세상을 위해서도 바람직한 일이기 때문이다. 이러한 선택이 바로 전략적 선택이라고 본다.

사람들은 회사경영은 전략적으로 해야 된다고 생각하면서도 자기경영을 전략적으로 해야 된다고 하면 무척 계산적이고 탐욕적인 사람으로 단정해 버리는 경향이 많다. 하지만 대부분의 사람은 전략적이다. 악한 사람보다는 선한 사람을, 게으른 사람보다는 성실한 사람을, 무능한 사람보다는 유능한 사람을 원하는 것이 모든 사람의 인지상정이기 때문이다. 소중한 자기 시간과 자원을 올바르게 선

이메일 주소	사무실	휴대폰	FAX	집전화	우편 번호	주소	URL	만난날	만난 장소	만난 사유	특기 사항

택과 집중하는 것은 자기 사랑의 첩경이다. 게다가 사람이 답이라고 하지 않던가. 그렇다면 그 답인 사람을 내 인생에 초대하고, 내 평생의 인연으로 삼을 것인가, 말 것인가를 고민하고 색인하는 것은 어쩌면 당연히 해야 할 전략적 선택 중 하나다.

[거리] 필드는 인연과 나와의 거리를 1, 2, 3, 4로 표시하는 필드다. [중요도] 필드 다음에 바로 놓은 이유는 [중요도] 필드에는 별표를 세 개나 한 사람인데 그와의 거리가 4촌이라면 1~2촌으로 만들기 위해 노력하라는 자기암시와 자극을 위해서다.

손위 · 존대 필드

[손위] 필드는 나보다 윗사람인가, 같은 연배인가, 아랫사람인가를 '상, 동, 하'로 표시하는 필드다. 바로 옆에 있는 [존대] 필드는 그 사람에게 내가 존대하는가 아닌가를 표시하는 필드다. 사회생활을 하다 보면 학연이나 지연으로 맺어진 후배가 아니면 손아랫사람이더라도 존대를 하는 경우가 많다.

그런데 관계가 복잡해지다 보니 그것이 헷갈릴 때도 있고, 특히 연하장이나 카드를 그룹으로 보낼 때는 존대 여부가 굉장히 중요한 요소(큰 결례를 할 수 있으므로)이기 때문에 이 표시를 하게 되었다. 실제로 수년 전 하대해서는 안 될 사람에게 하대하는 어투의 연하장을 보내서 연하장을 안 보내느니만 못한 경험을 한 것이 계기가 되어 이런 필드를 추가하게 되었다.

생년 · 기념일 필드

채워 넣기 힘든 필드이긴 하나 간혹 필요해서 만들어 둔 필드다. 특히 영업하는 사람이라면 이 부분을 꼼꼼히 챙겨 놓는 것이 유용할 것이다. [생년] 필드에는 태어난 해만 적을 수도 있고, 파악이 가능하다면 생년월일을 다 입력해도 나쁘지 않다. [기념일] 필드에는 생일이나 결혼기념일 등 내 인연 중에서도 1촌에 해당하는 인연 또는 아직 1촌은 아니지만 별표가 두세 개 되어 있는 중요한 인연의 기념일을 챙겨두고 관리한다면 인연관리의 달인이 될 수 있지 않을까.

성명 · 직책 · 회사 · 부서 · 이메일주소 · 사무실 · 휴대폰 · 팩스 · 집전화 · 우편번호 · 주소 · URL 필드

이 필드들은 주로 명함에 있는 정보다. 다만 우편번호와 주소에는 될 수 있으면 회사 주소를 입력하고, 사적으로 매우 친하다거나 집에서 사업하는 사람, 집주소를 알아둘 필요가 있는 사람의 경우에는 집주소를 입력해 두는 경우도 있다. 드문 경우지만 회사주소와 집주소를 모두 입력해 놓은 경우도 있으니 이것은 그때그때 상황에 맞게 입력하면 된다. URL은 회사 홈페이지 주소라던가 개인의 경우 그 사람의 개인 홈페이지 혹은 블로그 주소를 입력하는 필드다.

만일 입력하는 것이 부담스럽다면 팩스번호라던가 집전화번호, 우편번호, 주소, URL 등의 필드는 해당 열 자체를 삭제해서 인연노트를 심플하게 작성해도 무방하다. 십 년 넘게 사용해 본 경험상 그다지 사용빈도가 높지 않은 정보들이기 때문이다. 그리고 만일 특정한 사람에 대해서는 이중 어떤 정보를 기록해 두어야 한다면 다음에 소개하는 [특기사항] 필드에 입력해 두면 되기 때문이다.

만난 날 · 만난 장소 · 만난 이유 필드

그 사람을 언제 만났는지, 어디에서 만났는지, 왜 만났는지를 기록해 놓는 필드다. 엑셀의 '메모' 기능을 이용하면 해당 셀에 '메모' 팝업창을 띄워서 많은 정보를 입력해 둘 수도 있다. 예를 들면 '만난 날' 셀에서 '메모' 팝업창을 띄워 그 사람과 만난 날을 날짜별로 계속 기록해 갈 수도 있다는 것이다. 이 세 가지 필드는 그 사람을 기억하게 해주는 역할도 하고, 그 사람을 어디서 왜 만났는지에 대한 정보를 관리함으로써 내 인연 안에 들어온 사람들과의 협업과 시너지 기회를 넓히는 용도로 활용할 수도 있다. 또한 거래처와의 관계관리 시에도 이전에 어디서 어떤 목적으로 만났는지를 조회할 수 있어 상대를 몰라보는 실수도 줄이고, 다음 만남에서 얻을 수 있는 성과도 좀 더 바람직한 방향으로 도모할 수 있게 된다.

특기사항 필드

이 필드는 만나거나 알게 된 사람에 대해 특기할 만한 사항을 입력해 두는 곳이다. 워낙 많은 사람과 만나고, 짧게 스치는 인연도 많은 세상이라 한 사람, 한 사람을 기억해 두기가 쉽지 않다. 그래서 파악되는 한 그 사람에 대해 특기할 만한 정보를 이곳에 입력해 둔다. 내가 알고 있는 누구누구의 친척이나 선배라던가, 어떤 전문성을 가지고 있는 사람이라던가, 어디 어디에 근무했었다거나 성격이 어떤 것 같다거나 하는 정보와 느낌을 입력해 두면 아무래도 그 사람을 기억하기도 쉽고 어떤 일이 발생했을 때 서로 도움을 주고받을 수 있는 공통점이나 계기를 마련하기도 훨씬 쉬워지기 때문이다.

○ 왜 인연노트가
필요한가

예전에 어떤 젊은 여성이 휴대전화로 반갑게 전화를 걸어왔다. 그녀는 반가워서 목소리가 잔뜩 들떠 있었지만, 필자는 도무지 어디서 만난 누구인지 기억이 나지 않았다. 그렇다고 그 반가운 목소리에 대놓고 "저기, 저는 잘 기억이 나지 않는데요. 실례지만 누구세요?"라고 물어볼 수도 없는 노릇이었다. 그래서 곧바로 컴퓨터 모니터의 링크 바에 있는 인연노트 아이콘을 클릭했다.

인연노트가 열리자 곧바로 상대방 전화번호를 검색했더니 언제, 어디서, 어떤 일로 만난, 어느 회사의 홍 대리라는 것을 곧바로 알 수 있었다. "아, 홍 대리님 오랜만이네요? 뵌 지 한참 돼서 잠깐 헷갈렸습니다. 잘 계셨지요?"라며 곧바로 응수했다. 상대방이 전혀 눈치챌 수 없는 불과 몇 초 만에 이루어진 일이다. 디지털화된 인연 데이터가 없었다면 절대로 불가능한 일이었다.

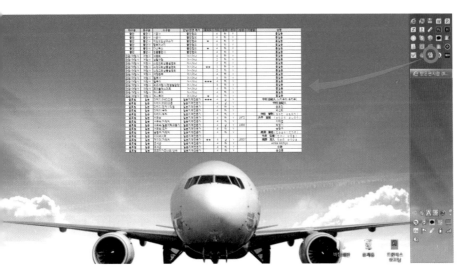

　　당시 같은 사무실에 근무했던 한 영업사원의 예다. 그분은 명함을 사방팔방에 보관했다. 책상 서랍 속에 몇 장, 책상 위 유리 밑에 몇 장, 지갑 속에 몇 장, 주머니 속에 몇 장, 그리고 컴퓨터 키보드 우측 'Num Lock' 버튼 위의 명함 사이즈만한 공간에도 몇 장이 늘 놓여 있었다. 그래서 며칠에 한 번은 꼭 명함과 숨바꼭질을 하곤 했다. 서랍을 넣었다 뺐다, 지갑을 넣었다 뺐다, 주머니를 뒤지기도 하고 심지어는 집에 전화해서는 "여보, 내 책상 위에 명함이 몇 장 있을 거야. 혹시 그중에 하나투어 장 차장님 명함 있는지 한번 봐줄래?" 회사에서 흔하게 볼 수 있는 장면이다. 반면 명함을 디지털화하면 깨끗이 해결되는 문제이기도 하다. 직접 입력하기 어렵다면 필자처럼 '찍으면 입력해 준다'는 리멤버와 같은 명함관리 앱을 사용해도 좋다.

인연노트는 다음과 같은 편리함 때문에 여러 가지 효과를 얻을 수 있다.

1) 편해서 자주 연락하게 된다

50분 일하고 10분을 쉰다. 50분 공부하고 10분을 쉰다. 필자는 이런 짬이 나면 종종 서로 바빠 만날 수는 없지만, 소식을 듣고 싶은 사람, 아니면 가까워지고 싶은데 접촉이 없어 항상 먼 거리에 있는 듯한 사람을 골라 카톡, 문자, 메일 등으로 안부를 묻는다. 인연노트가 없으면 쉽게 할 수 없는 습관이다. 직장인들이 흔히 하는 방식으로 명함을 고무줄로 묶어 책상 서랍에 넣어 놓는다거나, 명함철에 정리하는 방식이었다면 좀처럼 실천하기 어려운 일이다. 필자의 인연노트는 인연의 계기별로 분류가 되어 있는 데다, 서로의 거리를 등급으로 구분해 두고 거기에 더 중요한 사람은 이름 칸에 색을 넣어 색인을 해두기 때문에 엑셀에서 특정한 사람을 찾는 일이 심적으로 전혀 부담이 없고, 시간적으로도 몇 초밖에 걸리지 않기 때문에 생각났을 때 가벼운 마음으로 인연노트를 클릭해서 그 사람을 찾아 소식을 전하게 된다. 이처럼 작은 실천들이 인연관리에는 아주 큰 영향을 미친다는 것을 실감하고 있다.

2) 사람 정보의 검색시간을 줄여 준다

친구들에게 필자가 주소록이다.

"상경아, ○○이 연락처 좀 알려줘."

심지어 한번은 미국 LA로 여행을 간 대학 친구로부터 LA로 이민 간 친구의 전화번호를 묻는 국제전화를 받았다. 이민 간 친구가 휴대전화를 받지 않는다고 집 전화번호를 묻더니 잠시 후에는 다시 전화해서 집전화도 안 받는다며 한국에 계신 친구 아버님 전화번호를 알려 달라는 것이었다. 물론 이민 간 친구의 아버님 전화번호도 내 인연노트에 있어서 바로 검색해서 알려주었다.

명함 입력하는 시간과 노력을 부담스러워할 일이 아니다. 모든 일이 사람과 함께 이루어지기 때문에 많은 시간을 사람과의 전화통화로 소비한다. 개인적인 일에서도 전화번호가 필요한 경우가 허다하다. 그나마 명함을 한군데 묶어두는 사람은 양호한 편이다. 어떤 분들은 천지사방에 명함을 흩뿌려 두었다가 필요할 때면 명함 찾느라 수많은 시간을 낭비하곤 한다. 필요할 때 곧바로 검색할 수 없는 정보는 정보가 아니다. 정보로서의 가치가 없다. 죽은 정보다. 하지만 인연노트는 살아 있는 사람에 대한 정보를 살아 있는 정보로 만들어준다.

3) 놓칠 수 있는 인연도 붙들어 준다

내 몸에 딱 달라붙어 있는 인연노트 때문에 끊길 인연도 이어가곤 한다. 문득문득 '아 그 사람은 어떻게 살고 있지?'라는 궁금증이 생기면 인연노트를 뒤져서 카톡이나 메일을 보낸다. 만났을 때 참 좋은 인상을 받았지만 깜박 잊고 있었던 사람들이 많다. 너무 바쁘다는 핑계로, 너무 많은 관계 때문에 진짜 인연을 맺고 싶었던 사람도 챙기지 못하고 사는 경우가 허다하다. 그리 살다가 어떤 자극과 계기가 생기면 문득문득 생각나는 사람이 있다. 외로워서, 어디를 지나다가, 무슨 도움이 필요해서 등등. 그러할 때 인연노트가 있으니 끊어진 인연을 어렵지 않게 다시 이을 수 있다. 견우와 직녀에게 오작교가 있었다면 내게는 인연노트가 있다.

4) 커뮤니티와 동호회 활동에도 필수다

인연노트의 큰 활용가치 중 하나가 이 부분이다. 동호회에서 만난 사람들의 명함 혹은 직접 만들어서 운영하는 커뮤니티의 회원들도 모두 인연노트에 입력되어 있다. 대학원 동기들도 '대학원 - 동기 - 마케팅 전공'이라는 묶음으로 55명의 마케팅 전공 동기들의 연락처 및 정보가 한곳에 모여 있다. 아마도 커뮤니티 활동을 해 보고 메일과 문자, 카톡 등으로 그룹 전송 기능을 활용해 본 독자들은 데이터화된 주소록의 활용가치를 알고 있을 듯싶다. 요즘은 밴드나 카톡으로도 모임이 많이 운영되고 있지만 그럼에도 각 회원의 신상정보와 메일 주소가 디지털화되어 있으면 운영의 효율성이 배가 되고, 모임이 와해되거나 사라진 후에도 거기서 만난 인연들을 평생 내 인연의 울타리 안에서 유지, 관리할 수 있게 된다.

5) 귀인의 발견과 인연의 숙성에 도움이 된다

이 부분이 인연노트의 가장 소중한 기능이다. 사람들은 사람이 답이라는 말을 입에 달고 살면서도 메모관리나 지식관리보다 사람

관리에 소홀하다. 회사경영에 있어 인적자원 관리가 내 인생경영에
서는 인연관리다. 짐 콜린스가 좋은 기업이 위대한 기업이 되기 위
해서는 올바른 사람^{Right People}을 버스에 태우는 것이 최우선 과제라
고 했던 것처럼 내 인생 버스에도 '올바른 사람'을 태우는 것이 가장
우선해야 할 과제다. 사람이 답이라는 말에 걸맞게 사람을 내 인생
에 있어 가장 중요한 자원 중 하나로 인식하고 한 사람, 한 사람의
인연을 남다르게 관리해야 그 중에서 귀인을 발견하고, 인연을 맺을
수 있다. 아무리 관계가 넘치는 세상이라 해도 스치는 인연을 모두
그냥 스쳐 보내서는 안 될 일이다. 인연노트는 내 삶의 귀인을 찾고,
그와의 인연을 숙성시키는 '인연숙성 시스템'이다.

○ 인연을 숙성시키는
인연노트의 힘

좋은 사람들이 모이는 장소를 찾아다니고, 좋은 사람들이 모일
수 있는 계기를 내가 마련해서 다양한 분야의 귀인이 내게 마음을
열고, 역량을 열도록 노력해야 한다. 노벨상을 한 분야에서 탈 수 없
는 세상이 되었다. 이처럼 복잡다단한 세상을 나 혼자 대적하기에
는 갈수록 버거워지고 있으니, 전략적 인연관리를 통해 내게 찾아온
귀인을 알아보는 능력도, 그 귀인과 인연을 숙성시키는 능력도, 그
와의 관계를 통해 성과를 창출하는 능력도 내 꿈과 비전을 성취하는
데 간과해서는 안 될 중요한 능력 중 하나다.

Part 4

나의 성취가
그들의 영감이
되게 하라

01

남에게
해가 되지 않는 한
과감히 공유하라

사람의 마음은 두 가지로 나뉜다. '열린 마음'과 '닫힌 마음'이다. 닫힌 마음의 소유자는 자기 내면을 쉽게 드러내지 않는다. 그들은 자기 내면을 남에게 보여 주는 것이 자존심을 구기거나 체면 상하는 일이라 생각한다. 그래서 상대방이 그러한 모습을 보이면 그를 가볍고 실없는 사람으로 여긴다. 필자 역시 마음이 닫힌 사람들로부터 그런 평가를 받은 적이 있다.

비전노트는 아주 내밀한 나만의 기록이다. 그래서 이를 타인에게 보여 주려면 쉽지 않은 용기가 필요하다. 하지만 공개했다. 그것도 아시아나항공 전 직원이 구독하는 회사 사보에 과감히 실었다. 그러자 한 동료가 이렇게 말했다.

"만천하에 그런 사적인 내용을 드러내 보이면 쪽팔리지 않아요?"

그런 마음이 왜 없겠는가? 필자도 사람인데.

하지만 자기 생각을 드러내지 않고 성장하는 법은 없다. 자기 생각을 꼭꼭 감추고 닫아 버리면 간섭이나 의견 충돌이 없으므로 당장은 편하겠지만, 누구도 그를 이해할 수 없어서 결국 고립되고 만다. 누가 그런 사람에게 새로운 기회를 주겠는가?

지식과 경험은 나누고 공유해야 한다. 나누고 공유해야 더 큰 이득을 얻는다. 여러 사람과 나누면 내가 미처 생각하지 못한 부분을 깨달을 수 있고, 더 나은 아이디어를 만들기 위해 고민하게 된다. 무엇보다도 자신의 지식과 경험이 가치 있는지 없는지 확인할 수 있다. 다른 사람에게 내놓을 수 있는 자신의 지식과 경험이 있는 것만도 얼마나 다행이고 행복한 일인가. 그러니 먼저 내놓아야 한다. 주어야 받을 수 있다.

필자가 생각하는 공유의 기준은 다른 사람에게 해가 되느냐, 해가 되지 않느냐이다. 창피하다, 창피하지 않다는 중요하지 않다. 간혹 닫힌 사람들이 자신의 가치관을 들이대며 비아냥거릴지라도 그런 사람은 일부일 뿐이라고 생각하면 된다. 그런 사람보다 긍정적이고 열린 사람들이 훨씬 많다. 구더기 무서워 장 못 담그면 장맛은 영원히 맛볼 수 없다. 가치관이 다른 사람이 비아냥거릴지라도 그 정도의 희생은 치러야 할 비용이라 여기고 남에게 피해만 주지 않는다면 과감히 공유해야 한다. 다양성이 공존하는 이 세상에 만인이 공감하는 진리란 없기 때문이다.

○ 자기계발은
외화와 공유로 완성된다

필자의 인생에서 가장 큰 의미로 남을 이 책을 쓰게 한 가장 큰 원동력은 바로 '외화와 공유의 마인드'라고 단언한다. 앞서 독서노트에서 설명하였듯이 좋은 책들을 읽고 깨달음을 얻고 그 깨달음을 자기화하는 것도 필요하다. 또한 이를 실천하면서 자신의 느낌과 가치관으로 체화하는 것도 중요하다. 그러나 여기까지는 세상에 널려 있는 지혜와 경험의 아주 작은 일부를 그저 자신의 기준과 가치관에 따라 남들에게 들키지 않으려고 자기 창고 속에 쌓는 것 이상의 의미가 없다.

창고 안에 오래 두면 썩기 마련이다. 썩지 않더라도 빠르게 변하는 세상에서 곧 무용지물이 될 수 있다. 다른 사람들에게 검증해 보지 않고 혼자만의 판단과 기준으로 받아들인 것이기에 다른 사람들에게도 유용한지, 의미가 있는지, 가치가 있는지 알 수 없는 상태다. 가장 심각한 한계점은 남의 지혜와 경험을 나름으로 열심히 받아들이긴 했지만, 그것을 정말 내 것처럼 자유자재로 활용하고 이용할 수 있느냐이다. 깊은 각성과 이해의 상태에 이르기까지는 내화와 체화의 과정만으로는 불가능하다. 외화와 공유만이 이 모든 것을 해결하는 바른 길이다.

필자가 자기계발 전문가의 길로 들어설 때는 다소 현학적인, 즉 내가 잘하고 있다는 것을 남에게 내보이고 싶은 원초적인 욕망이 컸다. 그리고 어쩌면 이 자기계발 콘텐츠로 내 인생의 길을 찾을 수도 있을 것 같다는 막연한 희망도 있었다. 그래서 도전을 했다. 당시만 해도 비전노트, 메모노트, 독서노트, 인연노트가 지금처럼 전략적인 마인드나 이론적 체계로 확립되어 있지 않은 상태였다. 그래도 비전노트와 독서노트를 사내이력서에 첨부하여 교육팀장에게 보냈다. 필자는 그동안의 경험과 깨달음을 여러 직원과 나누고 싶어서 부서전환을 신청했다. 교육팀장은 필자의 생각에 관심을 보였고, 결국 자력으로 두 번째 사내 경력전환에 성공했다.

교육팀에서 새로운 업무를 익히느라 정신없이 분주할 무렵, 필자의 인생비전을 확고하게 다져 준 결정적인 기회가 찾아왔다. 홍보팀에서 사보를 담당하는 송 대리가 찾아왔다. 그녀는 필자가 자기계발 관련 책 출판을 준비하고 있다는 이야기를 들었다며 칼럼 한 꼭지를 의뢰했다. 12월 호에 실을 '새해 계획 어떻게 세우면 좋을까?'라는 주제였다. 그래서 딱 한 번만 쓰기로 다짐을 받고 원고 요청을 받아들였다.

12월 말에 송 대리가 다시 찾아왔다. 그녀는 사보가 나가자마자 칼럼에 대한 반응이 너무 좋다며 연재를 요청했다. 필자는 몇 번의 고심 끝에 결국 추가로 1년 동안 칼럼 12회 연재를 결심했다. 덕분에 이후 12개월간 매달 2번의 주말은 원고를 작성하느라 책상에만 붙어 있어야 했다. 지면이 정해져 있기 때문에 원고 내용을 그 길이에 맞추는 것도 큰 어려움이었지만, 그동안 혼자서 마음대로 사용하던 것을 다른 사람들이 이해하기 쉽도록 표현하는 것도 여간 힘든 일이 아니었다. 글을 읽는 사람들이 모두 내가 속한 회사의 전 세계 선후배 직원들이라는 것도 큰 부담으로 다가왔다. 그러나 이미 시위를 떠난 화살이었다.

그런데 칼럼 연재를 6개월 정도 해나갔을 무렵부터 기대하지 않았던 반전이 일어났다. 첫째, 고생이 희망으로 바뀌었다. 내면의 것을 다른 사람들과 공유하기 위한 고민과 고생이 거듭될수록 오히려 나 자신의 깊이가 더해지고 이론과 체계가 잡혀간다는 느낌이 들기 시작했다. 둘째, 피드백의 효과였다. 칼럼에 대한 독자의 소감과 반응을 접하며 나의 지혜와 경험을 좀 더 보편적이고 넓은 시각으로 업그레이드할 기회들이 늘어났다. 세 번째 반전은 자아실현감이다. 아시아나항공의 직원뿐만 아니라 항공사 제작사인 보잉사 직원이 어디서 아시아나 사보를 보았는지 큰 감명을 받았다는 메일을 보내오기도 했다. 취업정보 조사차 아시아나항공 사보에 있는 칼럼을 보고 메일을 보내온 대학생 등 필자의 방식에 공감해 주는 다양한 독자들로부터 긍정적인 격려를 받았다. 네 번째 반전은 필자를 알아보는 사람들이 생겨났다는 사실이다. 직원들을 만났을 때나 해외 지점에 전화했을 때 한 번도 만난 적이 없음에도 상대방이 나를 알아보고 업무적으로나 개인적으로 배려와 호의를 베풀어 주는 경우가 종종 발생했다.

마지막으로, 가장 중요한 반전은 일에 대한 자신감이었다. 비록 회사라는 한정된 시장의 독자들이었지만, 예비시장Test Market의 반응을 통해 평생직장이 사라진 이 시대의 직장인을 대상으로 충분히 경제적 가치를 창출할 수 있을 것이라는 자신감이 생기기 시작했다.

그래서 칼럼 연재 중반 이후부터는 원고를 쓰는 일이 부담스러운 짐이 아니라 설렘과 즐거움을 주는 놀이로 바뀌어 있었다. 마치 아무 재미없이 그저 당구를 치는 30~50 수준에서 천장에 당구공이 굴러다니기 시작한다는 80~100의 몰입 상태에 들어간 듯했다.

○ 공유하면
반전이 일어난다

이 일로 필자는 매우 중요한 의미를 깨달았다. 어디에서 어떻게 새로운 기회가 나타날지 모른다는 사실이었다. 그러기에 새로운 일을 두려워해서는 안 된다. 마음을 여는 것이 자기를 스스럼없이 나아가게 만들고, 전혀 다른 기회와 만나는 방법이다. 원고 한 번 제대로 써 보지 않았던 필자에게 13회 칼럼 쓰기는 매우 중요한 기회였다. 필자가 자기계발 전문가라는 꿈을 확고하게 뿌리내릴 수 있도록 계기를 마련해 준 것이 바로 칼럼 연재였다. 그전까지는 이것을 업으로 해도 될까 하는 불안이 있었다. 내게 설렘과 재능은 있는 것 같은데 시장성에 대해서는 늘 자신감이 없었기 때문이다. 그러나 이 칼럼을 연재하면서 자신감이 붙기 시작했고 동시에 사내강의의 반응을 통해서도 그것을 다시 확인할 수 있었다.

이렇게 예비시장에서 자신감이 붙자 그 다음 단계는 실제시장Real Market인 야시장으로 나가 보는 것이었다. 앞에서도 여러 차례 이야기한 바와 같이 우물 안에서만 오만한 개구리로 자족감에 빠져 살다가는 야시장에 나갔을 때 야수들에게 한 입감이 될 수 있기 때문이다. 그래서 비전노트와 독서노트라는 셀프 브랜딩 킷Self Branding Kit을 준비하게 되었다. 50~70대 성공한 사장님이나 회장님들과 함께 했던 독서동아리, 교육담당자 세미나, 지식공유 커뮤니티 또는 어려운 어른과의 일대일 만남 등에서 자신을 소개할 기회가 있으면 언제든지 내보일 수 있도록 컬러판 비전노트와 독서노트 각 3부, 사보칼럼 13개월분 3부를 가방 속에 항상 준비하고 있다가 명함과 함께 그것을 전해 보았다. 결과는 이 셀프 브랜딩 킷의 승리였다.

이 셀프 브랜딩 킷을 받은 사람들의 공통적인 반응은 놀란 표정으로 몇 분 동안 비전노트와 독서노트, 그리고 필자의 얼굴을 번갈아 가면서 바라보게 된다. 이 킷 하나 덕분에 실로 생각하지도 못했던 나비효과를 반복해서 체험했다. 개인적으로는 만나기 어려울뿐더러 만나더라도 나이와 지위 차이 때문에 나에 대해 신뢰와 호기심을 갖도록 하는 것이 불가능한 사람에게도 이 도구 하나가 KO 펀치가 되었다. 수년간의 교류로도 얻기 어려운 신뢰와 호기심을 쉽게 얻게 해주곤 했다.

이런 경험을 반복하면서 필자가 내린 결론은, 보기 드물 정도로 철저하게 계획된 인생과 오랜 기간 그 계획을 일관성 있게 실천해 온 구체적인 증거물이 처음 만난 사람에 대한 경계심을 무장 해제시키고 오히려 기대와 호기심을 불러일으킨다는 점이다. 사내에서 그런대로 호응을 받던 콘텐츠를 가지고 야시장에 나갔다가 호되게 얼어맞게 되면 새로운 길을 찾아야 하나 또다시 번민과 방황에 빠질 수 있었지만, 다행히도 필자의 야시장 검증은 긍정적인 결과를 가져다주었다. 몇몇 대학 교수님들이 콘텐츠를 보내 달라고도 하시고, 더러는 특강이 가능한지 물어보는 경우도 있어서, 조금만 더 쉽게 개선하고 체계화한다면 의미 있는 일을 직업으로 가질 수 있겠다는 생각이 들었다.

혼자 내화하고, 체화하던 처음의 5~6년 동안은 그야말로 자기만족형 자기계발 시간이었다. 그러나 이후 예비시장인 사내와 실제시장인 야시장에서의 외화와 공유에 의한 시장조사를 거치면서 오랜 시간을 투자한 것이 헛되지 않았다는 결론을 얻을 수 있었다. 그리고 그 확신은 또 다른 몰입력을 선사해 주었다.

물론 전술한 바와 같이 외화와 공유의 실천을 통해 나의 지식과 경험에 다른 시각의 피드백을 더함으로써 깊이와 넓이가 확장되고 자아실현감, 자기 브랜딩 효과 등을 얻을 수 있지만 야시장에서의 검증을 거치지 않고서는 그것을 업으로 삼을 수 있는가 없는가는 알 수 없다. 수년간 자신이 몰입한 길이 실제 시장에서 비전이 없다는 호된 평가를 받을지라도 홀로서기 전의 사전 검증은 필수 과정이다.

현재 근무하고 있는 회사 업무에서 비전을 찾았다 하더라도 우물 안에만 머물러서는 회사 일에서도 탁월한 성과를 내기 어려울뿐더러 앞으로도 계속 이 분야에 비전을 가지고 몰입하는 것이 맞는지 혼란스러워진다. 혼란은 몰입의 천적이다. 외화와 공유를 통해 가르침의 배움 효과를 얻고, 타인에게 지혜와 경험을 공유하는 기쁨과 그로 인한 인연 확장도 꾀하면서 야시장의 검증까지 병행해야 한다. 그래서 바른길로 가고 있다는 확신이 들면 더욱 깊은 몰입이 가능할 수 있다. 만에 하나 잘못된 길을 가고 있다면 늦지 않게 궤도 수정을 할 수도 있고 말이다.

사람은 마음만 먹으면 닫힌 마음도 얼마든지 열린 마음으로 바꿀 수 있다. 마음 씀씀으로 자신의 미래를 바꿀 수 있다는 뜻이다. 정말 실없는 얘기를 끝없이 하는 극단적인 경우를 제외한다면, 필자는 닫힌 마음의 사람보다 열린 마음의 사람을 좋아한다. 그들에게서 인간 미를 느낄 수 있기 때문이다. 그래도 저마다의 가치관이고 판단 기준이니 옳으니 그르니 섣불리 평가할 수는 없지만, 필자는 닫힌 마음보다는 열린 마음이 더 가치 있고, 더 많은 기회를 가져온다고 생각한다. 열린 마음은 자신을 성장시키는 매우 중요한 마음 씀씀이다.

02

지혜의 넓이를
키우는
공유의 네 가지 기술

자신이 어렵게 쌓은 지혜와 노하우를 외화하고 공유하는 것은 자기계발의 완성에 해당한다. 이를 실행하는 방법은 복잡하지 않다. 우리가 하는 일상의 행동에서 크게 벗어나지 않기 때문이다. 가장 큰 원칙은 나누는 데 있다. 자신의 지혜를 다른 사람과 나눌 때 그 지혜는 더욱더 많은 영감과 에너지를 얻는다. 그 에너지에 의해 우리의 일상은 더 행복해지고 더 풍요로워진다. 이 나눔의 행복, 공유의 네 가지 기술이 바로 '모범(행동)', '대화', '강의', '집필'이다. 이것이 외화와 공유의 정신을 실현하는 활동이다.

○ 첫 번째,
모범(행동)을 통한 나눔의 행복

'모범은 사랑이다.' 세상 그 어떤 사랑 못지않게 고결한 사랑이 바른길을 가는 뒷모습, 바른 삶을 사는 뒷모습이다. 부모, 스승, 상사 모두 마찬가지다. 그들에게는 말이 필요 없다. 본인이 잘못 사는 사람들이 오히려 말이 많다. 자신의 잘못된 표본과 반대되는 가치를 말에 의해 설득하거나 강제해야 하기 때문이다. 대부분의 부모들이 자식을 위해 몸과 마음과 영혼을 희생하며 산다. 하지만 적지 않은 부모가 놓치는 중요한 한 가지가 있다. 선천적 유전 못지않게 후천적 유전도 중요하다는 사실이다. 콩 심은 데 콩 나고, 팥 심은 데 팥 난다는 격언은 아이에게 '네가 뿌린 씨앗만큼 얻는다'고 강제하는 도구가 아니라 내가 내 행동으로 보여 준 대로 내 아이, 내 제자, 내 부하가 콩이 되기도 하고, 팥이 되기도 한다는 성찰과 실천을 하라는 말이다.

딸아이가 어릴 때 그 작은 궁둥이로 계단을 실룩샐룩 올라가는 모습이 너무 앙증맞고 귀여워서 짓궂은 장난을 몇 번 했다. 필자가 어릴 때 친구들과 장난치곤 하던 '똥침'을 놓은 것이다. 그런데 그 똥침을 몇 번 당한 아이가 며칠 후 앞에서 계단을 뛰어 올라가다 갑자기 멈춰서더니 팔짱을 낀 채 뒤돌아보며 "아빠 먼저 가!"하는 것이었다. 처음에는 그 "아빠 먼저 가!"라는 이야기가 무슨 의도인지 몰랐다. "그래!" 하며 앞장서서 올라가는데 갑자기 뒤에서 "아빠 똥침!"이라는 외마디 외침과 함께 곧바로 역공이 들어왔다. 그 순간 불의의 일격을 당해 몸도 오싹했지만, 마음도 오싹했다. 아이가 아빠의 일거수일투족을 관찰하고 복제하고 있었기 때문이다.

〈TV 동물농장〉을 보면 갓 태어난 병아리가 알을 깨고 나와서 처음 본 동물이 사람이면 그 사람이 어미인 줄 알고 졸졸졸 따라다니는 장면이 나온다. 사람이건 동물이건 갓 태어났을 때는 자신의 힘으로는 생존할 수도 없고, 삶에 대해 아무런 지식이나 경험도 없으므로 가까이에 있는 누군가가 보호자이며 복제 대상이다. 그에게 보호받고 사랑받고 관심받고 싶은 심리는 이 단계에서는 생존 본능이다. 그래서 그가 앞에서 하는 모든 행동을 따라 하는 것이다. 따라서 칭찬을 받으면 계속하고, 혼이 나면 멈춘다. 이때 아이에게 어떤 모습, 어떤 말, 어떤 행동을 보여 주는가가 여든까지 가는 세 살 버릇이 되는 셈이다.

아이는 자라면서 형제자매, 친구, 스승 등과의 교류를 통해 감동과 자극을 받거나 제재와 유혹을 당하며 자기만의 색깔로 성품과 습관이 굳어져 간다. 즉, 백지 상태의 영아 단계에서 그 위에 어떤 그림이 그려지는가는 아이의 환경 나름이라는 점이다. 가정에서 부모 형제의 모범 여부에 의해 1차 형성이 이루어지고, 학교에 가면 친구와 스승의 모범에 의해 2차 형성이 이루어진다. 이후 회사에 입사해서도 동료와 상사의 모범 여부에 의해 3차 형성이 이루어진다. 각각의 단계에 올바른 삶으로의 변화 계기와 기회가 있음에도 갈수록 가정과 공공의 질서가 흐트러지고, 구성원 간 불신이 쌓이는 가장 큰 이유는 바로 자기 모범의 부재 및 타인 모범의 강제에 있다.

지혜 나눔의 제1단계는 모범(행동)이다. 모범(행동)을 기반으로 하지 않는 대화, 강의, 집필은 오히려 반발심을 유발한다. 부모와 스승에게 반발하는 학생, 사회와 정치인에게 삿대질하는 국민 중 상당수는 모범(행동)을 기반으로 하지 않는 갑질에 대한 불신과 실망 때문이다. 반면 대화, 강의, 집필의 기술이 조금 어눌하더라도 본인의 삶자체로 지혜와 감동을 보여 주는 부모, 스승, 상사에 대해서는 알아서 존경하고 신뢰하며 그들로부터 수많은 영감과 자극을 얻어 자신의 삶에 변화를 도모한다. 부모, 형제, 스승, 상사들이 모범(행동)으로 나누는 지혜와 열정이야말로 가정, 학교, 회사, 사회가 신뢰 기반의 안정적 성장과 지속적 행복을 누리게 만드는 영감과 에너지의 원천이다.

○ 두 번째,
대화를 통한 나눔의 행복

나눔의 2단계는 대화다. 대화는 가장 초보적이면서도 가장 중요하게 이용되는 외화의 수단이다. 모태에서부터 가지고 나온 능력이기에 누구나 사용할 수 있는 가장 기본적인 수단이다. 그러나 너무 쉽게 얻은 능력이라 그런지 이를 생산적으로 사용할 생각은 잘 하지 않는 것 같다.

가벼운 농담과 잡담도 삶을 풍요롭게 만드는 재료가 될 수 있다.

하지만 대화가 농담과 잡담 일색이라면 문제가 있다. 때로는 진지한 삶의 이야기도 필요하다. 자기계발의 초보라 할지라도 때로는 자신의 지혜를 다른 사람과 나누려는 진지한 노력과 시도가 필요하다. 대화는 자기를 성장시키는 강의와 집필보다 마음 편히 자기 생각을 드러내는 가장 좋은 방법이다. 자신이 가고자 하는 길을 다른 사람의 시각과 가치관에 의해 지배당해서도 안 되지만, 그렇다고 자기만의 독선과 아집으로 외길을 가는 것도 위험천만하다.

자신의 비전과 그 실천방법을 평가하는 잣대에 일관성을 유지하되 타인과의 대화로 시장의 소리를 들으며 객관성을 확보해야 한다. 주는 자의 마음과 받아들이는 자의 마음이 진지하다면 대화는 진정성을 띄면서 예기치 못한 영감과 자극을 얻는 계기가 될 수 있다. 대화는 말로 가치를 주고받는 행위다. 그것도 실시간, 쌍방향으로 오고 간다. 그래서 내가 생각하는 지혜의 씨앗이 어느 정도 실현 가능성이 있고 경쟁력 있는지를 바로바로 알 수 있다. 진지한 대화는 내 지혜의 성숙함 정도와 삶을 대하는 태도를 실시간으로 보여 주는 생생한 자기표현 도구다.

또한 일대일 대화는 일 대 다수를 대상으로 하는 강의와 집필을 위한 리허설이자 새로운 아이디어를 만들어 내는 창구다. 강의와 집필 시에 사용하는 필자의 독특한 사례와 아이디어는 대부분 누군가와의 대화에서 비롯된 것들이다. 가령 필자가 강의 시 즐겨 사용하는 '아이템 인간'과 '시스템 인간'에 대한 아이디어 역시 대화 중 우연히 얻은 영감을 정리한 것이다.

몇 해 전, 필자는 팀 단합대회로 한라산을 등반한 적이 있었다. 등반 중 승무원 출신 서비스 강사와 함께 걷게 되었다. 그녀는 오랜 승무원 경험과 우수한 강의 능력에도 불구하고 낯가림이 심해 다양한 사람들과 교류하는 것을 꺼려했다. 반면 자신의 강의 주제에 대한 열정은 남달라서 저녁과 주말을 가리지 않고 관련 공부에 열중하고 있었다. 등산 중반 무렵 그녀가 자신의 장래에 대한 고민을 털어놓기 시작했다.

필자는 평소 그녀가 너무 자신의 아이템에만 몰입하고 아이템이 유통되는 시스템(시장과 사람)에 대해서는 소홀하다는 생각을 하고 있던 참이었다. 그래서 문득 그 부분을 짚어 주어야겠다는 생각이 들었다.

"박 과장, 세상에는 두 가지 인간이 있는 것 같아. 아이템 인간과 시스템 인간. 오로지 햄버거라는 아이템만 잘 만드는 사람과 시스템(사람과 시장)에 대한 지식과 경험을 겸비한 맥도날드 경영자 중 누가 승자가 될까?"

물론 답은 후자다. 후배에게 효과적으로 조언하기 위해 대화 중 문득 만들어진 스토리지만 유용하다 싶어 이후 다른 대화 및 강의 등에 즐겨 사용하게 되었다.

인간은 감정적인 동물이다. 이성적인 논리보다 감성적인 마음의 교류가 더 큰 힘을 발휘한다. 그래서 타인과의 교류로 상호 긍정적인 결과를 얻으려면 서로가 무엇을 할 것인가 못지않게 어떻게 하면 서로의 감정과 생각을 충분히 공유할지도 생각해 봐야 한다. 대화가 공유와 공감의 시작이다. 대화를 통해 우리는 서로의 기쁨과 슬픔, 기대와 희망, 근심과 걱정을 알 수 있다. 이러한 마음을 스스럼없이 나눌 때 생각지도 못한 지혜와 만날 수 있다. 그러니 대화는 자기 삶에서 지혜와 행복을 찾고 나누고 증폭시킬 수 있는 탁월한 방법이다.

○ 세 번째,
강의를 통한 나눔의 행복

대화와 달리 강의는 더욱 높은 차원의 기술을 필요로 한다. 그리고 이 기술은 용기에서 비롯된다. 대화와 다르게 강의는 여러 사람이 동시에 한 사람을 바라본다는 면에서 무대 위 강사를 얼어붙게 하곤 한다. 필자도 이 무대공포증을 넘어서기가 참 힘들었다.

타고난 성격이 워낙 내성적이고 낯을 많이 가리는 터라 강의는 공포였다. 이러한 천성적 수줍음은 아마도 필자의 어머니로부터 물려받은 듯하다. 어머니가 90평생 남 앞에서 처음이자 마지막으로 춤을 추신 것은 당신의 남편 회갑 잔치였다. 아들딸 6남매 부부와 손주들이 모여 축하드리는 모습을 보시자 주체할 수 없는 행복감에 당신도 모르게 너울너울 춤을 추셨다. 그리고 그 모습이 처음이자 마지막이었다. 필자 역시 이런 수줍음을 이어받았다. 필자는 학창시절 소풍이나 수학여행 때 춤을 춰 본 적이 없다. 이성에 대해서도 공포에 가까운 수줍음 때문에 고등학교 때까지 한사코 여자아이들을 피해 다녔다.

이런 필자였으니 회사에서 강의한다고 했을 때 형제들은 김씨 집안에 돌연변이가 나왔다고 의심의 눈초리로 바라봤다. 교육팀에 와서 첫 강의를 하던 날의 참담한 경험은 아직도 생생하다. 첫 강의라 몇 주에 걸쳐 준비를 철저히 했지만 강단에 올라가는 순간 머릿속이 텅 비는 것 같았다. 입은 바짝 마르고 목소리는 갈라지고 급기야는 위에서 신물이 넘어와 입도 쓰고 위도 쓰렸다. 2시간 강의가 그렇게 긴 줄 몰랐다. 오후 내내 위가 쓰려 기운이 없었다. 무대 체질의 사람들에게는 아무것도 아닌 일이 내게는 그토록 힘든 일이었다.

그러나 지금은 강의를 즐긴다. 물론 지금도 강의 초입에는 긴장감 때문에 목소리가 갈라지는 것을 스스로 느끼지만, 그것을 스스로 감지할 정도로 여유가 생겼다. 그리고 3~4분이 지나면 자신도 모르게 강의에 몰입하면서 목소리도 안정되고 수강생 사이를 오가면서 분위기를 즐기기도 한다. 조금 여유가 생기자 강의하는 자신과 분위기를 즐기는 자아를 이원화할 수 있게 되었다. 타고난 성격 때문에 여전히 남 앞에 서는 것은 힘들고 긴장되지만, 지금은 그러한 두려움과 긴장을 감수하는 것보다 훨씬 큰 선물을 강의를 통해서 얻고 있다.

강의는 마약이다. 실패한 강의는 마음에 큰 상처를 주지만 성공한 강의는 수강자들에게 나눠 준 감동과 자극이 큰 파도가 되어 되돌아오는 것을 느끼게 해준다. 나는 일 대 다수에게 감동과 자극을 전했는데, 되돌아올 때는 다수 대 일로 내게 되돌려 주니 내가 개개인에게 준 것보다 훨씬 큰 에너지로 증폭되어 되돌아오는 셈이다.

일대일 대화와는 또 다른 가치와 감동, 자극을 선사한다.

성공한 강의가 가져다주는 자아실현감, 피드백의 다양성, 타인으로부터의 인정과 존경 등은 내가 가고자 하는 길에 대해 강력한 확신을 심어 주고 이것이 인내심과 의지력, 몰입의 에너지로 전환된다. 실패한 강의에서도 마음의 상처만큼이나 피드백의 강도, 반성의 강도가 강력해진다. 그 충격 때문에 '강의는 안 되겠어!'라고 포기할 수도 있지만, 다음을 위한 반성과 개선의 계기로 받아들이게 되면서 은근히 실패를 즐길 줄도 알게 되었다. 중요한 것은 모든 일에 실패가 있지만 그 실패가 중요한 생산 자원이 될 수 있다는 사실이다. 그러고 보면 실패는 어떤 일에나 반드시 필요한 경험이다.

다양한 사람과 다양한 상황에 대한 적응력을 키울 수 있고, 주관적이고 개인적인 지혜를 객관적이고 호혜적인 지혜로 검증해 볼 수 있는 기회가 강의다. 그뿐 아니라 자신의 비전이 미래의 직업으로 충분한 가치와 경쟁력이 있는지를 검증해 볼 수 있는 좋은 기회이기도 하다. 한두 번의 강의 경험만으로 시장의 반응을 판단할 수는 없지만 다양한 집단에 대한 강의 빈도가 쌓이면 제법 정확하게 시장의 반응을 감지할 수 있다. 그뿐만 아니라 수강자 중에서도 내공이 높은 사람들이 있으므로 그 사람들로부터도 비교적 정확한 시장의 피드백을 들을 수 있다.

아울러 성공적인 강사는 인연의 중심에 서게 된다. 성공적인 강의가 주는 가장 큰 선물 중 하나다. 회사경영에서 인적자원이 가장 중요한 것처럼 자기경영에서도 사람이 가장 중요한 자원이다. 성공적인 강의는 가장 강력한 인연확대 수단이다. 내가 나를 알리러 다니지 않아도 수강자 중에 강의 내용에 공감하는 많은 사람이 나와 인연을 맺고 싶어 나를 찾아오게 된다. 그 많은 사람을 개별로 접촉해서 나를 이해시키고, 나에게 매력을 느끼도록 하려면 수많은 시간과 노력이 필요하고 성공확률도 높지 않다. 그러나 강의를 통해 내가 진지하게 살아가는 모습과 그 증거들을 보일 수 있다면 그것에 매력을 느끼는 사람들이 스스로 내게 다가온다. 그들 중에는 나보다 내공이나 지혜가 깊고 넓은 사람들도 섞여 있기 마련이다. 단기적으로는 그 사람들이 지식과 경험을 공유할 수 있는 지혜의 자산이지만 장기적으로는 시장에서 홀로서기했을 때 내 경제활동의 코치이자 마케터가 되어 줄 수 있는 사람들이다.

강의는 대화보다 많은 준비도 필요하고, 살 떨리는 긴장감과 두려움도 감수해야 하고, 실패 시의 상처도 훨씬 크다. 그러나 위험이 큰 만큼 성공했을 때는 이루 말로 표현할 수 없는 큰 선물을 주기도 한다. 강의는 실시간 감성공유, 지혜공유, 사례공유의 수단이자 지혜 검증과 비전의 평가, 인연 확대와 미래시장 개척이라는 다양한 나눔의 행복과 효과를 얻어낼 수 있는 최고의 무기 중 하나다.

대다수 사람에게 강의를 하라는 제안은 다소 부담스러울 수 있다. 따라 하기도 힘든데 다른 사람들 앞에서 강의한다는 것은 평범한 사람들에게는 힘든 일이거니와 어디서 그런 기회를 만들 것이냐는 의구심도 가질 수 있다. 그러나 강의는 공식적인 강의만 있는 것이 아니다. 교회를 다니면 교인들 앞에서, 학교에 다닌다면 학생들

앞에서, 회사에 다닌다면 직원들 앞에서, 그것도 아니라면 자신의 취미나 특기나 비전을 공유하는 모임을 만들어 회원들과 돌아가면서 미니 강의를 경험할 수도 있다. 필자가 강의가 주는 선물을 구체적으로 체감할 수 있었던 것처럼 독자들도 경험이 쌓이다 보면 조금씩 그것을 발견하고 체감할 수 있을 것이다. 지금은 전업 강사나 교수가 아니라 하더라도 대중 앞에서 강의할 기회는 얼마든지 만들 수 있는 세상이다. 강의를 통한 나눔과 성장의 기쁨을 장기적 목표 중 하나로 준비하는 것도 큰 의미가 있으리라 생각한다.

○ 네 번째,
집필을 통한 나눔의 행복

대화와 강의가 사람을 대면하여 이루어지는 쌍방향 소통이라면 집필은 보이지 않는 독자를 대상으로 이루어지는 단방향 소통이다. 대화나 강의와 달리 집필은 상대방의 특성과 상황, 반응 등을 전혀 살필 수 없다. 내 글을 읽어 줄 독자를 임의로 선정 후 그들의 상황과 입장을 가정해서 나 홀로 독백하듯이 긴 이야기를 써 내려가야 한다. 그래서 집필은 한두 시간의 강의보다 훨씬 많은 내공을 필요로 한다.

또한 보이지 않는 독자를 대상으로 하므로 아무런 반응이나 피드백이 없는 상태에서 혼자만의 고독한 싸움을 상당 기간 감수할 수 있는 의지와 인내를 요구한다. 게다가 출판 이후 전혀 통제할 수 없는 시장의 반응을 감수해야 한다. 대화나 강의 시에는 상대방의 의견, 제스처, 표정 등을 살피면서 강약고저 장단을 조절할 수 있지만, 집필 시에는 어떤 반응이 나올지 예측하기 어렵다. 그저 스스로 상상하고 결과를 유추해 가면서 쓰고 또 쓰는 방법밖에 다른 대안이 없다. 그래서 집필을 출산의 고통으로 비유하는 사람도 있다.

대화는 신문이나 잡지, TV에서 주워들은 풍월로도 가능하다. 실시간으로 짧게 이루어지는 대화는 남의 지혜를 마치 나의 지혜인 양 가장할 수도 있고, 실천해 보지 않은 얕은 지식도 들키지 않고 넘어갈 수 있다. 그러나 강의와 집필은 다르다. 물론 입심 좋은 강사나 필력 좋은 작가라면 전문성이 없는 얕은 지식을 가지고도 제법 인기 있는 강의와 책을 만들어 낼 수도 있다. 하지만 대다수의 평범한 사람들은 불가능하다. 대중 앞에 서면 긴장감 때문에 전문지식조차 잊어버릴 판인데 비전문 분야의 지식으로 많은 사람을 감동시키는 강의를 하고 글을 쓴다는 것은 언감생심이다.

그럼에도 나눔의 최고 단계인 집필의 꿈을 가져보길 바란다. 아픈 만큼 성숙해지고, 어려운 만큼 자기 발전에 큰 디딤돌이 된다. 지금 당장 어렵다면 5년 후도 좋고, 10년 후도 좋다. 혼자 쓰기 어려우면 같은 분야에서 마음 맞는 사람 몇 명을 모아서 '5년 공동 집필 프로젝트 TFT'를 시도해 봐도 좋다. 죽기 전에 내 인생 이력서에 책 한 권은 남기고 간다는 설렘으로 도전해 보기 바란다. 벤자민 프랭클린은 남에게 받은 지혜를 후세에 남기지 않고 무덤으로 가져가는 것은 죄악이라 했다. 인쇄술이 없었다면, 그리고 선조들이 자신들의 지혜를 글로 남기려고 노력하지 않았다면 우리는 여전히 수풀 속에서 돌도끼를 날리며 사냥감의 뒤꽁무니를 쫓아다니고 있을 것이다.

집필은 생각을 다듬어 준다. 내 안의 지혜를 외화하고 공유하기 위해 고민하면 할수록 역으로 내 지혜의 깊이와 넓이가 더해지고 체계가 잡혀가는 것을 느낄 수 있다. 객관적이고 다양한 피드백을 통해 나 혼자만의 지혜를 시장의 지혜로 발전시킬 수 있고, 다른 사람들의 인정과 배려로 자신감을 얻을 수 있다.

책은 내 지적활동의 범위를 실제시장으로 확장시켜 주는 역할도 한다. 소속 집단 내에서 하는 강의나 칼럼과는 비교할 수 없는 공력이 들어가고, 큰 리스크도 잠재해 있지만 투입과 리스크가 큰 만큼 그 결과에 따라서는 인생 자체가 바뀔 수도 있는 대단한 투자다. 누군가 책 한 권은 '벤처 창업과 같다'라고 했는데 필자 역시 시간이 지나면서 그것을 실감하고 있다. 광범위한 시장으로부터의 피드백, 저자라는 명예, 내가 몰입했던 지혜가 보편적 가치가 있는지에 대한 평가 등은 돈을 투자하고도 얻기 어려운 결과물이다. 오로지 자신의 시간과 노력을 투자해서 이러한 성과를 얻을 수 있으므로 괜찮은 투자라 생각한다.

담배 연기 자욱한 칙칙한 골방에 홀로 틀어박혀 밤을 새워가며 전투하듯 글을 쓰는 작가들의 시대는 끝났다. 우리는 명작을 남기려고 글을 쓰는 것이 아니다. 우리는 자기만의 생각과 경험을 여러 사람과 나눔으로써 나의 경험이 누군가에게 도움이 되기를 바라는 마음으로 글을 쓰면 된다. 실제 그런 사람들이 많이 있듯이 말이다.

자기계발의 최상단에 집필이 있다. 자기계발의 완성을 위해서도 글쓰기 과정은 필수다. 내가 받은 지혜를 다시 환원하는 차원에서도 외화와 공유로써의 글쓰기는 필수과정이다. 나눔의 행복 찾기 중에 가장 감미롭고, 가장 지적이고, 가장 자극적인 집필의 행복을 여러분도 맛보시길 바란다.

글쓰기 훈련을 내 인생의 플랜 속에 반드시 올려 두자. 길은 찾는 자에게 보이기 마련이다. 작게는 일기부터 시작해서 메일로, 블로그로, 칼럼으로 자신의 생각을 글로 표현하는 습관을 들이다 보면 내 영혼이 예리해지고 영민해지는 것을 실감할 수 있다. 그렇게 긴 호흡으로 준비한다면 어느 인생이라도 다른 사람들에게 영감과 자극을 줄 만한 한 권 분량 정도의 잔잔한 인생 스토리는 족히 있을 것이라 생각한다.

03

감동소비자가 아닌 감동생산자가 되는 방법

강의할 때 자주 받는 질문이 있다.

"좋은 이야기인 것 같긴 한데 내가 실천하지 않으면 남의 이야기밖에 되지 않는 것 같습니다. 세상에 감동 넘치는 책과 사람이 많지만 사람들이 그것을 따라 하지 못하는 것은 지속해서 실천할 수 있는 의지력이 없기 때문이라 생각합니다. 강의하신 내용은 실천하기 꽤 어려운 내용 같은데 계속 실천할 수 있는 인내심과 의지력은 어떻게 만들어 내고 계십니까?"

강의를 듣는 사람의 입장에서는 매우 중요하고 심각한 문제다. 어렵게 시간을 내서 책을 읽거나 세미나에 참석해 그중에서도 드물게 감동을 체험하지만, 그 마음을 꾸준히 가지기란 쉽지 않다. 책과 강의의 여운은 쉽게 사라지고 매번 작심삼일로 끝나 버리기 일쑤다. 무언가를 깨달았지만 인생에는 별다른 변화가 일어나지 않는다. 정보가 부족해서 무엇을 못하는 것이 아니라 알면서도 무엇을 못하는 삶을 살고 있다. 그래서 지금은 아는 것이 힘이 아니라 행하는 것이 힘인 시대다.

알면서도 못하는 것은 감동에 내성이 생겼기 때문이다. 그 자리에서는 마음이 움직인다. 무언가를 할 것 같고 반드시 해낼 것 같다는 생각에 온몸은 전율한다. 이렇게 마음만 움직이고 정작 중요한 몸이 따라가지 않는 것, 그것이 감동내성이다. 느끼면 움직여야 하는데, 느끼고도 움직이지 않는다. 때문에 우리는 생각을 실행하는 사람들보다 새로운 감동을 쫓아다니기만 하는 감동수집가들을 더 많이 만난다.

정보통신의 눈부신 기술력도 한몫 거든다. 우리는 언제 어디서나 감탄을 자아내고 눈길을 사로잡는 기막힌 정보들이 넘쳐나는 세상에 살고 있다. 그러나 이것은 복잡하고 분주한 삶에 잠깐 힌트만 제공할 뿐 내 삶의 깊은 문제와는 별개다. 그럼에도 우리는 골똘히 생각할 시간과 주의집중을 순간적인 재미와 짧은 감탄에만 쏟아붓는다. 새로운 감동은 얼마든지 검색하고 구매할 수 있다고 여기기에 꼭 해야겠다고 다짐한 일들은 순위에서 밀리고 쉽게 잊힌다. 문제를 해결하는 가장 손쉬운 방법이 검색이라 여기는 순간 자신의 지혜를 가지려는 수고와 열정은 사라진다.

○ 감동소비자와
   감동생산자

　사람은 '감동소비자'와 '감동생산자'로 나눌 수 있다. 감동소비자는 마음만 움직이는 사람들, 즉 감동수집가들이다. 감동생산자는 마음과 몸을 함께 움직인 사람들이다. 그들은 마음과 몸이 따로 놀지 않는다. 문제는 마음이 움직인 바를 몸으로 움직이는 사람들이 희소해졌고, 그와 같은 감동소비자들이 놓친 기회는 감동생산자들의 독차지가 되었다는 데 있다. 그렇게 세상은 감동생산자들에게 부와 명예를 헌납한다. 바로 이것이 감동소비자들이 손에 넣고 싶어서 그토록 갈망했던 결실이지만 그들은 결코 손에 넣지 못한다. 감동만 하는 사람들은 감동을 실행하는 사람들을 절대로 이길 수 없다.

　이것이 감동한 자들의 딜레마다. 차라리 몰랐으면 마음이라도 편할 것인데 알면서도 자기를 극복하지 못하고 며칠 하다 그만두면서 얼토당토않은 자기비하와 합리화로 끝내 버린다. 그렇게 반성과 방황만 거듭하며 세월을 보낸다. 그렇다면 감동소비자가 감동생산자가 되려면 어떻게 해야 할까? 무슨 수로 의지력과 인내심을 키울까? 충실한 감동생산자가 된다는 것은 무엇을 말하는가? 감동생산자가 되면 빠르게 성장하고 성공할 수 있을 것 같은데 좀처럼 감동생산자가 되지 못하는 이유는 무엇일까?

　충실한 감동생산자가 되려면 에너지가 필요하다. 감동을 실행하게 하는 의지력과 인내심에는 에너지가 필요하다. 타고난 유전자 덕분에 이 에너지를 많이 가진 사람도 있지만, 대부분의 사람은 의지력과 인내심의 에너지를 그리 많이 가지고 있지 못하다. 그래서 자신과의 고단한 싸움을 지속하는 경우가 대부분이다.

의지력과 인내심에 에너지를 공급하는 방법으로 필자는 두 가지를 혼용한다. 첫 번째 방법. 내 주변에 멘토를 배치하라. 즉, 멘토가 될 만한 이들을 적극적으로 발굴하고 사방에 배치하여 그들이 언제든 잽 펀치를 날리도록 나를 드러낸다. 멘토들의 잽은 나의 의지력과 인내심을 키우는 에너지다. 잽 펀치는 나를 긴장하게 하여 어떻게든 다음 공격 기회를 찾게 하는 훌륭한 자극제다. 이 펀치가 나를 '잽도 안 되는 것'에서 잽도 되는 복서로 만들어 준다.

○ 잽, 잽, 잽
그리고 어퍼컷

잽을 날려줄 멘토는 책이 될 수도 있고 사람이 될 수도 있다. 책은 인생바이블로 임명하고 사람은 인생멘토로 임명하여 항상 가까이 두고 교류한다. 감동이 없는 책들은 현관 근처 서가에 꽂아 두지만, 인생바이블은 책상 앞 책장에 꽂아두고 손때 눈때 묻히면서 읽을 때의 감동이 잊히지 않도록 동거한다. 이 책들이 준 지혜와 감동을 다른 사람과의 대화와 강의, 집필에 적극적으로 활용함으로써 감동의 에너지를 증폭시킨다.

다음은 인생멘토(귀인)들과의 교류다. 어떤 사람이 인생멘토라는 생각이 들면 인연노트의 중요도 필드에는 별표 3개, 거리 필드에는 4촌이라 표시한다. 그렇게 그와의 거리를 확인한 다음 그를 내 인생의 버스에 태우기 위해 가늘고 긴 1촌 만들기 프로젝트를 시작한다. 한번 만나 오랜 시간을 보내는 것은 서로 부담스럽다. 그래서 짧게 자주, 오랫동안 소식을 주고받는 것이 '귀인 프로젝트'의 핵심이다. 그를 만나면 배움이 있어 좋고, 내 부족한 의지력과 인내심의 에너지를 채워 주는 열정과 자극이 넘치기 때문에 '귀인 프로젝트'는 언제나 신나고 설레는 일이다.

O 감동은
사람을 움직이는 힘이다

감동생산자가 되는 두 번째 방법은 나 자신이 감동전파자가 되는 것이다. 책이나 사람으로부터의 자극을 통해 에너지를 보충받는 것도 중요하지만, 그것만으로는 2퍼센트 부족하다. 사실 내가 자극을 얻을 때보다 내가 자극을 줄 때 더 많은 에너지가 만들어진다. 당신도 직접 잽을 날릴 줄 알아야 한다. 이것이 우리를 감동소비자에서 감동생산자로 만드는 방법이다.

사람은 타인의 인정과 존경을 먹고 사는 동물이다. 성공에 대한 본능 안에는 그 성공을 인정하고 추앙해 주는 사람들의 평가와 시선이 있기 마련이다. 무인도에 혼자 살면서 치열하게 자기계발하는 사람은 없다. 부와 명예를 추구하는 것은 집단 속에서만 존재하는 가치다. 그렇기에 내가 다른 사람으로부터 받은 지혜를 정제해서 새롭고 더 나은 지식으로 만들어 타인과 공유했을 때 돌아오는 감사와 인정은 물질적 성공 못지않은 자아실현감이라는 고감도 만족감을 준다.

강의는 일종의 마약이다. 실패한 강의는 그만큼 커다란 마음의 상처로 남지만 강의가 성공하여 교육생의 감동이 내 가슴으로 전해질 때 얻게 되는 그 행복감은 어떤 말로도 표현하기 어렵다. 가슴 떨리는 감동은 받을 때보다 줄 때 더 짜릿하다. 잽은 맞을 때보다 본인이 직접 툭툭 한 방씩 내던질 때가 더 매력적이다. 다른 사람의 생각과 행동에 영감과 자극의 잽을 노련하게 날릴 수 있다면 이미 달인의 경지에 도달했다고 볼 수 있다.

우리는 지식이 뛰어난 학자도 아니고 저명한 사회 인사도 아니다. 그러나 얼마든지 자신의 세계에서 보고 느끼고 깨달은 지식과 경험을 가까운 사람들과 나눌 수 있다. 자기만의 생각을 주변 사람들과 공유하고 좀 더 넓은 세상에 알림으로써 인정과 감사, 격려를 받게 된다. 바로 이때 일어나는 자아실현감이 새로운 일, 더 큰 세상을 향해 나아가는 데 쓰이는 에너지다. 이 과정은 중독성이 매우 강해서 부족한 의지력과 인내심을 거뜬히 유지하고, 자신을 몰입의 경지로 끌어들인다.

감동은 사람을 움직인다. 마음에서 번뜩이는 영감을 느낄 때 한 걸음 전진할 수 있는 용기와 의지가 생긴다. 이 용기와 의지를 잃지 않기 위해 감동을 가득 머금고 있는 멘토를 내 삶에 배치하고 그 감동의 에너지를 나 자신의 실천과 음미로 증폭시키는 감동생산자, 그 승화된 감동을 또 다른 사람의 아름다운 삶을 위해 나눠 주는 감동 전파자가 되어야 한다. 그와 같은 삶을 지향하는 너와 내가 우리들의 소중한 가족과 회사와 사회를 좀 더 다르게 바꾸어 가는 주인공들이다.

04

개인과
조직의
변화 바이러스가 되자

파레토 법칙Pareto's Law 20:80은 필자 강의의 첫 번째 목표다. 강의를 들은 사람 중 20퍼센트를 변화와 열정의 바이러스로 감염시키자. 그들이 현장으로 돌아가 주변의 20퍼센트 사람들을 변화와 열정의 바이러스로 감염시키고, 그렇게 개인이 변하면 조직도 변화할 것이다. 단지 강의에만 감동하는 것이 아니고 감동을 자신의 삶으로 가져가는 수준까지를 기준으로 20퍼센트 목표를 생각한다. 자신의 삶에서 모범을 보이지 않는다면 아무리 좋은 이론과 방법이라 할지라도 그 염력은 연기처럼 사라지고 말기 때문이다.

기업경영에 있어 가장 소중한 것은 사람이고 그 사람 중에서도 20퍼센트의 인재가 실질적으로 대부분의 기업이윤을 창출하고 영속하는 기업의 기반이 된다. 생산성과 효율성은 선택과 집중에서 나온다. 그 20퍼센트의 인재를 탄탄하게 육성하면 위대한 기업^{Great Company}이 될 것이고, 적당히 육성하면 좋은 기업^{Good Company}이나 보통 기업^{Common Company}에 머무르게 될 수밖에 없다. 열정적으로 변화를 주도하는 인재가 20퍼센트도 되지 않는다면 그 기업은 위험한 기업^{Dangerous Company}이 될 가능성이 높다.

○ 우리들의
흔한 착각

이 이야기는 우리가 회사에 몸을 담고 있는 동안에는 20퍼센트 안에 들어가는 존재가 되도록 노력해야 한다는 이야기다. 조직에서 성공하는 사람은 위대한 기업이 되는 데 주도적인 역할을 한 20퍼센트 안에서 나오게 되어 있고, 그것은 곧 개인의 성공에도 커다란 영향을 미치게 된다.

자기가 속한 조직이 불합리하고 비윤리적인 구석이 많다 하더라도 떠날 용기가 없다거나, 떠날 여건이 되지 않아서 남아 있어야 한다면 그 안에서 내 인생의 성공 기회를 찾는 것이 자기 자신의 성공과 행복, 가족의 안녕을 위해서 바람직하다. 자신의 힘으로 바꿀 수 없는 조직이나 상사의 문제를 계속 가슴에 담아 두고 있으면 정작 개인적으로 더욱 중요한 자기비전을 찾을 수 있는 판단력과 의지력, 그것에 몰입할 수 있는 열정과 에너지를 분노와 실망에 다 빼앗기고 우울하고 짜증만 늘어가는 하루하루가 되기 쉽다.

완벽하지 않은 인간들이, 그것도 개인적 이윤과 자기 생존을 목표로 뭉친 조직이라는 유기체는 불합리하고, 이기적일 수밖에 없다. 조직은 원래 불합리한 집단이라고 인정하자. 이윤과 생존 앞에서 합리적이고 초연할 수 있는 사람이라면 조직에 들어오지도 않았다. 회사는 항상 합리성과 윤리성을 추구한다고 말하지만 그 회사를 이끌어 가는 조직 안의 사람들은 항상 합리적이고 윤리적일 수는 없다. 우리는 회사라는 추상적 개념과 생활하는 것이 아니고 그 안의 상사와 후배라는 구체적인 실체와 생활한다. 그 사람들에 대한 실망과 분노, 그들의 불합리성과 비윤리성을 회사라는 추상적 개념의 책임이라고 싸잡아서 화풀이한다. 하지만 엄밀히 따지면 그것은 회사의 문제가 아니라 사람의 문제다. 그래서 회사를 그만두는 사람의 대부분은 일이 아니라 사람 때문에 떠난다. 회사를 원망하면서 말이다.

사실 조직과 조직원을 동일시하는 것은 대단한 착각이다. 우리나라 최고의 일류 기업에 다닌다고 해서 그 사람의 인품도 우리나라 최고일 것으로 생각하는 것은 대단한 착각이다. 특히 상사와 회사를 동일시하는 것은 대단히 위험한 착각이다. 회사와 일체화할 수 있는 대상은 오직 오너뿐이다. 그 이외에는 사장을 포함한 모든 상사가 나와 마찬가지로 자신의 생존과 성공을 마음속의 첫 번째 기준으로 생각하고 살아가는 피고용인의 신분이다.

평생직장이 위협을 받을수록 생존과 성공을 위한 이기심과 야망이 합리성과 윤리성을 잠식하게 되어 있다. 이처럼 우리는 조직이 아니라 조직원과 동거하고 있다. 우리는 조직이 아니라 조직원으로부터 날마다 영향을 받고 무시도 당하고 싸우기도 하고 이기적 야망에 동원되고 쓸데없는 회의에 불려다니면서 지쳐 가고 실망하고 힘들어하게 된다. 그러다 회사를 떠나기도 한다. 어느 조직에서나 흔히 볼 수 있는, 그야말로 '월급쟁이 프로세스'다.

○ 실망과 분노도
에너지다

오래전에 '어느 사회초년생의 사직서'라는 동영상이 큰 반향을 일으킨 적이 있었다. 어느 대기업의 입사 1년차 직원이 회사를 그만두면서 사내 게시판에 올린 글이 인터넷에 유포되면서 수많은 찬반 댓글이 달렸고, 한 사이트에서 그 내용으로 동영상을 만들어 올리기도 했다. 몇 년 전 글이지만 지금도 현실이다. 당시에 실린 내용은 다음과 같았다.

어느 사회초년생의 사직서

1년을 간신히 채우고 그토록 사랑한다고 외치던 회사를
그만 떠나고자 합니다.
회사에 들어오고 나서 이해할 수 없는 일들이 참 많았습니다.
술들은 왜들 그렇게 마시는지

회식은 누가 좋아서 그렇게 하는지
왜 야근을 생각해 놓고 천천히 일하는지
실력이 먼저인지 인간관계가 먼저인지

회사가 살아남으려면 유연하고 개방적인 문화
창의와 혁신이 넘치고, 수평적이어야 하며
미친 듯이 일을 하고 공부해도 부족한데
도대체 이 회사는 무엇을 믿고 이렇게 천천히 변화하고 있는지

반면에 회사를 통해 이해하게 된 것들도 있습니다.
개인윤리의 합보다 낮은 '집단윤리 수준'
그리고 조직과 조직원의 목표는 일치하지 않는다는 이론
조직이기에 어쩔 수 없는 것도 사실입니다.
하지만 정말 최선을 다해서
조직이 가진 문제들을 고쳐 보고자 '최선의 최선'을 다한 이후에
정말 어쩔 수 없을 때에야 할 수 있는 말이 아닙니까?

월급쟁이 근성을 버리라 하시는데
월급쟁이가 되어야 살아남을 수밖에 없는 구조와 제도를 만들어 놓고
어떻게 월급쟁이가 아니기를 기대합니까.

열정 하나만 믿고 들어온 사회초년생도 1년 만에 월급쟁이가 되어 갑니다.

지금부터 10년, 20년이 지난 후에 동기들이 '너 그때 왜 나갔느냐?' 조금만 더 있었으면 잘되었을 텐데'라고 말해 주었으면 정말 좋겠습니다.

지금이라고 바뀌었을까? 끝까지 업무를 소홀히 하지 않았다는 그 신입사원처럼 대부분 직장인은 정말 열심히 일한다. 그렇지만 그들 역시 머리와 가슴으로는 수없이 느끼고 경험하고 슬퍼하고 안타까워한다. 하지만 그 현실에서는 쉽게 벗어나지 못한다. 그리고 기업을 중심으로 움직이는 자본주의 시스템 내에서는 그가 느꼈던 상황이 쉽게 바뀌지 않을 듯하다. 이 나라 시스템을 완전히 혁신할 지도자와 개인적 희생을 감수하면서도 그를 따르는 국민이 나오지 않는 한 말이다. 그래서 월급쟁이들이 모이는 자리라면 어디서나 대책 없는 하소연과 푸념이 넘쳐 난다.

기대와 희망을 품고 사회에 진출했던 신입사원의 마음을 전해 들으니 사회 선배로서 책임감도 느껴지고, 안타깝고 슬프다. 그러나 필자와 같은 선배 직장인 가슴 속 밑바닥에도 이런 상황은 마치 숙변처럼 눌어붙어 있다. 몰라서 가만히 있는 것이 아니다. 누구도 그 문제를 쉽게 해결할 수 없기에 참고 견디고 있는 것이다.

이러한 조직 내 불합리는 개인과 조직의 이익과 성공, 생존을 위해 맞바꾼 그들의 생존본능이다. 그래서 이는 그 신입사원이 근무한 대기업만의 문제가 아니다. 안타깝고 슬프지만 이러한 불합리는 보편적인 조직의 민낯이다. 그것을 인정해야 한다. 다른 조직으로 피해간다 해도 상황은 비슷할 것이고, 나만 그런 취급을 받는 것도 아니다. 불안전한 사람들이 불완전한 시스템 속에서 하는 일이니 그럴 수밖에 없다. 그렇게 인정하면 새로운 선택의 자유가 생겨난다. 《죽음의 수용소에서》의 저자 빅터 프랭클처럼 말이다.

인정하고 받아들이면 우리는 다른 길을 찾을 수 있고 몰입할 새로운 기회와 만날 수 있다. 자신의 몰입비전을 찾으라는 말이다. 온전히 몰입할 수 있는 비전이 생기면 그러한 상황이 사소해진다. 내가 가야 할 길이 분명해지면 누구에게나 해당하는 불합리가 내게는 사사로운 일이 될 수 있다. 내 삶과 상황을 내가 주도하기 때문이다.

불합리에 대한 실망과 분노에 쏟는 에너지를 자기비전에 몰입하는 에너지로 변전하자. 조직의 불합리한 성공 법칙에 초연할 수 있는 자기만의 브랜드를 조직 속에 포지셔닝하는 것도 방법이다. 필자의 경험으로는 그다지 먼 길도 아니고 재미없는 길도 아니다. 더구나 조직 내에서 불합리한 수단과 방법을 동원해 성공한 사람의 생명력보다는 시장가치 있는 자기 브랜드를 구축한 사람의 생명력이 훨씬 강하고 길다. 불합리한 조직 법칙으로 성공한 자는 그 조직을 떠나는 순간 낙동강 오리알이다.

하지만 자신의 재능과 희망과 시장 가치를 기반으로 자기 비전에 충실한 사람은 조직을 떠나서도 홀로서기가 가능하다. 불합리한 조직 법칙에 능숙한 자는 혼자는 잘 나갈지 모르지만, 조직의 성공 사례Best Practice가 될 수 없고 조직의 정치 바람 앞에 흔들리는 촛불 같은 존재다. 그러나 조직이 필요한 분야에 열정과 비전을 가지고 몰입하여 역량을 구축한 자는 조직의 성공 사례가 되고, 조직의 정치 바람 앞에서도 흔들리지 않는다.

　조직을 이끌어가는 20퍼센트의 사람 중에서도 상위 20퍼센트 안에 드는 사람들이 조직의 핵심인재다. 핵심인재는 자기만 잘하는 사람이 아니다. 그들은 주변 조직원을 감화시키는 지혜와 열정의 바이러스다. 최근 기업교육의 화두는 확고한 자기비전을 가지고 스스로 학습하는 인재를 육성하는 일이다. 그들은 스스로 학습하여 자가 발전하는 무동력 엔진이다. 돈과 시간을 들여 교육을 해 보면 마음이 콩밭에 가 있는 교육생들이 많다. 그러나 자기비전에 몰입한 자는 구태여 돈과 시간을 들여 교육해 주지 않아도 스스로 찾아서 공부하고 발전하고 변화해 간다. 그들은 몰입의 즐거움을 느끼면서, 조직의 인정도 받고 조직생활 이후의 미래도 준비한다. 조직 입장에서도 최상의 인재육성 비법이라 할 수 있다.

05

지혜를
나르는
나룻배가 돼라

　1인당 음주량은 세계 최고, 1인당 독서량은 세계 최저. 이것이 우리의 현실이다. 그래서 자기계발의 '외화와 공유' 이야기를 꺼내는 것 자체가 너무 앞서는 듯하다. 그래도 삶을 변화시키려는 사람들에게 외화는 매우 중요한 방법이기에 필자의 경험을 좀 더 이야기하려고 한다.

　자기계발에 조금이라도 관심이 있다면 내화 → 체화 → 외화의 큰 그림과 목표를 염두에 둬야 한다. 무턱대고 '아침형 인간'이 되겠다거나 '1년에 1천 권 책 읽기'가 자기계발의 전부라도 되는 것처럼 따라 하지 말라. 그보다는 적극적인 학습과 만남을 통해 지식을 얻고, 실천과 음미를 통해 지혜로 숙성시켜서, 외화와 공유를 통해 완숙시키는 '내화와 체화 그리고 외화'의 루틴을 반복하는 것이 훨씬 의미 있고 가치 있는 방법이다. 이 과정을 쉽고 빠르게 진행하는 방법은 무엇이 있을까?

사람과의 관계로 시작하자. 지금까지 계속 강조해 왔듯이 열린 마음으로 타인과 관계를 형성해 보자. 타인의 지혜와 경험은 우리가 경험하지 못한 부분을 한눈에 드러나게 한다. 누군가를 만나서 잠시만 이야기를 나눠 보면 그 사람이 지혜로운지 그렇지 않은지 알 수 있다. 지혜로운 사람은 우리의 마음을 움직인다. 그래서 머리가 아닌 마음이 먼저 그 사람을 알아본다. 설령 내가 지혜롭지 못하다 해도 지혜로운 사람을 알아보기는 어렵지 않다.

자기계발에 눈을 뜨기 시작했을 무렵 연우포럼이라는 모임에 참석했었다. 연우포럼은 전 세계에 흩어져 있는 한민족 리더십 네트워크를 위해 만들어진 모임이었다. 필자는 1년여 간의 주저 끝에 오프라인 정기 모임에 참석했었다. 필자가 모임에 선뜻 나가지 못했던 이유는 회원 대부분이 이미 사회적으로 성공한 50대~70대의 회장님, 사장님들이었기 때문이다. 그러다 보니 당시 30대 후반의 평범한 샐러리맨인 나로서는 참석하기가 영 부담스러웠다.

○ 용기가
필요하다

지금은 좋은 인연을 쌓을 수 있다면 나이와 지위가 높은 사람들의 모임이라도 주저 없이 참여하지만 그때만 해도 보통의 직장인들처럼 낯선 사람들과 어울리는 일이 쉽지 않았다. 그래도 용기를 내어 모임에 나갔는데, 역시 예상했던 대로 필자는 참석자들의 평균 나이와 한참 차이가 나는 새파란 젊은이에 속했다. 각자 일어서서 자기소개와 모임에 온 소감을 말했다. 그 자리에서 필자는 이렇게 소개했다.

"이와 같은 자리에 참석할 수 없는 어린 후배들과 선배님들을 이어 주는 지혜의 나룻배가 되고자 이 자리에 왔습니다."

어느 모로 보나 필자 입장에서는 줄 것은 없고 받을 것만 가득한 모임이었다. 거의 매일 세계 각국에 있는 회원들로부터 수준 높은 칼럼이나 기고가 몇 개씩 올라오고, 책 한두 권 출판한 것은 이 모임 안에서는 흔한 일이었다. 필자는 나이로, 지위로, 지혜로 이미 주눅이 들어 있었다. 이 모임의 비전이 '지혜와 사랑을 나누자'인데 그 당시의 필자에게는 나눠 줄 것이 거의 없었다.

그러나 엉겁결에 던진 이 '지혜의 나룻배'라는 단어를 통해 대중 앞에서 한번 뱉은 말은 그냥 멈춰 있지 않는다는 사실을 알게 되었다. 여러 어르신들이 '지혜의 나룻배'라는 이 표현 한마디에 감동을 받으셔서 먼저 다가와 심리적 장벽을 허물어 주셨다. 내 마음이 풀

리니 무거웠던 모임의 분위기는 어느새 활력을 띠었다. 어색해서 제대로 보지 못했던 것들이 정신을 가다듬으니 하나둘 보이기 시작했다. 나보다 어린 사람도, 나보다 나이 많은 사람도 그 다름으로 인해 다소 어색하고 불편할 수 있지만, 사람은 한 공간에서 시간을 함께 공유할수록 서로 친숙해지고 서로를 더 잘 이해할 수 있다는 사실을 깨달을 수 있었다. 또한 나이가 많든 적든 부족한 부분도 있고 모르는 부분도 있구나 하는 인간적인 모습도 볼 수 있었다.

긴장과 어색함의 단계를 지나야 비로소 내면에 간직하고 있는 지혜와 경험을 나누는 마음이 열린다. 그 마음이 열리는 순간 서로가 가진 것을 조금이라도 더 나누려고 행동한다. 나이와 지위에 큰 차이가 있더라도 첫 만남의 어색함과 긴장감이 없어지면 인간적 만남이 두터워지면서 서로의 생각을 더 깊이 나누며, 온라인과는 다른 느낌과 분위기를 그대로 체험할 수 있다. 첫 참가의 용기가 없었다면 아마도 이 많은 깨달음을 얻을 수 없었을지도 모른다.

❍ 지혜의 노를
·저어라

마음이 맞는 사람들끼리 연우포럼 내 소모임으로 독서동아리도 만들었다. 중요한 것은 이처럼 서로를 알아가는 과정에 들어가자 타인들로부터 얻은 지혜와 경험이 내 안에서 정제되어 나의 현장(강의)에서 그대로 나타나는 것을 목격할 수 있었다는 점이다. 필자는 어느새 나 자신도 모르게 대화와 글과 강의를 통해 타인의 지혜를 또 다른 사람에게로 실어나르고 있었다. 말 그대로 지혜의 나룻배가 된 듯했다. 내가 가지지 못한 지혜를 다른 사람을 통해 깨닫고 이를 또 다른 사람에게 전해 주면서 그 지혜가 진정한 나의 지혜가 되어갔다. 그 속에서 얻는 만족감과 자아실현감은 이전에는 결코 느끼지 못했던 짜릿한 감정 그 자체였다.

첫 모임에서 자신 있게 내놓을 만한 자기소개가 없어 얼떨결에 "지혜의 나룻배가 되고자 이 자리에 왔습니다"라고 소개한 내용이 그대로 실현되고 있었다. 사람과 사람의 관계로부터 지혜가 만들어지고 증폭된다는 사실을 다시 한 번 느낀 소중한 경험이었다.

누구나 사람과 사람을, 시간과 공간을 이어 주는 지혜의 나룻배 역할을 할 수 있다. 그리고 이는 자기를 제대로 계발하는 데 반드시 필요한 일이다. 개인적인 관점에서도 투입대비 효과가 가장 큰 자기계발 방법이고, 세상의 발전과 풍요 역시 이러한 지혜의 나룻배 같은 사람들에 의해 만들어진다고 생각한다. 그들은 자신의 지혜를 또 다른 사람에게 전달함으로써 세상을 성숙시켜 왔다. 우리는 이들의 지혜를 책을 통해서 접한다. 책을 읽는 우리는 이들의 가르침을 받아들여(내화), 자기 것으로 만들고(체화), 내가 받았던 것처럼 또 다른 사람들과 공유함으로써(외화) 서로 지혜의 깊이와 넓이를 더해 갈 수 있다.

우리 각자가 지혜의 나룻배가 되어 시공간이 다른 사람으로부터 지혜를 받아들이고(내화), 실천과 음미를 더해 숙성시키고(체화), 또 다른 시공간의 사람들에게 모범과 대화, 강의와 집필을 통해 실어다 주면(외화), 되돌아오는 나룻배 안에는 베풂의 대가가 가득 실려서 되돌아온다. 다른 사람의 피드백을 통한 지혜의 심화, 공유를 통한 자아실현감, 다른 사람들로부터의 감사와 인정, 자기 지혜의 경제적 가치판단 등이 나룻배 가득 차오른다. 내가 먼저 모범이 되고, 내가 먼저 나누는 것이야말로 너와 나, 가정과 학교, 회사와 사회가 공존 공영할 수 있는 유일한 길이다.

사실 우리는 너무 일찍 지쳐 버렸다. 획일화된 교육시스템과 사회분위기 때문에 우리는 자기 지혜를 쌓기도 나누기도 어려운 현실 속에 살고 있다. 교육은 사회의 표준인재를 대량생산(?)하는 일방적인 방향만 강제받아 그 수혜자인 우리는 학교 안팎에서 남들과 똑같은 내용을 가지고 똑같은 시간에, 똑같이 대학을 가야 한다는 목표를 강요당하며 살아왔다. 그렇게 해서 대학을 가면 자기 인생을 살기보다 또다시 사회적 가치 기준과 타협해야 살아남을 수 있다.

도대체 '내 삶 속에 내가 있기나 한 건가?' 싶을 때가 많다. 필자도 그러한 삶에서 예외가 아니었고, 회사에 어렵게 들어온 젊은 청춘들도 그렇게 살아왔고, 우리의 자녀들도 그렇게 살고 있다. 그러다 어느 날 문득 이렇게 살아서는 안 되겠다는 각성이 들 수 있다. 내 삶을 직접 경영하는 주인의 삶을 살고 싶어질 때를 말한다. 그런 분들은 필자와 같은 시행착오를 줄여서 자신이 바라는 목적지를 좀 더 쉽고 빠르게 찾기를 바란다. 그 시작으로 사람들 속에서 지혜나룻배의 노를 젓기 바란다. 지혜도 얻고 사람도 얻고 미래도 얻게 될 것이다.

에필로그

내 삶의
달인이 되자

내가 가진 지능과 자원은 한정적인데 공부해야 할 지식과 정보는 홍수처럼 범람한다. 매일매일 지식과 정보의 바다에서 익사할 것 같다. 설상가상 곳곳에 널린 유혹들(인생 5적-SNS, 스마트폰, TV, 게임, 술)은 온종일 정신을 혼미하게 해서 노력과 효율을 방해한다. 지식 반감기란다. 서 있으면 퇴보하고, 쉬지 않고 걸어도 중간이라고 으름장을 놓는다. 성공하고 싶거들랑 날마다 도움닫기하며 살란다. 인생은 마라톤이라는 이야기는 옛말이다. 이 시대의 인생은 도움닫기다.

하지만 기계가 아닌 인간이 어떻게 날마다 도움닫기로 살 수 있겠는가? 매일매일의 삶이 십자가처럼 무겁다. 사람이 만든 세상에게 사람이 희롱당하고 있는 형국이다. 한 사람의 개인으로서 이 거

대한 세상의 희롱을 어떻게 당해내야 할까? 우리 스스로 인간을 '존엄한 존재'로 자칭하지만 내 삶은 그다지 존엄하게 느껴지지 않는다. '집 떠나면 개고생!'이라는 광고 구절이 '사는 게 개고생!'이라는 말로 느껴져서야 되겠는가? 어떻게 해야 여유를 좀 가지고 살 수 있을까? 어떻게 해야 공허한 외침뿐인 일과 삶의 균형을 진짜 누릴 수 있을까? 어떻게 해야 미래에 대한 공포 없이 현실에 만족하며 살 수 있을까?

세상을 이기는 방법은 딱 두 가지다. 선천적 천재로 태어나던가, 후천적 천재가 되던가. 하지만 전자는 내게 선택권이 없다. 다행히도 후자는 내 선택권이다. 후천적 천재는 내 선택으로 가능하다. 전자는 부모가 주지만 후자는 내 꿈이 주기 때문이다. 돋보기가 초점을 태우듯 내 꿈을 선택하고 집중하면 그 한 가지에서만은 천재가 되고 달인이 될 수 있다.

평범한 사람이 장인이 되고 달인이 된 것은 오랫동안 한결같이 자신만의 꿈에 절박한 마음으로 초집중, 초몰입한 결과다. 한 목표에 초집중, 초몰입하다 보면 온갖 시도, 경험, 만남, 사물로부터 내 꿈에 다다르게 해주는 기발한 영감을 시도 때도 없이 떠올리는 절대영감을 갖게 된다. 절대영감에 의해 가랑비에 속옷 젖듯 지혜에 젖고, 티끌 모아 태산되듯 작은 진보가 쌓이고, 잔 펀치에 장사 없듯 난관들을 무너뜨리다 보면 어느 사이 나 역시 내 꿈에 대해서는 천재, 달인이 되는 것이 세상의 이치다. 그렇게 해서 평범한 그들, 나보다 공부를 못했던 그들, 장애가 있는 그들도 성공했다. 인생은 공평하다는 말은 이를 두고 하는 말이다. 끌어당김의 법칙은 이를 두고 하는 말이다. 온 우주가 내 꿈을 위해 움직이게 하는 것이 절대영감의 능력이다.

인생 로또와 같은 '타고난 천재성'을 부모님이 내게 주지 않았다고 남의 그것을 마냥 부러워만 하고 있으면 내 인생은 영원한 박수부대일 뿐이다. '하늘이 무너져도 솟아날 구멍이 있다', '호랑이 굴에 들어가도 정신만 차리면 살 수 있다'를 가능하게 해주는 것이 절대영감이다. 절박한 순간 주변의 모든 사물과 무의식 속에 쌓여 있는 나의 모든 지식과 경험을 버무려서 솟아날 구멍, 살아날 방법을 번뜩 떠올리는 능력이 절대영감이다. 목숨이 벼랑 끝에 달린 순간에만 생기는 이 절대영감을 일상화해야 한다. 그래야 평범한 지능과 노력, 소모해 버린 시간의 갭을 뛰어넘어 성공과 행복이 가득한 나의 신화의 땅에 다다를 수 있다.

한 개인이 온 우주를 알 필요도 없고 알 수도 없다. 나 하나의 성공과 행복을 위해 1년에 수백 권, 인생에서 수천수만 권의 책을 읽을 필요도 없다. 그런 건 위대한 사상가를 꿈꾸는 상위 1~2퍼센트 인생들이나 열심히 도전하라 하자. 한 달 한 권부터 시작해서 한 주 한 권까지만 가도 충분하고 넘친다. 1년이면 52권인데 대학의 한 전공 분량의 지식이다. 1년에 학사학위 하나를 따는 수준이다. 충분하지 않은가? 사실 자신의 전공을 위해 50권이 넘는 책을 읽은 사람도 거의 없지 않은가? 1년에 52권, 그 정도면 충분하고 넘치는 수량이다.

양보다 훨씬 중요한 것은 내 삶의 동반자들(사람, 책, TV, 영화, 신문, 잡지, 경험, 사물 등등)을 통해서 반복적으로, 수시로 영감을 우려내는 능력을 갖추는 방법이다. 절실한 꿈에 의한 절대영감이 장착되면 홍수처럼 범람하던 지식과 정보가 모두 내 꿈을 위해 나란히 줄 서기하는 것을 느낄 수 있다. 그동안은 나를 피곤하고 혼란스럽게 했던 수많은 관계와 콘텐츠들이 나와 내 꿈을 위한 존재로 탈바꿈된다. 진정으로 내가 내 삶을 위하게 되는 것이다. 나를 괴롭히고 내 삶에서 주도권을 행사하던 들러리들을 내 삶의 조연으로, 영감과 자극을 끊임없이 배달해 주는 도우미로 만들어 주는 절대영감이 필요한 시대다. 성공하기 어렵다? 행복하기 어렵다? 원하는 삶을 살기 어렵다? 우는 소리하지 마라. 역으로 생각해 보면 절대영감의 소재가 차고 넘치는 시대가 아닌가.

부록

인생미션(인생목적, Why)	인생비전(인생목표, What)
# Dream Maestro	인생경영 멘토/강사/작가 방방곡곡 도서관장/독서모임 회장 인생학교 교장 60세 30억

과거		현재

[연도 / 나이] 연혁	느낌과 영향

Ver190101화 / sangkyung.kim@gmail.com

[연도 / 나이] 연혁	느낌과 영향
[67/01] 전남 해남군 문내면 심동	3남3녀의 막내, 늦둥이 인생 시작
[80/14] 문내동 초등학교 졸업	오만과 망각의 시대
[83/17] 우수영 중학교 졸업	오만과 망각의 시대
[86/20] 광주광역시 광덕고 졸업	자기한계 1차 자각과 방황
[86/20] 중앙대 경영학과 입학	서울생활 부적응
[88/22] 입대(철원 6사단)	자기한계 2차 자각과 반성
[91/25] 3학년 복학	인생 최초 치열한 공부
[92/26] 일본 동경 어학연수	인생에서 가장 행복한 때
[93/27] 복학/아시아나 입사	취업-유학(와세다) 사이 극한 방황
[94/28] 조종사 심사부서 배치	경제상황 자각과 첫 두려움
[99/33] 결혼(5.16)	목표 없이 바쁜 생활, 자원 난사
주식투자 실패	첫 재테크 실패의 고통
인터넷 판매아파트 배치	기회에 적극 반응, 인생전환점
[00/34] 외부활동&독서몰입 시작	인연/지식의 중요함 절감
[01/35] 지은 탄생(8.23/7.5)	더한 현실감이 가슴으로…
사내 업무개선대회 대상	항공+여행사 Extranet
그룹 업무개선대회 금상	항공+여행사 아시아나메신저
[02/36] 고려대 경영대학원 입학	엄청 무리지만 미래 위해 투자
[03/37] 한경 마케팅대회 금상	첫 외부 수상-B2B인터넷 마케팅
지식공유모임 조직	Free Marketing Agency Korea
[05/39] 교육팀 전입 (9.1)	두 번째 인생전환점
인생경영 첫 강의	비로서 천직 발견
고대 마케팅석사 졸업	큰 일 한가지 해냄
인생경영 집필시작	생각보다 빨리 다가온 집필
사보칼럼 13개월 연재	공유를 통한 배움 + 나 브랜딩
[06/40] 7habits 강사자격 취득	강의 패러다임 전환
[08/42] 일본 지역전문가 연수	세 번째 인생전환의 주춧돌
"일본일본인"칼럼 연재	20회,매회1천 명 이상 직원 인기칼럼
[11/45] 지은이 피아노콩쿨 대상	내 아이를 키우는 기쁨,보람,행복
[12/46] 강연공연 재능기부단 제안	사내제안상 수상, 재능기부 시작
[12/46] 무릎인대 이식수술날	마취에서 깨고 있을때 지은 사고소식
지은이 교통사고	하늘이 무너짐 …
[13/47] 아버지 별세 (7.12/음 6.2)	할아버지 염을 보며 하염없이 울던 지은이 모습을 평생 못잊을 듯
[14/48] 어머니 별세 (3.31/음 3.1)	나의 하늘이 모두 무너졌다
[15/49] 처녀작 '절대영감' 출간	10년 몰입의 구체적 결실감
[16/50] 3.1 독립, 2생 시작	진짜 내 인생을 찾아서 (희망+불안)

성공자산 현황분석 및 개선방안

〈지식 75%〉 철학, 심리학, 사회학, 기획,
　경영, 마케팅, 인생경영 지식 미흡
　→ 책/사람/세미나/커뮤니티로 학습 지속

〈인연 70%〉 학연, 지식커뮤니티 등 1만여 명
　인연DB 보유 → 상류/글로벌 인연 확대,
　자신이 먼저 인재가 될 것

〈자금 20%〉 다른 자원 대비 심한 불균형
　돈에 대해 무관심했던 것이 원인
　→ 돈에 애정을 가질 것, 시스템적 수입 개발

〈성공습관 70%〉 기상/운동/독서/집필
　습관불규칙 → 5시 기상 + 운동/독서/집필

〈실행력 50%〉 관심분산으로 자원분산,
　고민과 주저 시간 과다 → 선택집중,
　상상-기획-실행의 간격 축소

과거현재 반성	핵심 성공요소
목적목표 무 : 인생방향 없이 시간/열정 질주 난사	목적목표몰입 : 자기자원을 인생 목적과 목표에 몰입
성공습관 무 : 자연생성 습관에 지배받던 삶	독서몰입 : 독서생활에 의한 영감열정 채집체화
자기주도 무 : 타인 시선 또는 나태에 지배받던 삶	사람몰입 : 책/사람/세미나/커뮤니티로 영감열정 채집
전략전술 무 : 목표-전략-실행-반성 무, 재테크 무관심	지혜공유 : 탐색→배치→실천→공유(대화/강의/집필)
꿈시스템 무 : 효과적/효율적 꿈몰입 시스템 무	몰입시간 : 새벽/밤=Item학습, 저녁/주말=System구축

인생전략(실행방법, How)	연간목표	
꿈연금술 시스템(PRP) 개발 책+사람+세미나+커뮤니티로 학습 일상화 모범+대화+강의+집필로 지혜나눔 생활화 절대영감+4 Dream Seeds 대화/강의/집필 300개 독서모임 + 3000개 도서관 오픈	[ ] 절대영감 → 《나원삶》 출판 [ ] 승무원면접법 책 출판 [ ] 드림칼리지 개설 [ ] 자금조달 교육과정 개설 [ ] 연내 월 천 달성	[ ] 1주1독 (연 52권 독서) [ ] 1일1필 (연365시간 집필) [ ] 코치자격 취득 [ ] 주3운동 [ ] 연2여행 (가족여행)

미래		
사망예정일	잔여시간	
2044.05.16 (예정수명 77세)	10 20 30 40 50 60 70 80 90 100세 25년	

상경헌법 = 생각습관 + 행동습관	Bucket List(죽기 전에 꼭 하고 싶은 일)	
내 천직은 학습,실천,음미,나눔이다 선구자의 외로움을 즐긴다 내가 원하는 일에 올인한다 내 시선으로 산다 큰 그림(숲)을 먼저 그린다(본다) 즉시, 반드시, 될 때까지 한다 동정과 관심을 구걸하지 않는다 멘토를 찾고, 적고, 본받는다 좋은 습관을 찾고, 적고, 체화한다 좋은 말을 찾고, 적고, 체화한다 까칠함이 매력이다 늘 유쾌하자 늘 겸손하자 늘 당당하자(특히 강의 시) 늘 냉철하자	[O] 초중고대 학생 인생경영강의 [O] 군인 인생경영강의 [O] 7habits FT 자격 취득 [O] Career Consultant 자격 취득 [△] PRP 개발 (진행 중) [△] 책 출판 10권 (진행 중) [ ] 경영학 또는 교육학 박사 [O] 교수 [△] 교육출판회사 사장 [ ] 인생학교 교장 [O] 죄수 대상 강의 [ ] 스케치 배우기 [ ] 연극 배우기 [△] 클래식 기타 배우기 [△] 피아노 배우기 [ ] 사진 배우기 [ ] 집필실 딸린 주택 [ ] 강의투어 Camping Car [ ] 5개월 일하고 외지 1달 살기 [ ] [ ] [ ]	[ ] 코치 자격 취득 [ ] 세종리더십 강사 [ ] 이순신리더십 강사 [ ] 광개토리더십 강사 [ ] 한국인 탈무드 정립에 참여 [ ] 초중고 1교시독서 운동 [ ] 캠핑카 전국일주 [ ] 세계일주 [ ] 크루즈 세계일주 [ ] 가족여행 하버드/예일대 로스쿨 [ ] 가족여행 유럽/알프스 [ ] 가족여행 융프라우 [ ] 세계 최고작가 고용 한국소설 [ ] 강의 중 기타 연주 [O] 1사1군 교육기부결연 운동 [△] 30개국 여행 [ ] 지혜수첩 출시 [ ] 지혜꽃이 출시 [ ] [ ]

년 ~ 년	1967 ~ 1999	2000 ~ 2005	2006 ~ 2016	2017 ~ 2026	2027 ~ 2044
세 ~ 세	1 ~ 33	34 ~ 39	40 ~ 50	51 ~ 60	61 이후
시기명	방황기 난사기	축적기 (1생)	성장기 (1→2생)	수확기 (2~3생)	여유와 베풂기 (3→4생)
중기 목표	반항심 숨긴 채 거짓 순종의 삶 인생목표 없이 질주와 난사 열심히 살 때도 단지 열심히 살고 있다는 자족의 늪 속에 있었다는 것을 아주 나중에 깨달음	영혼의 생일 맞음 인생미션 찾음 지식/인연 몰입 인생기획서 작성 PRP 개발 시작 꿈 말/강/글 시작 마케팅MBA 취득 2생 주제 찾음	첫 책 출판 명강사(모범+스킬) PRP교육과정개발 (특허등록) 자산축적 몰입 사업성공 체험 박사학위(x) 중고대군죄수 강의 2생 준비 및 시작	강의/집필 지속 인생/사업 코칭 인생학교 교장 인생경영 세계화 강의 재능봉사 집필실 딸린 집 사진공부 크루즈 세계여행 3생 준비 및 시작	강의/집필 지속 제자 양성 - 강의 제자 - 집필 제자 전국유랑 세계유랑 지식봉사단체구성 4생 준비 및 시작

인생미션(인생목적, Why)	인생비전(인생목표, What)

과거		현재
[연도 / 나이] 연혁	느낌과 영향	
		성공자산 현황분석 및 개선방안

과거현재 반성	핵심 성공요소

인생전략(실행방법, How)	연간목표

미래										
사망예정일	잔여시간									
. . (예정수명 세)	10	20	30	40	50	60	70	80	90	100세

상경헌법 = 생각습관 + 행동습관	Bucket List(죽기 전에 꼭 하고 싶은 일)	

년 ~ 년					
세 ~ 세					
시기명					
중기 목표					

Dream Maestro 김상경의 독서노트

명심사항	★ 언제나 대화/강의/집필에 의한 공유를 명심하고 독서할 것 (분야, 구성, 전개방식, 고리단어 & 고리문장)			

No	제목	Page	완독일	분야
1	7막7장	303	00.00.00	자기계발
2	아하 프로이드	365	00.00.00	철학심리학
3	세계 최고를 향하여	258	00.00.00	자기계발
4	아버지	302	00.00.00	소설
5	나는 다만 하고 싶지 않을 일을 하지 않을 뿐이다	269	00.00.00	수필
6	스무 살까지만 살고 싶어요	209	00.00.00	수필
7	스물셋의 사람 마흔아홉의 성공 1	297	00.00.00	자서전
8	스물셋의 사람 마흔아홉의 성공 2	292	00.00.00	자서전
9	개인 수출입	247	00.00.00	마케팅/수출입
10	마케팅 불변의 법칙	203	00.00.00	마케팅
11	성공하는 사람들의 7가지 습관	473	00.00.00	자기계발
12	프로페셔널은 기획.행동.시뮬레이션이 다르다	209	01.00.00	기획(인생)
13	영어의 바다에 헤엄쳐라	328	01.00.00	영어
14	영어의 바다에 빠뜨려라	257	01.00.00	영어
15	부자 아빠 가난한 아빠 1	285	02.01.00	재테크,교육
16	돈 버는 마케팅은 따로 있다	328	02.02.15	마케팅
17	기획의 기본을 알 수 있는 책	200	02.03.05	기획
18	12시간만에 배우는 MBA 에센스	384	02.03.30	마케팅
19	기업 재창조를 위한 M&A 성공전략	293	02.04.30	M&A
20	WOW 프로젝트 1 – 내 이름은 브렌드다	237	02.05.03	Self Branding
21	WOW 프로젝트 2 – 나의 일은 프로젝트다	247	02.05.10	기획
22	저자가 되는 강좌	200	02.05.00	집필
23	Big Fat Cat의 세계에서 제일 간단한 영어책	181	02.06.00	영어
24	인맥 만들기	263	02.07.10	인맥만들기
25	4시간 수면법	204	02.09.29	시간관리
26	게릴라 PR	355	02.11.26	마케팅
27	전략경영바이블 : Good To Great	366	02.12.24	경영
28	The One Page Proposal	124	02.12.28	기획
29	1인 기업바이블 : 프리에이전트의 시대가 오고 있다	414	03.01.00	마케팅
30	윈윈파트너십	311	03.02.00	코칭
31	링크(Linked)	359	03.02.00	인맥만들기
32	나, 인터넷에 가게 차렸어	256	03.03.00	쇼핑몰
33	나, 홈페이지로 돈 벌었어	238	03.03.00	쇼핑몰
34	상경	563	03.03.00	경영
35	CEO의 다이어리엔 뭔가 비밀이 있다	199	03.03.00	시간/정보관리
36	포토리딩	291	03.04.00	시간/정보관리
37	CEO의 정보감각엔 뭔가 비밀이 있다	229	03.05.00	시간/정보관리
38	이웃집 백만장자	354	03.06.00	재테크, 교육
39	욕망의 진화	325	03.06.00	마케팅
40	아들아 머뭇거리기에는 인생이 너무 짧다	281	03.07.00	자기계발
41	인생의 맥을 짚어라	349	03.07.00	자기계발
42	한국시장의 프랜차이즈 전략	284	03.08.00	프랜차이즈

sangkyung.kim@gmail.com

★ 대화/강의/집필은 청자와 독자입장에서 표현, 용어, 논리 + 바쁜 현대인에게 부담 없는 분량으로 임팩트하게 할 것

저자 (역자)	출판사	재테크	추천성	학문성	재독성	감성	총점	비고
홍정욱		3	5	4	5	5	22	
김정일		2	3	4	4	4	17	
윤생진		3	4	3	4	3	17	
김정현		1	4	1	2	5	13	
김정일		1	3	2	2	4	12	
편지(민초희), 글(김창완, 이장수)		1	5	1	3	5	15	
조안리		2	4	3	3	4	16	
조안리		2	4	3	3	4	16	
김홍진		4	4	4	4	2	18	
알 리스, 잭 트라우트 (박길부 역)		2	3	4	4	3	16	
스티븐 코비 (김경섭, 김원석 역)		3	5	5	5	5	23	
다카하시 겐코우		3	5	5	5	3	21	
하광호		3	3	4	4	2	16	
하광호		3	3	4	4	2	16	
로버트 기요사키		5	5	4	4	3	21	
Jay Abraham		5	5	5	5	2	22	2독
다카하시 겐코우		2	4	5	2	2	15	김영길책
우치다 마나부(와세다 속성 MAB 교수진)		2	3	4	2	2	13	
매이경제TV기자 및 엔더슨 컨설턴트		1	2	3	2	2	10	
톰 피터스		3	5	4	5	3	20	
톰 피터스		3	5	4	5	3	20	
다카하시 겐코우		1	3	4	3	2	13	김영길책
무코야마 아츠코		0	4	4	1	1	10	3독
나카지마 다카시		5	5	5	5	3	23	
사까이요우		3	4	3	3	3	16	
마이클 레빈		5	5	4	5	2	21	
짐 콜린스		3	5	5	5	3	21	
패트릭 G. 라일리		5	5	5	5	3	23	
다니엘 핑크		5	5	5	5	3	23	백정환 선물
스티븐스 토웰, 최치영, 매트 스타르세비치		0	1	2	2	3	8	
알버트 라즐로 바라바시		2	3	5	3	4	17	
황윤정, 김선		5	5	3	4	2	19	
황윤정외		3	3	2	1	2	11	
스유엔		4	3	3	3	3	16	
니시무라 아키라		5	5	4	5	3	22	
폴 R. 쉴리 (박연선)		4	5	4	5	2	20	
니시무라 아키라		4	4	4	5	2	19	
토마스 J. 스텐리, 윌리엄 D. 댄코		5	5	4	5	3	22	
멜린다 데이비스		3	4	5	3	3	18	
강헌구		3	4	4	3	3	17	
잭 캔필드, 마크 빅터 한센, 레스 휴이트		5	5	4	5	3	22	
유재은		4	4	3	3	2	16	

No	제목	Page	완독일	분야
43	혼자 힘으로 백만장자가 된 사람들의 21가지원칙	221	03.09.00	재테크,교육
44	마인드파워	205	03.10.00	자기계발
45	정보의 달인	239	03.10.00	정보관리
46	아침형 인간	206	03.11.00	시간관리
47	메모의 기술	167	03.11.00	정보관리
48	내 인생을 바꾼 성공 노트 1	133	03.12.00	자기계발
49	내 인생을 바꾼 10번의 만남	193	04.01.00	자기계발
50	컨설팅프로페셔널	304	04.02.00	컨설턴트
51	설득의 심리학	385	04.02.00	마케팅
52	몰입의 즐거움	194	04.00.00	자기계발
53	기획서 100사례집 (일본어)	244	04.00.00	기획
54	화젯거리를 만들어라	228	04.00.00	마케팅
55	Visual Thinking	207	04.00.00	기획
56	한 가지로 승부하라	228	04.00.00	자기계발
57	집 없어도 땅은 산다	240	04.00.00	부동산
58	한국형 땅 부자들	321	04.00.00	부동산
59	부자아빠의 비즈니스 스쿨	178	04.00.00	재테크,교육
60	Who Moved My Cheese ? (영문)	95	04.00.00	자기계발
61	핵심만 골라 읽는 실용독서의 기술	279	04.09.00	자기계발
62	벼랑 끝에 나를 세워라	319	04.09.29	자기계발
63	바보들은 항상 결심만 한다	238	04.09.00	자기계발
64	가문컨설팅	344	04.10.15	영업
65	1사람이 50건의 계약을 낳는 소개마케팅	263	04.10.22	마케팅
66	최고의 판매왕−무조건팔리는 와다식 세일즈	229	04.10.26	영업
67	와다식 5일 트레이닝	206	04.11.05	영업
68	3년후 당신의 미래	202	04.11.10	인생기획
69	총각네 야채가게	180	04.11.12	마케팅
70	백만 달러 원탁으로의 초대 2	287	04.11.25	영업
71	기획 천재가된 홍대리	280	04.12.01	기획
72	백만 달러 원탁으로의 초대 1	295	04.12.27	영업
73	한국의 세일즈 명인	264	05.01.08	영업
74	최고의 하루 (세계 최고의 판매왕 조지라드)	319	05.01.09	영업
75	온라인 오프라인 통합전략	324	05.02.02	마케팅
76	100억짜리 기획력	239	05.02.22	기획
77	미샤 3,000원의 신화	207	05.03.03	프랜차이즈
78	하나마루 우동집 성공기	261	05.03.16	프랜차이즈
79	연금술사	278	05.03.22	자기계발
80	아무도 하지 않으면 내가 한다	271	05.04.09	마케팅
81	인생의 기획, 사업의 기획 (일본어원서)	128	05.04.10	자기계발
82	뚝심경영	270	05.04.12	경영
83	팔지않고 팔리게 하라 (플러스마케팅)	271	05.04.21	마케팅
84	성공하는 시간관리와 인생관리를 위한 10가지 자연법칙	328	05.06.04	자기계발
85	영업바이블 : 전략적 판매	403	05.06.07	영업
86	블루오션전략	296	05.07.11	마케팅
87	시간바이블 : 시간을 정복한 남자 류비세프	271	05.07.21	시간관리
88	10년 후 한국	227	05.07.24	마케팅
89	자기계발바이블 : 프랭클린 자서전	306	05.08.22	자기계발
90	생각의 창의성 (Triz 이론)	433	05.08.23	기획/마케팅

저자 (역자)	출판사	재테크	추천성	학문성	재독성	감성	총점	비고
브라이언 트레이시		4	3	2	3	2	14	
존 키호		4	5	4	5	3	21	
임현민 외 7인		3	4	4	5	2	18	
사이쇼 히로시		3	5	4	5	2	19	
사카토 켄지		3	3	3	4	2	15	
앤서니 라빈스		3	4	4	5	3	19	
애덤 잭슨		4	5	4	5	3	21	
제프리벨먼		2	2	3	2	2	11	
로버트 치알디니		4	5	5	5	4	23	
미하이 칙센트미하이		4	4	4	4	4	20	
다카하시 겐코우		4	4	5	5	1	19	
간다 마사노리		4	5	4	5	2	20	
히사츠네 게이이치		3	3	3	3	2	14	
브라이언트레이시		3	3	3	3	3	15	
김혜경		4	3	3	3	2	15	
조성근		4	3	3	3	2	15	
로버트 기요사키, 샤론 레흐트		4	4	3	4	3	18	
Kenneth Blanchared PH.D.		2	4	4	4	4	18	
공병호		2	5	4	5	3	19	
박형미		5	5	3	5	4	22	
팻 맥라건 (윤희기 옮김)		2	2	2	2	4	12	곽병준선물
정재형		5	5	4	5	4	23	
김동범		4	4	3	4	3	18	
와다 히로미 (인트랜스 번역원)		5	5	4	5	3	22	
와다 히로미 (김창남 옮김)		4	4	3	4	3	18	
오마타 긴타 (사이토 히토리와의 대담)		4	4	4	4	4	20	
김영한, 이영석		5	4	3	4	4	20	
러셀 머크 (차대진 역)		5	4	3	4	3	19	
하우석		3	3	3	3	3	15	
러셀 머크 (차대진 역)		5	4	3	4	4	20	문대현선물
김진형, 이승호, 최명용		4	3	3	4	2	16	
조 지라드 (김명철 역)		5	5	3	5	2	20	
로저 블랙웰, 크리스티나 스테판		3	3	3	3	2	14	
하우석		3	4	3	4	2	16	
우병현		4	5	3	5	3	20	
마에다 히데토 (김미령/김의경 공역)		5	5	5	5	3	23	
파울로 코엘료 (최정수 옮김)		3	4	4	3	3	17	
조운호 (웅진식품 사장, 해남출신)		4	5	4	5	4	22	
다카하시 겐코우		3	5	5	5	2	20	
최수부		3	4	4	4	4	19	
오가사와라 쇼지 (양영철 역)		4	3	3	4	2	16	
하이럼스미스 (김경섭/이경재 역)		4	5	5	5	3	22	
로버트 B. 밀러 (유승삼 역)		4	5	5	5	3	22	
김위찬, 르네 마보안 (강혜구 역)		5	5	5	5	3	23	
다닐 알렉산드로비치 그라닌(이상원/조금선 역)		4	5	5	5	5	24	
공병호		3	4	4	4	3	18	
벤저민 프랭클린 (이계영 역)		5	5	5	5	5	25	
김효준, 정진하, 권정휘		5	5	5	5	2	22	

No	제목	Page	완독일	분야
91	마케팅에센스	384	05.09.12	마케팅
92	컨설턴트를 위한 마케팅플래닝	433	05.09.00	마케팅
93	집필바이블 : 뼛속까지 내려가서 써라	271	05.09.21	집필
94	세계가 배우는 한국기업의 희망 유한킴벌리	263	05.09.30	경영전략
95	관계우선의 법칙	263	05.10.07	마케팅
96	성공하는 사람들의 8번째 습관	506	05.10.29	자기계발
97	비즈니스PC활용 테크닉 100	408	05.11.16	자기계발
98	인생의 노래 (시집)	351	05.11.18	감성
99	덕의 기술	390	05.11.21	자기계발
100	기업이 원하는 변화의 기술	280	05.11.27	경영전략
101	우리는 지금 감성회사로 간다	309	05.12.01	경영전략
102	편지	196	05.12.02	자기계발
103	살아있는 기업	289	05.12.15	경영전략
104	블로그로 나를 브랜드화하라	248	05.12.20	자기계발
105	인생각본을 다시 쓰자	174	05.12.22	자기계발
106	익숙한 것과의 결별	387	06.01.04	자기계발
107	교류분석	285	06.01.13	자기계발
108	블링크	349	06.01.18	마케팅/자기계발
109	아침 3분 플래닝	179	06.01.31	자기계발
110	티핑포인트	262	06.02.11	마케팅/자기계발
111	몸의 혁명	320	06.02.15	자기계발/건강경영
112	우리를 철들게 하는 108가지 이야기	247	06.02.23	자기계발
113	공부의 비결	327	06.02.25	자기계발
114	쌍둥이 형제, 하바드를 쏘다	263	06.03.18	자기계발
115	검호	180	06.03.25	자기계발
116	Arrow English	222	06.04.02	영어
117	365일 인맥만들기	327	06.04.02	자기계발/인연경영
118	마시멜로 이야기	173	06.04.09	자기계발
119	기록하는 리더가 되라	232	06.04.12	자기계발
120	핑	219	06.04.15	자기계발
121	군주론	312	06.04.19	자기계발
122	성공하는 사람들의 다이어리 활용법	191	06.04.22	자기계발
123	영혼을 위한 닭고기 수프	247	06.04.25	자기계발
124	칼의 노래	227	06.05.05	소설/인물/이순신
125	사진기사 50개로 끝내는 영어	297	06.05.08	영어공부
126	일하기 좋은 기업 (GWP : Great Work Place)	309	06.05.19	조직개발
127	목표달성 100% 영업관리 이렇게	259	06.05.25	마케팅/영업
128	생일	216	06.05.27	시집
129	카네기 인간관계론	358	06.05.29	자기계발/인연경영
130	정상에서 만납시다	506	06.06.10	자기계발
131	You, Inc (내 안의 주식회사)	212	06.05.28	자기계발
132	프로슈머 파워	159	06.06.30	마케팅
133	파이프라인 우화	183	06.07.08	자기계발

저자 (역자)	출판사	재테크	추천성	학문성	재독성	감성	총점	비고
라선아, 차태훈		4	4	5	4	2	19	
말콤 맥도널드, 워렌 기간 (이종화/계도원 역)		2	3	4	2	2	13	
나탈리 골드버그 (권진욱 역)		3	5	5	5	5	23	
문국현, 조동성		3	5	5	5	4	22	
빌 비숍		4	5	5	5	3	22	
스티븐 코비 (김경섭 역)		4	5	5	5	3	22	
김지현		2	4	3	4	2	15	
헤르만 헤세 (김재혁 역)		0	4	3	3	5	15	
벤자민 프랭클린		3	4	4	4	4	19	
존 코터, 댄 코헨 (김기웅, 김성수 역)		4	5	5	5	3	22	
김익수		3	4	4	4	5	20	
리처드 웹스터 (안진환 역)		3	4	3	4	4	18	
아리 드 호이스 (손태원 역)		4	5	5	5	3	22	
여호영		2	3	3	3	4	15	
박명래		4	4	5	5	4	22	
구본형		3	4	4	4	3	18	
스기다 미네야스 (김현수 역)		3	5	5	5	5	23	
말콤 글래드웰 (이무영 역, 황상민 감수, 공병호 해제)		3	5	4	5	4	21	
사토 덴 (나상억/김윤희 역)		4	5	4	5	4	22	★ 작가 만나서 도입
말콤 글로드웰 (임옥희 역)		4	5	5	5	4	23	
김철		3	5	5	5	5	23	★ 작가 만나서 도입
김종욱		3	5	3	5	5	21	
세바스티안 라이트너 (안미란 역)		4	5	5	5	4	23	
안재우, 안재연		4	5	4	5	5	23	
캔 블랜차드.셀든 보울즈 (조천제.최치영 역)		2	4	3	3	4	16	
최재봉		3	5	5	5	3	21	
나카지마 다카시 (정성호 역)		4	4	4	5	4	21	
호아킴 데 포사다, 엘렌 싱어 (정지영 역)		4	4	4	4	4	20	
공병호		3	4	4	4	4	19	
스튜어트 에이버리 골드 (유영만 역)		2	2	2	2	3	11	
니콜로 마키아벨리 (권혁 역)		2	5	5	4	3	19	
니시무라 아키라 (권일영 역)		5	5	5	5	5	25	
잭 캔필드. 마크 빅터 한센 (류시화 역)		2	4	2	3	5	16	
김훈		0	3	3	3	4	13	
최재봉		4	5	5	5	3	22	
박재림, 한광모		3	5	5	5	4	22	
HR연구소지금/노구치 요시아키 엮음 (조완규 역)		5	5	5	5	4	24	
장영희		1	4	3	4	5	17	
데일 카네기 (최염순 역)		4	4	4	5	5	22	
지그지글러 (성공가이드센터 역)		4	5	5	5	5	24	
버크 헤지스 (김소연 역)		4	2	3	3	2	14	
빌 쾌인 (강성호 역)		4	3	3	3	3	16	
버크 헤지스		5	5	4	5	3	22	

No	제목	Page	완독일	분야
134	부자아빠의 비즈니스 스쿨	178	06.07.17	마케팅
135	끌리는 사람은 1%가 다르다	260	06.07.24	자기계발/인연경영
136	CEO 징기스칸	115	06.08.12	경영/자기계발
137	누구나 10kg 뺄수 있다	191	06.08.15	자기계발/건강경영
138	행복주식회사	183	06.09.07	경영/리더십
139	패턴리딩	202	06.09.14	자기계발/지식경영
140	부자 아빠 가난한 아빠 2	198	06.10.05	재테크,교육
141	공병호의 자기경영노트	275	06.10.08	자기계발
142	바보들은 항상 결심만 한다	238	06.10.10	자기계발
143	10일 안에 변신하기	239	06.10.17	자기계발
144	혈액형 신 인간학	267	06.10.17	자기계발/인연경영
145	피터 드러커의 자기경영노트	254	06.10.18	조직개발

No	제목	Page	완독일	분야
146	지력혁명	280	06.10.23	자기계발/지능개발
147	부모들이 반드시 기억해야 할 쓴소리 (연우독서회)	244	06.10.30	교육/자녀교육
148	의식혁명	323	06.10.30	자기계발/의식경영
149	블루스타일 비즈니스 핑크스타일 비즈니스	273	06.10.31	자기계발
150	비전으로 가슴을 뛰게 하라	283	06.11.21	자기계발/비전경영
151	백금률 (김은희 추천)	334	06.12.14	자기계발/인연경영
152	이제마 사상체질과 인간관계	222	06.12.23	자기계발
153	SQ사회지능 (연우독서회)	500	07.01.07	사회지능
154	동물들의 사회생활	283	07.01.13	조직개발
155	1인 기업을 시작하라 (Go it alone)	220	07.01.14	1인기업
156	죽은 의사는 거짓말을 하지 않는다 (최윤희 추천)	188	07.01.26	건강관리
157	인연관리바이블 : 혼자 밥먹지 마라	353	07.02.07	인연관리
158	완전호감기술 (김택호 회장님 추천)	248	07.02.17	인연관리
159	내장비만 (최윤희 추천)	225	07.02.24	건강관리
160	세일즈 슈퍼스타	161	07.03.07	영업
161	강점혁명 (김은희 추천)	286	07.03.12.월	자기계발
162	평범한 사람들이 세일즈로 돈버는 법	273	07.03.20.화	영업
163	열정바이블 : 비상	303	07.04.15.일	자기계발
164	일찍 퇴근하는 사람이 성공한다	302	07.05.07.월	자기계발
165	TOP Class는 아이비리그가 꿈이 아니다	196	07.05.23.목	자녀교육
166	인생수업	266	07.05.26.토	인생경영
167	배려	261	07.05.28.월	자기계발
168	부자가 된 지푸라기 씨	120	07.06.08.금	인연관리
169	기적은 당신 안에 있습니다	326	07.07.30.월	자기계발
170	회사가 당신에게 알려주지 않는 50가지 비밀	270	07.08.17.금	자기계발
171	집필바이블 : 인디라이터	239	07.08.26.일	글쓰기
172	부유한 노예 (연우독서회 문용린 장관님 추천)	383	07.09.11.화	경제사회
173	The Secret (비밀)	233	07.09.20.목	자기계발
174	독서경영	326	07.10.07.일	지식관리

저자 (역자)	출판사	재테크	추천성	학문성	재독성	감성	총점	비고
로버트 기요사키 (안진환 역)		5	4	4	5	4	22	
이민규		3	4	5	4	5	21	연우독서회 7월
김종래		2	4	4	4	4	18	
유태우		2	5	5	5	4	21	
켄 블랜차드 (조천제/이명노 역)		3	4	4	4	4	19	
백기락		2	4	3	4	3	16	
로버트 기요사키 (형선호 역)		5	5	5	5	3	23	
공병호		4	5	4	5	4	22	
팻 맥라건 (윤희기 역)		1	2	2	2	2	9	
명화린 (남은숙 역)		1	2	2	2	4	11	
노미 마사히코/노미 도시타카 (박희연 역)		2	3	5	4	4	18	
피터드러커 (이재규 역)		2	3	4	3	3	15	난해. 정리가 안됨

저자 (역자)	출판사	책목표 실현도	내용 이해도	전개 논리성	실용성	추천성	총점	비고
문용린		5	4	4	5	5	23	
문용린		4	5	5	4	3	21	
데이비드 호킨스 (이종수 역)		5	3	4	4	5	21	
로나 리히텐베르크 (노혜숙 역)		3	4	4	4	4	19	
켄 블랜차드/제시 스토너 (조천제 역)		4	5	5	3	3	20	
토니 알렉산드라/마이클 오커너(유강문역)		4	4	4	5	4	21	
박현		3	4	3	3	3	16	
대니얼 골먼(장석훈역)		5	4	4	4	4	21	연우독서 송년모임도서
리 듀커킨 (장석봉 역)		4	3	4	3	3	17	
브루스 저드슨 (박범수)		4	5	4	5	4	22	
닥터 월렉 강연 (박우철 역)		5	4	3	5	4	21	
키이스 페라지 / 탈 라즈 (이종선 역)		5	5	5	5	5	25	
팀 센더스 (정지현 역)		4	4	4	5	4	21	
이왕림		4	4	3	4	4	19	
브라이언 트레이시 (이우성 역)		4	3	3	3	3	16	
마카스 버킹엄/도널드 클리프턴 (박정숙 역)		4	4	4	5	4	21	
조양규		4	4	3	4	3	18	
이원익		5	5	4	4	5	23	
로라 스텍 (문채원 역)		3	4	4	3	3	17	
수 김/제인 김 (심재훈 역)		4	4	4	4	5	21	
엘리자베스 퀴블러 로스/데이비드 케슬러 (류시화역)		4	3	3	3	4	17	
한상복		3	4	3	3	3	16	
브라이언 네이어 (박징수 역)		4	5	4	4	4	21	
이승복		5	4	4	5	5	23	
신시아 샤피로 (공혜진 역)		4	4	4	5	4	21	
명로진		5	5	5	5	5	25	
로버트 라이시 (오성호 역)		4	4	4	4	4	20	
론다 번 (김우열 역)		5	5	5	5	5	25	
박희준, 김용출, 황헌택		4	4	3	4	3	18	

저자 (역자)	출판사	책목표 실현도	내용 이해도	전개 논리성	실용성	추천성	총점	비고
빅터 프랭클 (이시형 역)		5	4	5	4	4	22	
조관일		4	4	4	4	4	20	
리처드 N. 볼스 (조병주 역)		5	5	5	5	5	25	
사무엘 스마일스 (문상득 역)		4	4	3	4	4	19	
폴 J. 마이어 (최종옥 역)		3	4	4	4	4	19	
짐 콜린스, 제리 포라스 (워튼포럼 역)		4	4	4	4	4	20	
권민		3	4	4	3	3	17	
에드 마이클수외 (최동석/김성수 역)		4	4	4	4	5	21	
마이클 린버그 (유혜경 역)		3	4	4	3	4	18	
최희수/신영일		5	5	4	4	5	23	
강훈식		4	4	4	3	4	19	
신효상/이수영		4	5	5	5	5	24	
최인철 (서울대 심리학과교수)		4	4	4	4	3	19	
요로 다케시 (김석희 역)		3	2	2	2	2	11	
이지성		4	5	4	4	4	21	
김성오		4	4	4	4	5	21	
나폴레온 힐 (권혁철 역)		4	5	4	4	4	21	
리처드 바크 (류시화 역)		3	4	4	3	3	17	
서재근		4	5	5	4	4	22	
김중술		3	5	5	5	5	23	연우독서회 토론도서
엘런 라킨 (한근태 역)		4	4	4	4	4	20	
에노모토 히데타케 (황소연 역)		4	5	4	5	5	23	
이명원		3	4	4	3	3	17	
김경태		5	5	4	5	5	24	
마스다 미스히로 (정락정 역)		1	2	1	1	1	6	
이지성		4	4	4	4	4	20	
앤디 앤드루스 (강주헌 역)		3	4	3	3	3	16	
황농문		5	5	5	5	5	25	
켄 베인 (안진환/허형은 역)		4	4	4	4	3	19	
칼릴 지브란 (정창영 역)		3	1	2	2	2	10	
전옥표		4	4	3	4	3	18	
전유성		2	4	2	2	2	12	
정혜선		5	5	4	4	5	23	
野口 嘉則 (노구찌 요시노리)		5	4	4	4	4	21	
황태호		3	4	3	3	3	16	
무명씨		3	4	4	3	3	17	
齋藤 孝 (사이또우 다까시)		4	4	3	4	3	18	
랜디 포시 (심은우 역)		5	5	5	5	5	25	
西田憲正 (니시다 노리마사)		4	3	4	4	4	19	
리처드 맥스웰/로버트 딕먼 (전행선 역)		5	4	4	5	5	23	
박경림		4	4	3	3	4	18	
Jamais Jamais		2	2	2	2	2	10	
西田憲正 (니시다 노리마사) / (김민서 역)		5	5	4	4	4	22	

No	제목	Page	완독일	분야
218	프리젠테이션 젠	239	08.09.16.화	강의/프리젠테이션
219	새로운 미래가 온다 (A Whole New Mind)	254	08.09.21.일	자기계발
220	통찰의 기술	259	08.09.28.일	자기계발/마케팅
221	일본이라는 나라 ?	139	08.10.01.수	역사교양
222	情報は1冊のノートにまとめなさい	229	08.10.11.토	자기계발/정보관리
223	참을 수 없는 글쓰기의 유혹	239	08.10.15.수	집필
224	前略,がんばっているみんなへ	123	08.10.21.화	자기계발/스포츠선수
225	北島康介 夢はじまる	223	08.10.31.금	자기계발/스포츠선수
226	번역은 반역인가	270	08.11.07.금	집필/번역
227	20대, 공부에 미쳐라	251	08.11.09.일	자기계발
228	女子高生ちえの社長日記	231	08.11.09.일	자기계발/경영지식
229	탈무드	447	08.11.20.목	자기계발
230	눈먼자들의 도시 (Blindness)	472	08.11.24.월	소설
231	유혹하는 글쓰기	358	08.11.28.금	글쓰기
232	희망의 인문학	445	08.12.11.목	인문학
233	일본열광	325	08.12.19.금	역사교양
234	인맥 쌓고 넓히고 만들기	297	08.12.30.화	자기계발/인연경영
235	어떻게 살 것인가 한 번뿐인 내 인생	279	09.01.17.토	자기계발
236	에너지버스	225	09.01.17.토	자기계발
237	스피드 리딩	255	09.01.18.일	외국어/영어
238	파블로 이야기	222	09.01.22.목	자기계발
239	보물지도	221	09.01.23.금	자기계발
240	Unfortunate Event 1st – The Bad Beginning (영문)	162	09.02.07.토	소설
241	2막	263	09.02.17.화	자기계발
242	스팟 백과사전	234	09.02.28.토	강의
243	호오포노포노의 비밀	301	09.03.03.화	자기계발
244	제7의 감각 – 전략적 직관 –	310	09.04.01.수	자기계발/전략경영
245	전방향 독서법과 독서치료	192	09.04.09.목	자기계발/독서
246	서양문명의 기반	190	09.04.17.금	철학심리학
247	강한 것이 옳은 것을 이긴다	263	09.04.25.토	정치교양
248	위대한 생각의 힘	114	09.04.25.토	자기계발
249	레이철의 커피	190	09.04.25.토	자기계발
250	창조의 힘	149	09.04.26.일	자기계발/인연경영
251	Key	183	09.04.30.목	자기계발/비전경영
252	된다 된다 나는 된다	263	09.05.01.금	자기계발/멘탈트레이닝
253	포트폴리오 인생	359	09.05.04.월	자기계발
254	시도하지 않으면 아무것도 할 수 없다	229	09.05.09.토	자기계발
255	인문의 숲에서 경영을 만나다 1	351	09.05.10.일	자기계발/경영전략
256	웃겨야 성공한다	260	09.05.17.일	유머
257	시 읽은 CEO	243	09.05.20.수	자기계발/시와경영
258	나를 바꾸는 행복한 10분 묵상	261	09.05.21.목	자기계발
259	유머로 치유하라	198	09.05.23.토	유머
260	영혼을 위한 닭고기 수프 1	247	09.05.24.일	자기계발
261	내 인생을 바꾼 한 권의 책	395	09.05.31.일	자기계발
262	영혼을 위한 닭고기 수프 2	236	09.05.31.일	자기계발

저자 (역자)	출판사	책목표 실현도	내용 이해도	전개 논리성	실용성	추천성	총점	비고
가르 레이놀즈 (정순욱 역)		5	5	5	5	5	25	
다니엘 핑크 (김명철 역)		4	4	4	4	4	20	
신병철		4	4	4	5	4	21	
오구마 에이지 小熊 英二 (한철호 역)		5	5	5	5	5	25	
奥野宣之(おくの のぶゆき)		4	4	4	4	4	20	
브랜다 유랜드 (이경숙 역)		5	5	5	5	5	25	
北島康介(きたじまこうすけ)		3	4	3	3	3	16	
北島康介(きたじまこうすけ)		3	4	4	3	3	17	
박상익		5	5	5	5	5	25	
나카지마 다카시 (김활란 역)		4	5	4	4	4	21	
甲斐荘正見(かいのしょう まさあき)		3	4	4	4	3	18	
마빈 토케이어 (강영희 역)		5	5	4	4	5	23	
주제 사라마구 Jose Saramago (정영목 역)		4	4	4	3	4	19	
스티븐 킹 (김진준 역)		5	5	5	5	5	25	
얼 쇼리스 (고병헌/이병곤/임정아 역)		5	4	4	4	5	22	
김정운		4	4	4	4	4	20	
나카지마 다카시 (정성호 역)		4	4	4	4	4	20	
웨인 W. 다이어		4	4	3	4	4	19	
존 고든 (유영만/이수경 역)		4	4	4	4	4	20	
신효상/이수영		5	5	5	5	5	25	
토마스 바샵 (김인순 역/고도원 연출)		3	4	4	3	3	17	
모치즈키 도시타카 (은영미 역)		5	5	4	4	5	23	
Lemony Snicket		3	4	4	3	3	17	
스테판 M. 폴란, 마크 레빈 (조영희 역)		5	5	4	4	4	22	
이영민		5	4	4	5	4	22	
조 바이텔, 이하레아카라 휴 렌 (황소연 역)		5	5	5	5	5	25	
윌리엄 더건 (윤미나 역, 황상민/박찬구 감수)		5	5	5	5	5	25	
박연식		4	4	4	5	4	21	
강유원		5	4	4	5	4	22	
박성민		5	5	5	4	4	23	
제임스 앨런 (임지현 역)		4	4	4	3	3	18	
밥 버그/존 데이비드 만 (안진환 역)		4	4	4	4	4	20	
김현석 편역		3	4	4	3	3	17	
잭 캔필드/D.D 왓킨스 (유일일 역)		4	4	4	4	4	20	
니시다 후미오 (하연수 역)		4	4	3	4	4	19	
찰스 헨디 (강혜정 역)		5	5	5	5	5	25	
지그지글러 (이구용 역)		3	4	3	3	3	16	
정진홍		4	4	4	4	5	21	
김구라		3	4	3	3	3	16	
고두현		4	4	4	3	4	18	
쿡 미니스트리 편집부 (신상문 역)		4	4	4	3	4	18	
신상훈		1	2	1	1	1	6	
잭 캔필드, 마크 빅터 한센 (류시화 역)		4	5	4	4	5	22	
잭 캔필드, 게이 헨드릭스 (손정숙 역)		5	5	5	5	5	25	
잭 캔필드, 마크 빅터 한센 (류시화 역)		4	5	4	4	5	22	

No	제목	Page	완독일	분야
263	가르시아 장군에게 보내는 편지	102	09.06.01.월	자기계발/경영전략
264	말로 세상을 꼬시다	237	09.06.02.화	유머
265	스토리텔링 석세스	280	09.06.07.일	자기계발
266	펀 마케팅 전략	317	09.06.11.목	유머
267	내 인생을 바꾼 아주 특별한 만남	190	09.06.12.금	자기계발
268	그대 스스로를 고용하라	239	09.06.18.목	자기계발
269	유머코드	216	09.06.23.화	자기계발/강의
270	마흔 세살에 다시 시작하다	379	09.06.24.수	자기계발
271	닌텐도 이야기	266	09.06.28.일	경영전략/마케팅
272	10미터만 더 뛰어봐	249	09.07.04.토	영업마케팅/자기계발
273	삶의 의미를 찾아서	264	09.07.11.토	자기계발
274	일본전산 이야기	275	09.07.12.일	경영전략/자기계발
275	CEO가 알아야 할 유머의 기술	230	09.07.20.월	유머
276	The Breakthrough Company	333	09.07.21.화	경영전략
277	핀란드 공부법	374	09.07.25.토	자기계발/교육정책
278	무지개 원리	366	09.07.28.화	자기계발
279	성취심리	423	09.08.16.일	자기계발
280	방우정의 맛있는 유머화법	222	09.08.26.수	유머/대화
281	아웃라이어	332	09.08.26.수	자기계발
282	칼비테 영재교육법	309	09.09.12.토	자녀교육
283	고품격 CEO 유머	223	09.09.16.수	유머
284	천재를 만드는 유태인의 가정교육법	302	09.09.16.수	자기계발/교육정책
285	지식창조의 경영	371	09.09.23.수	경영전략
286	실패에서 성공으로	305	09.09.26.토	자기계발
287	오프라윈프리, 위대한 인생	390	09.09.30.수	전기
288	심산의 마운틴 오딧세이	291	09.10.02.금	산악문학
289	넛지	426	09.10.12.월	심리/마케팅/기획
290	마지막 인생수업	221	09.10.18.일	자기계발
291	운 좋은 아이로 키우는 비결	215	09.10.24.토	자녀교육/자기계발
292	엄마의 말이 아이의 미래를 결정한다	279	09.10.24.토	자녀교육/자기계발
293	위험한 경제학	296	09.10.25.일	부동산
294	내 인생의 자서전 쓰는 법	248	09.10.27.화	자기계발
295	21세기에 남길 유산 (일본재계의 표상 도꼬 도시오)	243	09.11.03.화	전기/자기계발
296	머리가 좋아지는 하루 습관	193	09.11.04.수	자기계발
297	엄마를 부탁해	299	09.11.08.일	소설
298	그건 사랑이었네	298	09.11.09.월	수필
299	스콧 니어링 자서전	515	09.11.11.수	전기/자기계발
300	How ? 물고기 날다	243	09.11.15.일	자기계발
301	호밀밭의 파수꾼	326	09.11.18.수	소설
302	고민하는 힘	184	09.11.24.화	자기계발
303	부동산 대폭락 시대가 온다	289	09.11.30.월	부동산
304	지식생산의 기술	182	09.12.03.목	자기계발

저자 (역자)	출판사	책목표 실현도	내용 이해도	전개 논리성	실용성	추천성	총점	비고
엘버트 허버드 (하이브로 무사시 해설, 박순규 역)		3	4	3	3	4	17	
컬트웍스, 컬투		3	4	3	3	3	16	
리우젠쉰 (서은정 역)		2	3	2	2	2	11	
릭 시겔, 대런 라크와 (김희진 역)		2	2	2	2	2	10	
어니 카와일		4	5	4	4	4	21	
구본형		5	5	5	5	5	25	
송길원		3	3	3	3	3	15	
구본형		5	5	4	4	5	23	
김영한		5	5	4	4	5	23	
김영식		5	5	4	5	5	24	
빅터 프랭클 (이시형 역)		5	4	4	4	4	21	
김성호		5	4	4	5	5	23	
심진섭 (게그맨 심현섭의 형)		2	3	2	2	2	11	
키스 맥팔랜드 (권양진 역/조영탁 감수)		2	3	2	2	2	11	
지쓰가와 마유, 지쓰가와 모토코 (송대욱 역)		4	5	4	5	5	23	
차동엽신부		4	4	3	4	4	19	
브라이언 트레이시 (홍성화 역)		5	4	4	5	5	23	
방우정		4	4	3	4	4	19	
말콤 글로드웰 (노정태 역/최인철 감수)		5	4	4	5	5	23	
기무라 큐이치 (임주리역)		4	5	4	5	5	23	
유해관		4	4	3	4	3	18	
류태영		5	5	4	4	5	23	
노나카 이쿠지로 (김형동 역)		4	3	3	4	3	17	
프랭크 베트거 (최염순 역)		5	5	4	5	5	24	
에바일루즈 (강주헌 역)		3	3	2	2	2	12	
심산		4	4	4	3	4	19	대표적인 산악문학 읽을 것
리처드 탈러, 캐스 선스타인 (안진환 역)		4	3	4	4	4	18	
고민수		4	5	4	4	4	21	
박현수 (후에 필명을 박동주로 바꿈)		4	5	3	4	4	20	
박동주 (본명 박현수, 아들 원상이를 건훈이로 소개)		4	5	4	4	4	21	
선대인		5	4	4	5	5	23	
린다 스펜스 (황지현 역)		4	4	3	4	3	18	
시무라 가이찌로 (김상영 역)		4	4	4	4	4	20	
요네야마 기미히로 박사 (이근아 역)		4	4	4	4	4	20	
신경숙							25	
한비야		4	5	3	3	4	19	
스콧 니어링 (김라합 역)		5	5	5	4	4	23	
존 요코하마/조셉 미첼리 (유영만 역)		4	4	4	4	4	20	
J.D. 샐린저 (이덕형)							19	
강상중 (이경덕 역)		5	5	4	5	5	24	
선대인, 심영철		5	5	4	4	4	22	
우메사오 다다오 (김욱 역)		4	4	4	5	4	21	

No	제목	Page	완독일	분야
305	교류분석 : 이론과 실제 (교류분석 훈련프로그램 : 훈련자 매뉴얼)	390	09.12.14.월	심리학/강의
306	디테일의 힘	304	10.01.11.월	경영전략/자기계발
307	마음에게 말걸기	235	10.01.22.금	자기계발
308	텐텐텐(10-10-10) 인생이 달라지는 선택의 법칙	318	10.01.24.일	자기계발
309	푸르덴셜가 사람들	308	10.01.31.일	비즈니스/보험
310	세계에서 통하는 사람을 만들어라	198	10.01.31.일	자녀교육/자기계발
311	행복한 부자로 키우는 유태인식 경제교육	252	10.02.10.수	자녀교육/경제교육
312	보험왕 토니 고든의 세일즈 노트	262	10.02.19.금	비즈니스/보험
313	돈은 아름다운 꽃이다	241	10.02.27.토	경영전략/자기계발
314	FC 대충하려면 지금 때려쳐라	271	10.02.28.일	자기계발/경력개발
315	행복한 이기주의자	287	10.03.05.금	자기계발
316	인재강국 독일의 교육	254	10.03.05.금	교육정책제도
317	어느 무신론자의 기도	147	10.03.11.목	시집
318	꿈은 기회비용을 요구한다	248	10.03.18.목	영업마케팅/자기계발
319	글쓰기로 돈 버는 자유기고 한번 해볼까?	302	10.03.25.목	자기계발/직업
320	책, 열 권을 동시에 읽어라.	172	10.03.28.일	자기계발/독서
321	코끼리와 벼룩	369	10.03.29.월	자기계발
322	월든	224	10.03.30.화	자기계발
323	현명한 네거티브	255	10.03.31.수	자기계발
324	김홍신 인생사용설명서	191	10.03.31.수	자기계발
325	그대 언제 이 숲에 오시렵니까	327	10.04.03.토	수필
326	칭찬은 고래도 춤추게 한다.	219	10.04.03.토	자녀교육/조직개발
327	마음	319	10.04.04.일	소설
328	아름다운 삶, 사랑 그리고 마무리	246	10.04.11.일	자서전
329	시민의 불복종	213	10.04.13.화	사회심리
330	노동의 종말	437	10.04.18.일	사회학
331	경영.경제.인생	215	10.04.24.토	경영전략/자기계발
332	돈 걱정 없는 노후 30년	301	10.04.26.월	자기계발/재테크
333	차태진, 챔피언의 법칙	243	10.04.26.월	영업마케팅/자기계발
334	폴정의 코칭설명서	319	10.04.30.금	코칭
335	행복에 걸려 비틀거리다 (Stumbling on Happiness)	339	10.05.08.토	심리학
336	꿈꾸는 자는 멈추지 않는다	287	10.05.12.수	자기계발
337	간디 자서전	566	10.05.13.목	자서전
338	88만 원 세대	328	10.05.23.일	사회심리
339	스튜디어스 비밀노트	283	10.05.27.목	수필
340	나는 차가운 희망보다 뜨거운 욕망이고 싶다	274	10.05.30.일	사회심리
341	내 인생에 힘이 되어준 한마디	391	10.05.31.월	수필
342	세상을 가지고 노는 힘, 유머력	318	10.05.31.월	유머
343	밥 파이크의 창의적 교수법	396	10.06.02.수	교육/교수법
344	포커스 리딩	295	10.06.09.수	자기계발/독서
345	마음 가는 대로 해라	270	10.06.15.화	자기계발
346	체 게바라 자서전	456	10.06.17.목	인물/자서전
347	도요타의 어둠	286	10.06.20.일	경영전략
348	(일본 문화의 틀) 국회와 칼	414	10.06.27.일	글로벌/사회심리
349	출판마케팅 입문	365	10.07.06.화	출판

저자 (역자)	출판사	책목표 실현도	내용 이해도	전개 논리성	실용성	추천성	총점	비고
이도영/김남옥/추석호/이수연/김규식		5	5	4	4	4	22	
왕중추 (허유영 역)		4	4	4	5	4	21	
대니얼 고틀립 (노지양 역)		4	4	4	4	4	20	
수지 웰치 (배유정 역)		5	5	4	5	5	24	
김민구.이강락		4	4	3	4	3	18	
앤드류 서터 . 유키코 서터 (남상진 역)		4	4	4	4	5	21	
문미화.민병훈		3	4	3	4	3	17	
토니 고든 (한국 MDRT협회)		4	4	4	5	4	21	
박현주		4	4	4	3	3	18	
채완기		3	4	4	3	3	17	
웨인 다이어 (오현정 역)		4	4	3	4	3	18	
김창환		3	4	3	3	3	16	
이어령							19	
심현수		4	4	4	4	5	21	
황성근		4	4	4	5	4	21	
나루케 마코토 (홍성민 역)		5	5	5	5	5	25	
찰스 핸디 (이종인 역)		5	5	4	4	5	23	
헨리 데이비드 소로		5	4	4	4	5	22	
모가미 유 (이지연 역)		2	2	2	2	2	10	
김홍신		4	4	3	4	4	19	
도종환							18	
켄 블랜차드외 (조천제 역)		4	4	4	3	4	19	
나쓰메 소세키 (김성기 역)							22	
헬렌 니어링 (이석태 역)		4	4	4	4	5	22	
헨리 데이비드 소로		4	3	3	3	4	17	
제러미 리프킨 (이영호 역)		4	3	3	4	4	18	
윤석철		4	5	4	4	4	21	
고득성.정성진.최병희		4	5	4	5	4	22	
차태진		3	4	4	3	3	17	
폴정		4	4	3	4	4	19	
대니얼 길버트		4	3	3	4	3	17	
전성철		4	4	4	4	5	21	
모한다스 카람찬드 간디 (박서경/박현석 역)		3	3	3	3	4	16	
우석훈/박권일		5	4	4	5	5	23	
정진희 외 8명의 아시아나승무원							18	
김원영		5	4	4	4	5	22	
정호승		4	4	4	4	4	20	
최규상		4	4	3	4	3	18	
밥 파이크 (김경섭, 유제필 역)		4	4	4	5	4	21	
박성후		5	5	5	5	5	25	
앤드류 매튜스 (노혜숙 역)		3	4	3	3	3	16	
체 게바라 (박지민 역)		4	3	3	3	3	16	
Mynewsjapan (Jpnews 역)		4	4	3	3	4	18	
루스 베네딕트 (김윤식, 오인석)		5	4	4	4	5	22	
한기호		4	4	3	4	4	19	

No	제목	Page	완독일	분야
350	습관의 심리학	230	10.07.18.일	심리학
351	김미경의 아트스피치	327	10.08.06.금	자기계발/스피치
352	5분의 기적 EFT	320	10.08.07.토	자기계발
353	나는 읽는 대로 만들어진다	304	10.08.11.수	자기계발/독서
354	인생흥행의 법칙	248	10.08.14.토	자기계발
355	빙산이 녹고 있다?	204	10.08.25.수	경영/조직관리
356	돈 버는 인터넷 카페	230	10.08.29.일	온라인마케팅
357	하루약속	273	10.09.21.일	자기계발
358	성공을 바인딩하라	274	10.09.23.목	자기계발/메모
359	몰입독서	327	10.09.25.토	자녀교육/독서
360	청소력 (행복한 자장을 만드는 힘)	169	10.09.30.목	자기계발
361	실천 청소력	221	10.10.01.금	자기계발
362	체크 체크리스트!	278	10.10.02.토	자기계발/업무관리
363	하버드스타일	237	10.10.08.금	자기계발
364	리더십 21가지 법칙	321	10.10.16.토	리더십
365	스무살에 알았더라면 좋았을 것들	256	10.10.31.일	자기계발
366	이것이 진짜 HR 이다	237	10.11.10.수	경영전략/인사관리
367	경영자 코칭	169	10.12.09.목	경영/리더십
368	3의 마법	166	10.12.31.금	자기계발
369	비전으로 가슴을 뛰게 하라 (2nd RNG)	238	10.12.31.금	자기계발
370	앱티즌	253	11.01.06.목	사회/비즈니스
371	공자가 죽어야 나라가 산다	327	11.01.07.금	사회
372	창업국가	322	11.01.29.토	창조혁신
373	헬렌 켈러 자서전	238	11.02.03.목	인물/자서전
374	프로페셔널의 조건 – 어떻게 자기실현 할 것인가	384	11.02.05.토	자기계발
375	소셜미디어마케팅, 무엇이고 어떻게 활용할 것인가	284	11.02.06.일	마케팅/소셜미디어
376	가슴 뛰는 삶	278	11.02.25.금	자기계발
377	감동예찬	199	11.02.27.일	자기계발
378	마법의 코칭 (부하의 능력을 열두배 키워주는)	207	11.03.12.토	코칭
379	코칭 리더십	207	11.03.15.화	코칭
380	인간의 유래와 성선택	170	11.03.16.수	자연과학
381	셰익스피어 배케이션	336	11.03.21.월	수필
382	하프타임	268	11.03.29.화	자기계발
383	토니 부잔의 마인드맵 암기법	295	11.04.16.토	자기계발
384	유쾌하게 자극하라	308	11.04.23.토	코칭
385	빌딩 부자들	317	11.04.24.일	재테크
386	핵카톤하라	206	11.04.27.수	경영
387	린치핀	347	11.04.30.토	자기계발
388	플랫폼 전략	199	11.05.01.일	경영전략
389	실행이 답이다	304	11.05.10.화	자기계발
390	식스 디서플린의 실행혁명	234	11.05.13.금	경영전략
391	실행에 집중하라	334	11.05.23.월	경영전략
392	SNS 100배 즐기기	317	11.05.28.토	마케팅/자기계발
393	메디치 효과 (The Medici Effect)	264	11.06.02.목	경영전략/자기계발

저자 (역자)	출판사	책목표 실현도	내용 이해도	전개 논리성	실용성	추천성	총점	비고
곽금주 (서울대 심리학과)		4	4	3	4	3	18	
김미경		5	5	5	5	5	25	
최인원/김원영/정유진 (EFT Korea 감수)		5	4	4	5	5	23	
이희석		5	5	4	5	5	24	
정초신		4	4	4	4	5	21	
존 코터 (유영만 역)		3	3	3	3	3	15	
백기락		4	4	3	4	3	18	
최종택		5	5	4	5	4	23	
강규형		4	4	4	5	4	21	
최희수		5	5	5	5	5	25	
마쓰다 미쓰히로 (우지형 역)		4	4	3	4	4	19	
마쓰다 미쓰히로 (우지형 역)		4	4	3	4	4	19	
아툴 가완지 (박산호 역, 김재진 감수)		5	5	5	5	5	25	
강인선		4	4	3	3	4	18	
존 맥스웰 (홍성화 역)		4	4	4	4	4	20	
티나 실리그		4	4	4	4	4	20	
홍석환		4	4	4	4	3	19	
메리 베스 오닐 (조윤정 역)		4	4	3	4	4	19	
노구치 요시아키 (김윤수 역)		3	4	4	4	3	18	
켄 블랜차드 (조천제 역)		4	4	4	4	4	20	
이동우		4	4	3	4	3	18	
김경일		5	5	5	5	5	25	
댄 세노르/사울 싱어 (윤종록 역)		5	3	3	5	5	21	
헬렌 켈러(김명신 역)		4	4	4	4	5	21	
피터 드러커		4	4	4	4	4	21	
오가와 가즈히로 (천재정 역)		4	4	4	5	4	21	
강한구		5	5	5	5	5	25	
히라노 히데노리		4	5	4	4	4	21	
에노모토 히데타케 (황소연 역)		5	5	5	5	5	25	
정진우		4	4	3	3	3	17	
찰스 다윈 (이종호 역)		3	3	3	4	3	16	
김경		3	4	4	4	3	18	
밥 버포드 (이창신 역)		5	4	4	4	4	21	
토니 부잔 (권봉중 역)		5	4	4	5	5	23	
고현숙		4	4	4	4	4	20	
성선화		4	5	4	5	3	22	
김영한/김영안		4	4	3	4	4	19	
세스 고딘 (윤영삼 역)		4	4	3	3	4	18	
히라노 아쓰시 칼, 안드레이 학주 (천채정 역)		4	4	4	4	4	20	
이민규		5	5	4	5	5	24	
게리 하스트 (홍민경)		3	4	3	3	3	16	
래리 보시디, 램 차람 (김광수 역)		3	4	4	3	3	17	
최재용, 이강석, 박사영, 오홍균		4	4	3	4	4	19	
프란스 요한슨 (김종식 역)		5	5	5	5	5	25	

No	제목	Page	완독일	분야
394	바보 빅터	212	11.06.05.일	자기계발
395	몰입 두 번째 이야기	407	11.06.12.일	자기계발/독서
396	나는 경매로 연봉만큼 번다	308	11.06.14.화	재테크/부동산
397	나폴레옹의 직관	332	11.06.19.일	자기계발/전략경영
398	50 English	264	11.06.22.수	외국어/영어
399	공부하는 독종이 살아남는다	262	11.06.28.화	자기계발/학습/뇌과학
400	경영혁신 성공 DNA	252	11.07.06.수	경영전략
401	토니 부잔의 마인드맵 북	369	11.07.16.토	자기계발
402	유즈 유어 헤드	203	11.07.19.화	자기계발
403	생각의 지도위에서 길을 찾다	251	11.07.26.화	자기계발
404	타이거 마더	277	11.08.06.토	자녀교육
405	아이들을 위한 마인드맵	101	11.08.06.토	자기계발
406	이노베이터 CEO 에디슨	415	11.08.16.화	자기계발/인재개발
407	공부하려면 똑똑하게 하라	221	11.08.30.화	자기계발/학습/뇌과학
408	스타킹 속독법	304	11.09.04.일	자기계발/독서
409	이중세뇌	243	11.09.08.목	자기계발
410	티칭하지 말고 코칭하라	248	11.09.08.목	코칭/자녀교육
411	송가네 공부법	285	11.09.18.일	자기계발/자녀교육
412	마법의 코칭2 (부하의 능력을 열두 배 키워주는)	201	11.09.19.월	코칭
413	딜리버링 해피니스	351	11.10.01.토	경영전략
414	독서천재가 된 홍대리	270	11.10.04.화	자기계발/독서
415	리딩으로 리드하라	367	11.10.14.금	자기계발/독서
416	아인슈타인과 문워킹을	411	11.10.27.목	자기계발/암기
417	이제는 아버지가 나서야 한다	287	11.10.29.토	자녀교육
418	왓칭	287	11.11.02.수	자기계발
419	화난 원숭이들은 모두 어디로 갔을까?	253	11.11.14.월	조직개발
420	애로우 잉글리시로 몸값을 올려라	256	11.12.06.화	외국어/영어
421	리얼리티 트렌서핑 1	276	11.12.13.화	자기계발/심리학
422	산골 소년 영화만 보고 영어 박사 되다	256	11.12.22.목	자기계발, 자녀교육
423	갈매기의 꿈 2nd Reading	105	12.01.13.금	자기계발
424	4시간 (The 4-Hour Workweek)	412	12.01.22.일	자기계발/독립
425	MPR 심상(心想)학습 기억법 - 1단계	159	12.01.28.토	자기계발/기억법
426	MPR 심상(心想)학습 기억법 - 2단계	151	12.01.29.일	자기계발/기억법
427	인생을 바꾸는 18분	285	12.01.30.월	자기계발
428	MPR 심상(心想)학습 기억법 - 3단계	97	12.02.02.목	자기계발/기억법
429	영어천재가 된 홍대리	295	12.02.05.일	외국어/영어
430	박코치 기적의 영어학습법	296	12.02.11.토	외국어/영어
431	고독의 위로	359	12.02.12.일	심리철학
432	너무 늦은 시간이란 없다	247	12.02.19.일	자기계발/자서전
433	섬기는 부모가 자녀를 큰 사람으로 만든다	251	12.02.26.일	자녀교육
434	따뜻한 독종	251	12.03.07.수	리더십

저자 (역자)	출판사	책목표 실현도	내용 이해도	전개 논리성	실용성	추천성	총점	비고
호아킴 데 포사다, 레이먼드 조 (한국경제신문 역)		4	5	5	4	5	23	
황농문		5	5	4	5	5	24	
황지현/송창섭		5	5	4	5	5	24	
윌리엄 더건 (남경태 역)		4	3	3	4	4	18	
샘 박		5	5	5	5	5	25	
이시형		4	4	4	4	5	21	
이종수 (한국기업문화연구소)		4	4	3	4	4	19	
토니 부잔 * 배리 부잔 (권봉중 역)		5	4	4	5	5	23	
토니 부잔 (라명화 역)		4	4	4	4	4	20	
토니 부잔 (권봉중 역)		4	3	3	5	4	19	
에이미 추아 (황소연 역)		4	5	4	5	4	22	
라나 이즈라엘/토니 부잔 (한국부잔센터 역)		4	4	3	4	4	19	
마이클 J. 갤브 / 사라 밀러 칼디코트 (신선해 역)		5	4	3	5	4	21	
토니 부잔 (권봉중 역)		5	4	4	5	4	22	
정진화		4	5	4	4	4	21	
이소무라 다케시 (이인애 역)		5	4	4	4	5	22	
고현숙		5	5	4	5	4	23	
송하성		4	5	4	4	4	21	
시라가타 도시로 (이봉노 역)		4	5	4	5	4	22	
토니 셰이 (송연수 역)		4	5	4	4	5	22	
이지성 / 정회일		4	5	4	4	3	20	
이지성		6	5	3	5	6	25	
조슈아 포어 (류현 역)		5	4	5	5	5	24	★ 비전분야 발견
이해명		6	4	4	6	5	25	
김상운 (MBC 아나운서)		5	4	4	5	4	22	
송인혁		5	5	5	5	5	25	
최재봉		5	5	4	5	5	24	
바딤 젤란드 (박인수 역)		5	4	4	4	4	21	
나기업		5	5	5	5	5	25	
리처드 바크 (류시화 역)		4	4	4	4	4	20	
티모시 페리스		4	4	4	5	4	22	
정진화		4	3	3	5	4	19	
정진화		4	3	3	5	4	19	
피터 브레그먼		4	4	3	4	4	19	
정진화		4	3	3	5	4	19	
박정원		4	4	4	5	4	21	
박정원		5	5	5	5	5	25	
애서니 스토		4	4	4	4	5	21	[고독의 향기] 강의로 개발
한경희 (한경희생활과학 창립자)		3	4	4	4	4	19	
전혜성		4	5	4	4	5	22	
서거원		4	4	4	4	4	20	

No	제목	Page	완독일	분야
435	우리는 왜 극단에 끌리는가	217	12.03.23.금	심리철학
436	우체부 프레드	167	12.03.24.토	경영/인재관리
437	[시집] 우리들의 사랑아	124	12.03.25.일	인문/시집
438	세도나 스토리	235	12.03.30.금	심리/명상
439	20대, 인맥을 넓혀라	206	12.04.03.화	자기계발/인연관리
440	사람과 사람사이	271	12.04.28.토	자기계발/인연관리
441	시간을 지배하는 타임 매니지먼트	231	12.05.04.금	자기계발/시간관리
442	소유냐 존재냐	283	12.05.11.금	심리철학
443	몸과 영혼의 에너지 발전소	334	12.05.17.목	자기계발
444	진정성이란 무엇인가	307	12.05.23.수	철학심리학
445	힐링 코드	273	12.05.27.일	건강관리
446	피로사회	128	12.06.16.토	심리철학사회
447	평생 갈 내 사람을 남겨라	268	12.06.18.월	자기계발/인연관리
448	선물 (The Present)	139	12.07.04.수	자기계발
449	멈추면 비로소 보이는 것들	287	12.07.21.토	자기계발/마음관리
450	50 English 영문법	326	12.09.11.화	자기계발/외국어
451	스파크	262	12.11.10.토	조직개발/지식경영
452	언리더십	444	12.11.17.토	리더십
453	Quiet 콰이어트	415	12.12.23.일	심리철학
454	나의 아름다운 정원	318	13.01.02.수	소설
455	습관의 힘	396	13.01.18.금	자기계발
456	월드클래스 공부법	239	13.02.11.월	자기계발/공부법
457	공부는 내 인생에 대한 예의다	269	13.02.24.토	자기계발/공부법
458	멈추지마, 다시 꿈부터 써봐	279	13.03.03.일	자기계발
459	공부의 기쁨이란 무엇인가	319	13.03.24.일	자기계발
460	책은 도끼다	348	13.03.31.일	자기계발/독서
461	파일럿의 건축학개론	152	13.04.07.일	수필
462	인생학교	일		236	13.05.17.금	자기계발
463	탁구영이 책 한 권 쓰기	270	13.05.18.토	자기계발/집필
464	예언자	119	13.05.26.일	심리철학
465	100달러로 세상에 뛰어들어라	413	13.06.21.금	자기계발/사업
466	나를 위한 시간 혁명	251	13.06.29.토	자기계발/시간관리
467	일심일언	201	13.07.07.일	자기계발
468	푸름아빠의 아이를 잘 키우는 내면여행	405	13.07.29.월	자기계발, 자녀교육
469	(스탠포드대 인생특강/목적으로 가는길) 무엇을위해 살것인가	278	13.08.11.일	자기계발
470	손자병법	333	13.08.15.목	인문
471	내 인생을 바꿔준 최고의 비법 멘토링	176	13.09.08.일	자기계발/멘토링
472	번역에 멍들고 ESL로 상처받은 한국인을 위한 깨는 영어	248	13.09.21.토	외국어/영어
473	어떻게 인생목표를 이룰까?	413	13.10.07.월	자기계발
474	나의 경쟁력	213	13.10.30.목	자기계발/자기브랜딩
475	나는 브랜드다	317	13.11.10.일	자기계발/자기브랜딩
476	학문을 권장함	263	13.11.19.화	자기계발
477	실패의 왕에서 경영의 신으로	251	13.11.20.수	경제경영
478	나나의 네버엔딩 스토리	293	13.11.30.토	자기계발

저자 (역자)	출판사	책목표 실현도	내용 이해도	전개 논리성	실용성	추천성	총점	비고
캐스 R. 선스타인 (하버드 로스쿨 교수, 넛지/루머 저자)		4	4	4	4	4	20	
마크 샌번		4	4	3	4	4	19	
김명화							20	
이승헌		4	4	3	4	5	20	
나카지마 다카시		3	4	4	4	3	18	
고철종		4	4	4	5	4	21	
하바드경영대학원 (김예리나 역)		5	5	4	5	4	23	
에리히 프롬 (차경아 역)		5	3	3	4	4	19	어렵지만 내용충만
짐 로허, 토니 슈워츠 (유영만/송경근 역)		5	4	4	5	5	23	
윤정구 교수 (이대 경영대, 인사/조직/전략)		5	4	4	5	5	23	
알렉산더 로이드, 벤 존슨 (이문영 역)							25	
한병철 (김태환 역)		4	3	4	4	4	19	
이주형		3	4	4	3	3	17	
스펜서 존슨		3	4	4	4	4	19	
혜민 스님		4	4	4	4	4	20	
샘 박		5	5	4	5	4	23	
송인혁		5	5	5	4	5	24	
닐스 플레킹 (박규호 역)		5	4	4	4	4	21	
수전 케인		5	5	5	5	5	25	
심윤경							19	
찰스 두히그 (강주헌 역)		5	5	5	5	5	25	
박승아		5	5	4	5	5	24	
이형진		5	5	4	5	5	24	
김수영		5	5	4	5	5	24	
김병완		4	5	4	4	3	20	
박웅현		5	5	5	5	5	25	
최재승		3	4	4	4	4	19	
로먼 크르즈나릭 (정지현 역)		5	4	4	5	5	23	
조관일		5	5	4	5	5	24	
칼릴 지브란 (유정란 역)							20	
크리스 길아보 (강혜구, 김희정 역)		5	5	4	5	4	23	
함병우		4	4	4	4	4	20	
이나모리 가즈오 (양준호 역)		4	4	4	3	4	19	
최회수		4	4	3	4	3	18	
윌리엄 데이먼 (정창우 · 한혜민 역)		5	5	4	5	5	24	
손자 (김원중 역)		3	4	3	4	4	18	
백금기		4	4	4	4	4	19	
차석호		4	4	4	5	4	21	
케롤라인 애덤스 밀러 (우문식 · 박선령 역)		4	4	3	4	4	19	
조연심, 방미영		4	4	4	4	4	20	
조연심		4	4	4	4	4	20	
후쿠자와 유키치		4	4	3	4	4	19	
나카지마 다카시		3	4	3	4	4	18	
금나나		5	5	4	5	5	24	

No	제목	Page	완독일	분야
479	상자밖에 있는 사람들	302	13.12.06.일	경제경영
480	이나모리 가즈오 1,155일간의 투쟁	271	13.12.21.토	경제경영
481	길 위에서 하버드까지	268	13.12.25.수	자기계발
482	내 책은 하루 한뼘씩 자란다	264	14.01.04.토	자기계발/집필
483	더 딥 (The Dip)	103	14.01.05.일	자기계발
484	1인 출판사 창업 실무노트	355	14.01.12.일	사업/출판사
485	그랜드투어	366	14.01.25.토	자녀교육
486	좋은 습관의 행복메뉴얼	100	14.01.26.일	자기계발
487	꿈 너머 꿈	206	14.02.02.일	자기계발/비전꿈
488	가슴 따뜻한 홍크 이야기	221	14.02.28.토	자기계발/자기변화
489	페이스북 페이지 만들기	362	14.02.15.토	자기계발/브랜딩
490	버리고 갈 선만 남아서 참 홀가분하다 (박경리 유고시집)	160	14.02.16.일	시집
491	고독의 권유	291	14.03.08.토	에세이
492	생각을 벗어라	183	14.03.08.토	시집
493	파일럿의 진로탐색 비행	264	14.03.11.화	실용서/직업취업
494	그림으로 그리는 생각정리 기술	198	14.03.23.일	자기계발/메모
495	HRD 노하우	235	14.03.28.금	HRD
496	다윗과 골리앗	325	14.04.18.금	자기계발/경영전략
497	유대인 하브루타 경제교육	257	14.05.06.화	자녀교육/유대인
498	진심진력 (삶의 전장에서 이순신을 만나다)	359	14.05.22.목	위인전
499	유태인의 거부상술	198	14.06.26.금	경제경영
500	독서쇼크	256	14.07.30.수	자기계발/독서
501	천재는 이렇게 만들어진다	192	14.08.10..일	자녀교육
502	헤츠키 아리엘리의 탈무드 하브루타 러닝	239	14.08.23.토	교육법
503	벤츠 베토벤 분데스리가	328	14.09.04.목	글로벌/독일
504	칼의 노래	227	14.09.07.일	소설
505	유대인의 성공 코드 Excellence	239	14.09.14.일	자녀교육/유대인
506	마우스드라이버 크로니클	376	14.09.20.토	경제경영/창업
507	파워블러그 만들기	396	14.10.19.일	마케팅/브랜딩
508	생존을 가장 잘하는 직장인 되기 (생잘직)	315	14.11.28.금	자기계발/직장생활
509	저니맨	331	14.11.30.일	자기계발/그랜드투어
510	존 스튜어트 밀 자서전	308	14.11.30.일	자녀교육
511	펄떡이는 물고기처럼 Fish	147	15.01.07.수	경제경영/조직관리
512	와튼스쿨 인생특강	285	15.01.26.월	자기계발/직장생활
513	하버드 창업가 바이블	387	15.03.19.목	경제경영/창업
514	루키 스마트	283	15.05.05.화	경제경영/인재관리
515	인문학 페티시즘 – 욕망과 인문의 은밀한 만남	227	15.05.10.일	인문교양
516	책속의 향기가 운명을 바꾼다	254	1505.22.금	자기계발/독서
517	미움받을 용기	331	15.06.30.화	자기계발
518	학습하는 조직	587	15.07.17.금	경제경영/조직관리
519	독서교육 어떻게 할까?	271	15.08.14.금	자기계발/독서
520	한국인은 미쳤다!	178	15.09.12.토	경제경영/기업문화
521	스마트 컷	271	15.09.24.목	자기계발
522	천천히 깊게 읽는 즐거움 (기적의 교실)	203	15.10.11.일	자기계발/학습법
523	슬로 리딩	180	15.10.28.수	자기계발/독서법

저자 (역자)	출판사	책목표 실현도	내용 이해도	전개 논리성	실용성	추천성	총점	비고
아빈저연구소 (차동욱 · 서상태 역)		5	5	5	4	5	24	
오니시 야스유키 (송소영 역)		4	4	3	4	4	19	
정연식							20	
양정훈		4	4	4	3	3	18	
세스 고딘 (안진환 역)		4	4	3	4	3	18	
이사우/김재형/배경희/안종군/정현민		4	3	4	4	3	18	
설혜심		5	4	4	4	4	21	
최상복		4	4	4	4	4	20	
고도원		5	5	4	4	5	23	
최상복 (김복기 그림)		5	4	4	4	5	22	
최규문/종유진/이정훈		4	3	3	5	4	19	
박경리							20	
장석주		4	3	3	4	4	18	
김창수		3	3	3	3	3	15	
최재승		4	4	3	4	4	19	
나가타 도요시 (정지영 역)		5	5	5	5	5	25	
장격택		5	4	4	5	4	22	
말콤 글로드웰 (선대인 역)		4	4	3	4	3	18	
전성수/양동일		5	4	4	5	5	23	
박종평		5	4	4	4	4	21	
후지다 덴 (김민중 역)		4	4	4	4	5	21	
송조은		4	4	4	5	4	21	
유아영재교육원/영유아능력개발원		5	4	3	4	5	21	
헤츠키 아리엘리 (김진자 역)		5	5	3	5	5	23	
최연혜		4	4	3	4	4	19	
김훈		4	4	4	4	4	20	
헤츠키 아리엘리 (김진자 역)		3	4	3	3	3	16	
존 러스크/카일 해리슨 (이지원외 3인)		4	4	3	4	4	19	
윤상진외 4명		4	4	4	5	4	21	
이내화		4	4	4	4	4	20	
파비안 직스투스 쾨르너 (배명자 역)		5	5	5	4	5	24	
존 스튜어트 밀 (최명관 역)		4	3	3	3	3	16	
스티븐 C. 런딘 박사 외 2명 (유영만 역) / 한언 출판		4	4	4	4	3	19	
스튜어트 프리드먼 (홍대운 역)		4	4	4	5	4	21	
다니엘 아이젠버그 / 캐런 딜론 (유정식 역)		4	4	4	5	4	21	
리즈 와이즈먼 (김태훈 역)		5	4	4	4	5	22	
이원석							25	
다이애나 홍		3	4	3	4	2	16	
기시미 이치로/고가 후미타케 (전경아 역)		4	4	4	4	5	21	
피터 센게 (강혜정 역)		4	4	4	5	4	21	
김은하		5	5	5	5	5	25	
에리크 쉬르데주		4	4	4	4	3	19	
세인 스노 (구계원 역)		4	4	3	4	4	19	
이토 우지다카 (이수경 역)		5	5	5	5	5	25	
하시모토 다케시 (장민주 역)		4	5	4	5	5	23	

No	제목	Page	완독일	분야
524	은수저	287	15.11.01.일	소설
525	세상은 문 밖에 있다	272	15.11.18.수	자기계발/생각관리
526	덴마크 사람들 처럼	210	15.12.05.토	행복학
527	독서는 절대 나를 배신하지 않는다	205	15.12.05.토	자기계발/독서법
528	아티스트 웨이	353	15.12.22.화	자기계발/창조성
529	모모	367	15.12.27.일	소설
530	리츄얼	249	15.12.29.화	심리철학
531	1톤의 생각보다 1그램의 행동이 필요하다	238	15.12.30.수	자기계발/비전관리
532	강사력	213	16.01.07.목	자기계발/강의력
533	작가수업	224	16.01.17.일	글쓰기
534	학교혁명	421	16.01.31.일	교육법
535	한국인만 모르는 다른 대한민국	275	16.02.17.수	사회문화
536	강의력	246	16.02.22.월	자기계발/강의력
537	작가의 문장수업	227	16.03.04.금	글쓰기
538	5 파이브	140	16.03.04.금	자기계발
539	완벽하지 않은 것들에 대한 사랑	297	16.03.10.목	자기계발/생각관리
540	미라클모닝	239	16.03.20.토	자기계발
541	혼자 있는 시간의 힘	215	16.03.29.화	자기계발/생각관리
542	반농반X의 삶	254	16.04.05.화	자기계발
543	끝없는 추구	255	16.04.10.일	자기계발/생각관리
544	동네도서관이 세상을 바꾼다	218	16.04.13.수	사회문화
545	감옥으로부터의 사색	399	16.04.26.화	인문교양
546	하버드 학생들은 더 이상 인문학을 공부하지 않는다	218	16.04.26.화	인문교양
547	메모 습관의 힘	350	16.05.23.월	자기계발/메모
548	거대한 사기극	221	16.05.23.월	자기계발
549	대한민국 독서만세	272	16.06.03.금	자기계발/독서
550	시가 내게로 왔다	128	16.06.12.일	시집
551	왕따가 왕이 된 이야기	186	16.06.13.월	교육
552	스마트한 생각들	297	16.06.24.금	심리
553	시가 내게로 왔다 2	151	16.07.02.토	시집
554	사내강사 매뉴얼	247	16.07.23.토	강의법
555	시가 내게로 왔다 3	191	16.07.28.목	시집
556	시가 내게로 왔다 4	113	16.08.03.수	시집
557	핵심인재를 선발하는 면접의 과학	368	16.08.06.토	경영경제/면접법
558	기적을 부르는 뇌	463	16.08.10.수	심리/뇌과학
559	채식주의자	247	16.08.13.토	소설
560	시가 내게로 왔다 5	176	16.08.14.일	시집
561	면접시크릿 (이희영과장 추천)	250	16.08.28.일	실용서/면접법
562	작은도서관이 아름답다	231	16.09.10.토	경제경영/도서관경영
563	시를 잊은 그대에게	299	16.09.11.일	시해설
564	협동조합으로 기업하라	367	16.09.13.화	경제경영/협동조합
565	명언	254	16.09.23.금	시집
566	아주 작은 반복의 힘	227	16.09.23.금	자기계발/습관
567	레빗홀	274	16.10.03.월	경제경영
568	혼자 일하는 즐거움	312	16.10.04.화	자기계발

저자 (역자)	출판사	책목표실현도	내용이해도	전개논리성	실용성	추천성	총점	비고
나카 간스케 (양윤옥 역)							23	
황인선		3	4	4	4	3	18	
말레네 뤼달 (강현주 역)	로그인	4	4	4	4	5	21	
사이토 다카시 (김효진 역)	걷는나무	5	4	4	5	4	22	
줄리아 카메론 (임지호 역)	경당						25	
미하엘 엔데 (한미희 역)	비룡소						23	
신병철	살림Biz	4	3	4	4	3	18	
정영재	팬덤북스	4	4	3	4	3	18	
정찬근	라운북	4	4	4	4	3	19	
도로시아 브랜디 (강미경 역)	공존						25	
켄 로빈슨 (정미나 역)	21세기북스						25	
임마누엘 페스트라이쉬 (이만열 역)	21세기북스	5	5	4	5	5	24	
최재웅	엔트리	5	5	4	5	4	23	
고가 후미다케	경향BP	4	4	4	4	3	19	
댄 자드라 (주민아 역)	앵글북스	3	4	4	3	4	18	
혜민 스님	수오서재	5	4	4	4	5	22	
할 엘로드	한빛비즈	5	4	4	4	5	22	
사이토 다카시 (장은주 역)	위즈덤하우스	4	4	4	4	5	21	
시오미 나오키 (노경아 역)	더숲						25	
덱스트 예거 (강민정 역)	도서출판 나라	5	5	4	4	4	22	
이소이 요시미쓰 (홍성민 역)	펄북스						25	
신영복	돌베개						22	
파리드 자카리아 (강주현 역)	사회평론	4	4	4	4	4	20	
신정철	토네이도	5	5	4	5	4	23	
이원석	북바이북	5	5	5	4	4	23	
강규형	다연	4	5	5	5	4	23	
김용택이 사랑하는 시	마음산책						19	
김기현	무지개마을	4	4	3	4	3	18	
롤프 도벨리	걷는나무	4	4	4	4	5	21	
김용택이 사랑하는 시	마음산책						19	
김경태	멘토르	5	5	4	5	4	23	
김용택이 사랑하는 시	마음산책						19	
김용택이 사랑하는 시	마음산책						19	
하영목/허희영	맑은소리	4	4	4	5	4	21	
노먼 도이지 (김미선 역)	지호	5	4	4	5	5	23	
한강	창비						20	
김용택이 사랑하는 시	마음산책						19	
김모란	알에치코리아	4	4	3	4	4	19	
김소희, 공유선, 오혜자, 박미숙, 박정숙, 박소희	청어람미디어	4	4	4	4	4	20	
정채찬	휴머니스트						19	
스테파노 자마니, 베라 자마니 (송성호 역)	한국협동조합연	4	4	4	4	4	20	
강송렬 엮음	도서출판 구상						19	
로버트 마우어 (장원철 역)	스몰빅라이프	4	5	4	5	5	23	
케이트 샌턴 (하수빈 역)	영인미디어	3	4	4	4	4	19	
이동우	웅진 알프레드	4	4	4	4	4	20	

No	제목	Page	완독일	분야
569	명시	224	16.10.11.화	시집
570	무인양품은 90%가 구조다	207	16.10.14.금	경영경제
571	지금, 꿈이 없어도 괜찮아	228	16.10.21.금	자기계발/비전
568	혼자 일하는 즐거움	312	16.10.04.화	자기계발
569	명시	224	16.10.11.화	시집
570	무인양품은 90%가 구조다	207	16.10.14.금	경영경제
571	지금, 꿈이 없어도 괜찮아	228	16.10.21.금	자기계발/비전
572	세인트존스의 고전100권 공부법	295	16.10.29.토	자기계발/유학
572	세인트존스의 고전100권 공부법	295	16.10.29.토	자기계발/유학
573	사피엔스	593	16.11.09.수	인문교양
574	연결하라	357	16.11.13.일	영업마케팅/네트워킹
575	페이스북 마케팅 실전기법	237	16.11.29.화	영업마케팅/인터넷
576	돈보다 운을 벌어라	270	16.12.03.토	인문교양/주역
577	거장에게 배운다	357	16.12.30.금	영업마케팅/고객관리
578	제4차 산업혁명	266	17.01.18.수	경제경영
579	토이리즘	287	17.02.05.일	영업마케팅
580	절대고독	269	17.02.07.화	에세이
581	휴먼 네트워킹	370	17.02.13.월	영업마케팅/네트워킹
582	The one thing	279	17.02.15.수	자기계발
583	땡큐파워	234	17.02.19.일	자기계발
584	퍼스트클래스 승객은 펜을 빌리지 않는다	226	17.03.11.토	자기계발
585	순간에서 영원을 보다	213	17.03.21.화	시집/해설
586	보도자료전략	342	17.03.23.목	경제경영
587	처음 시작하는 이에게	279	17.04.07.금	시집/해설
588	천재작가 김태광	349	17.04.10.월	자기계발
589	제리 카플란의 인공지능의 미래	277	17.05.05.금	경영경제/미래예측
590	지적자본론	162	17.05.07.일	경영경제/기획
591	1만권 독서법	195	17.05.08.월	독서법
592	독서자본	224	17.05.19.금	독서법
593	인문학 스캔들	237	17.05.28.일	인문학
594	보이지 않는 영향력	326	17.06.20.화	심리학
595	취짧사길	295	17.06.27화	경제경영
596	태교신기	118	17.06.27화	자녀교육/태아교육
597	화가의 통찰법	285	17.07.09.일	자기계발
598	욕망하는 힘 스피노자 인문학	308	17.07.14.금	심리학
599	인간플랫폼의 시대	255	17.07.15.토	자기계발
600	인간이 그리는 무늬	296	17.08.01.화	인문학/심리
601	2035 일의 미래로 가라	345	17.08.08.화	경영경제/미래예측
602	글쓰기의 전략	333	17.08.09.수	글쓰기
603	대통령의 글쓰기	324	17.09.25.월	글쓰기
604	나는 왜 괜찮은 아이디어가 없을까?	261	17.09.25.월	자기계발/창조성
605	라이프 스타일을 판다	222	17.10.02.월	경제경영
606	주열로 암ㆍ난치병이 낫는다	302	17.10.06.금	건강관리
607	기본에 충실한 나라, 독일에서 배운다	369	17.10.09.월	경제경영/독일
608	관점을 디자인하라	334	17.10.26.목	자기계발
609	차라리 혼자살걸 그랬어	308	17.11.02.목	심리/부부

저자 (역자)	출판사	책목표 실현도	내용 이해도	전개 논리성	실용성	추천성	총점	비고
도서출판구상 편집부	도서출판 구상						19	
마쓰이 타다미쓰 (민경욱 역)	모멘텀	5	5	4	5	4	23	
박승오, 김영광	풀빛	5	5	5	5	5	25	
이동우	웅진 알프레드	4	4	4	4	4	20	
도서출판구상 편집부	도서출판 구상						19	
마쓰이 타다미쓰 (민경욱 역)	모멘텀	5	5	4	5	4	23	
박승오, 김영광	풀빛	5	5	5	5	5	25	
조한별	바다출판사	5	5	5	4	4	23	
조한별	바다출판사	5	5	5	4	4	23	
유발 하라리 (조현욱 역)	김영사	5	5	5	4	5	24	
아이번 마이즈너 (존윤 역)	올림	5	4	4	5	5	23	
이종근	리텍콘텐츠	4	4	4	4	4	20	
김승호	□앤파커스	5	4	4	5	4	22	
아이번 마이즈너 (박아람 역)	□앤파커스	5	4	4	5	5	23	
클라우스 슈밥 (송경진 역)	새로운현재	4	4	4	4	3	19	
천위안 (송은지 역)	영인미디어	5	5	4	5	5	24	
고도원	꿈꾸는책방						19	
아이반 마이즈너/돈 모건 (윤형섭 역)	도서출판 오래	3	3	3	3	3	15	
게리 켈러/제이 파파산 (구세회 역)	비즈니스북스	5	5	5	5	5	25	
민진홍	라온북	5	5	4	5	5	24	
미즈키 아키코 (윤은혜 역)	중앙북스	3	4	3	3	3	16	
고두현	21세기북스						20	
이상헌	청년정신	4	4	3	4	4	19	
고두현	21세기북스						20	
김태광	위닝북스	4	4	3	4	3	18	
제리 카플란 (신동숙 역)	한스미디어	4	4	3	4	3	18	
마스다 무네아키 (이정환 역)	민음사	5	5	5	5	5	25	
인나미 아쓰시 (장은주 역)	위즈덤하우스	4	4	4	4	4	20	
이상민	서울문화사	4	5	3	5	4	21	
박은몽	책이있는풍경	5	5	4	4	5	23	
조나 버거 (김보미 역)	문학동네	5	4	4	4	5	22	
최승윤	움직이는서재	5	4	4	4	4	21	
사주당 이씨 (이연재 역)	안티쿠스	4	4	4	4	3	19	
정인호	북스톤	4	4	4	4	5	21	
심강현	을유문화사	4	3	3	4	4	18	
배명숙	스노우폭스	4	4	4	5	4	21	
최진석 (서강대 철학과 교수)	소나무	5	5	4	5	5	24	
조병학/박문혁	인사이트앤뷰	4	4	3	4	3	18	
정희모/이재성	들녘	5	5	5	5	5	25	
강원국	메디치	4	4	4	4	5	21	
오상진	비즈니스북스	4	4	3	4	4	19	
마스다 무네아키 (백인수 역)	베가북스	4	5	4	4	4	21	
미쯔이 도메꼬 (한국미쯔이온열협회)	아이프랜드	4	4	3	4	4	19	
양돈선	미래의창	5	4	4	4	4	21	
박용후	프롬북스	4	5	4	4	5	22	
이수경	책이있는마을	4	5	3	4	5	21	

No	제목	Page	완독일	분야
610	나는 일그러진 사랑과 이별하기로 했다	315	17.11.13.월	심리/사랑
611	고물상 아들 전중원입니다	274	17.11.19.일	자기계발/자서전
612	글쓰기 클리닉	247	17.11.23.목	글쓰기
613	희망을 끓이는 남다른 감자탕 이야기	285	17.11.26.일	경제경영/창업
614	꿈꾸는 긍정맨	119	17.11.29.목	자기계발/자서전
615	1억 모을래? 그냥 살래?	231	17.12.13.수	재테크
616	마케팅 진짜가 나타났다	362	17.12.18.월	마케팅
617	엄마의 글공부	270	17.12.27.수	글쓰기
618	계단을 닦는 CEO	275	18.01.01.월	자기계발/자서전
619	느리더라도 멈추지마라	290	18.01.01.월	자기계발
620	메신저가 되라	318	18.01.15.월	자기계발
621	최후의 몰입 (Final Flow)	264	18.01.26.금	자기계발
622	배움은 배신하지 않는다	257	18.01.30.화	자기계발
623	리더십, 난중일기에 묻다	242	18.02.05.월	리더십
624	유튜브 초급 가이드	184	18.02.06..목	실용서/유튜브메뉴얼
625	우리 다시 어딘가에서	291	18.02.11.일	에세이
626	나는 4시간만 일한다	368	18.02.19.월	자기계발
627	유배지에서 보낸 편지	330	18.02.20.화	자기계발 인문학
628	인상이 바뀌면 인생이 바뀐다	254	18.02.21.수	자기계발
629	어서와, 암호화폐는 처음이지	229	18.03.04.일	재테크
630	세계사를 움직인 위대한 여인들	321	18.03.11.일	인문학/역사
631	먹고 사는데 걱정없는 1% 평생 일할 수 있는 나를 찾아서	256	18.03.22.목	자기계발
632	리셋! (눈부신 탄생)	322	18.03.23.금	자기계발
633	오늘부터 심플하게 일하기로 했다	187	18.03.26.월	자기계발/업무관리
634	타이탄의 도구들	367	18.04.06.금	자기계발
635	유시민의 글쓰기	292	18.04.09.월	글쓰기
636	키워드변화법	200	18.04.13.금	자기계발
637	재능을 만드는 뇌신경연결의 비밀	208	18.04.19.목	자기계발
638	2000년 이후, 한국의 신흥 부자들	320	18.04.29.일	재테크
639	정진	335	18.04.30.월	자기계발
640	부의 추월차선	391	18.05.09.수	재테크
641	몸이 답이다	272	18.05.10.목	건강관리
642	이방인	270	18.05.19.토	인문학
643	스마트스토어 마케팅	325	18.05.27.일	비즈니스/온라인판매
644	일독일행 독서법	232	18.05.27.일	자기계발/독서법
645	당신은 지루함이 필요하다	147	18.06.03.일	자기계발
646	내가 나를 위로할 때	310	18.06.04.월	에세이
647	나에게 불황은 없다	263	18.06.07.목	자기계발
648	하버드 첫강의 시간관리 수업	348	18.06.11.월	자기계발/시간관리
649	블루보틀에 다녀왔습니다	119	18.06.17.일	경제경영/마케팅
650	나는 둔감하게 살기로 했다	260	18.06.19.화	자기계발
651	플라톤의 대화편	314	18.06.20.수	철학심리학
652	내 상처의 크기가 사명의 크기다	258	18.06.27.수	자기계발
653	죽기 전에 시 한 편 쓰고 싶다	347	18.06.29.금	인문학

저자 (역자)	출판사	책목표 실현도	내용 이해도	전개 논리성	실용성	추천성	총점	비고
이자벨 나자르 아가 (이선화 역)	영인미디어	4	4	3	4	4	19	
전중환	제8요일	4	4	4	4	4	20	
임승수	비즈니스북스	4	4	4	4	4	20	
이정열	성안당	4	4	4	4	4	20	
주대준	비매품	4	4	4	3	3	18	
맹재원	멘토르	4	4	3	4	4	19	
조기선/민진홍	매일경제신문사	5	4	4	5	5	23	
권귀현	제8요일	5	5	5	5	5	25	
임희성	영인미디어	4	4	3	4	4	19	
조찬우	다연	4	4	4	4	4	20	
브랜든 버처드 (위선주 역)	리더스북	5	5	5	5	5	25	
제갈현열, 김도윤	쌤앤파커스	4	4	4	4	5	21	
최갑도	도서출판 물푸레	4	4	4	4	4	20	
김윤태	성안당	5	5	4	4	5	23	
황대선	렛츠Book	3	3	3	4	3	16	
오재철/정민아	미호						20	
팀 페리스 (최원형, 윤동준 역)	다른상상	5	5	5	5	5	25	
정약용 (박석무 편역)	창비	4	3	4	3	4	18	
송은영	집사재	3	4	4	3	3	17	
이계화/홍종화	북랩	4	3	3	4	3	17	
조민기	미래지식	4	4	4	3	4	19	
후지하라 가즈히로 (서승범 역)	하우넥스트	4	4	4	4	5	21	
김필수	살림Biz	4	4	4	4	5	21	
도미야마 마유 (박재현 역)	멘토르	3	4	4	4	3	18	
팀 페리스 (박선령/정지현 역)	토네이도	5	5	5	5	5	25	
유시민	생각의길	4	5	5	4	4	22	
이학은	성안당	5	5	4	5	5	24	
신동선	더메이커	5	5	4	5	5	24	
홍지안	트러스트북스	5	5	4	5	5	24	
차이퉁 (정주은 역)	시그마북스	4	4	4	4	5	21	
엠제이 드마코 (신소영 역)	토트	5	5	4	5	5	24	
오세진	새라의숲	4	4	4	4	4	20	
알베르 까뮈 (김화영 역)	민음사						21	
임현수/김태욱	이코노믹북스	5	5	5	4	4	23	
유근용	북로그컴퍼니	4	5	4	4	5	22	
마크 A. 호킨스 (서지민 역)	틈새책방	5	5	4	4	5	23	
김나위	다연	4	4	3	3	3	17	
전현미	태인문화사	4	4	4	4	4	20	
쉬셴장	리드리드출판	1	2	1	1	1	6	
양도영	스리체어스	5	5	4	4	5	23	
와타나베 준이치 (정세영 역)	다산초당	3	4	4	3	3	17	
플라톤 (최명관 역)	창						22	
송수용	스타리치북스	4	4	4	4	3	19	
나태주	리오북스						22	

No	제목	Page	완독일	분야
654	먹고 단식하고 먹어라	231	18.07.03.화	건강관리
655	B2B 이미 하면서도 당신만 모르는 세일즈	249	18.07.08.일	경제경영/마케팅
656	커리어를 경영하라	248	18.07.15.일	자기계발/경력관리
657	어떻게 부자가 될 것인가	281	18.07.20.금	경제경영/경영전략
658	두진문의 은퇴혁명	233	18.07.27.금	자기계발/경력관리
659	유튜브의 신	271	18.08.05.일	실용서/유튜브
660	잠시, 생각할 시간이 필요해	252	18.08.17.금	철학심리학
661	완벽한 소통법	280	18.08.24.금	소통커뮤니케이션
662	왜 일하는가	209	18.08.29.수	경제경영/일철학
663	나는 사업이 가장 쉬웠어요	284	18.09.07.금	경제경영
664	우리는 왜 일하는가	176	18.09.12.수	경제경영/일철학
665	내가 만난 1%의 사람들	470	18.09.15.토	자기계발
666	나의 사적인 그림	276	18.09.20.목	에세이
667	논어, 직장인의 미래를 논하다	203	18.10.02.화	인문학
668	나는 알바로 세상을 배웠다	254	18.10.10.수	자기계발
669	나는 왜 이 일을 하는가?	300	18.10.18.목	경제경영/일철학
670	나는 이기적으로 읽기로 했다	280	18.10.26.금	자기계발/독서법
671	왜 유독 그 가게만 잘될까	265	18.11.03.토	경제경영
672	매일 마인드맵	211	18.11.11.일	자기계발
673	삶의 진정성 (Sex, Money, Happiness and Death)	430	18.12.04.화	철학심리학
674	미친 세일즈	266	18.12.19.수	영업
675	마인드파워로 영어 먹어버리기	359	18.12.23.일	외국어/영어
676	독공법	263	18.12.27.목	자기계발/독서법
677	책쓰기가 이렇게 쉬울 줄이야	286	19.01.08.화	자기계발/책쓰기
678	60분만에 읽었지만 평생 당신곁을 떠나지않을 아디이어 생산법	89	19.01.10.목	자기계발/창조성
총독서 Page			144,290	page

저자 (역자)	출판사	책목표 실현도	내용 이해도	전개 논리성	실용성	추천성	총점	비고
브래드 필론 (박종윤 역)	36.5	5	5	5	5	5	25	
이진국	박영사	4	4	4	4	5	21	
이대성	초록물고기	4	4	3	4	4	19	
우성민	스노우폭스	4	4	4	4	4	20	
두진문	한스컨텐츠	5	5	4	4	4	22	
대도서관	비즈니스북스	5	5	4	5	5	24	
최환석	멘토르	5	5	5	5	5	25	
유경철	천그루숲	4	4	4	5	4	21	
이나모리 가즈오 (신정길 역)	서돌	4	5	4	4	4	21	
최인규	이코노믹북스	4	4	4	4	4	20	
배리 슈워츠 (박수성 역)	문학동네	5	4	4	4	5	22	
아담 J. 잭슨	씽크뱅크	5	5	5	5	5	25	
우지현	책이있는풍경						20	
최종엽	이마고	4	4	3	4	4	19	
황해수	미래타임즈	4	4	4	4	5	21	
사이먼 사이넥	타임비즈	5	5	5	5	5	25	
박노성	일상이상	4	4	4	4	4	20	
현성운	다산북스	4	4	3	4	4	19	
오소희	더디퍼런스	4	4	3	4	4	19	
맨프레드 캐츠 드 브리스 (김현정, 김문주 역)	더블북	4	4	4	4	5	21	
차미경	라온북	5	5	4	5	5	24	
조성희	클라우드나인	5	5	5	5	5	25	
김을호	푸른영토	4	4	4	5	4	21	
양원근	오렌지연필	5	5	5	5	5	25	
제임스 웹 영	월북	5	5	4	5	5	24	

No	제목	Page	완독일	분야
				_____ 의 독서노트
명심사항				
1				
2				
3				
4				
5				
6				
7				
8				
9				
10				
11				
12				
13				
14				
15				
16				
17				
18				
19				
20				
21				
22				
23				
24				
25				
26				
27				

_____ @ _____ / _____								
저자 (역자)	출판사	책목표 실현도	내용 이해도	전개 논리성	실용성	추천성	총점	비고